教育法治案例评析

COMMENTARY ON CASES REGARDING EDUCATION LAWS AND REGULATIONS

杨垠红／主编

法律出版社
LAW PRESS · CHINA
北京

图书在版编目（CIP）数据

教育法治案例评析 / 杨垠红主编. -- 北京 : 法律出版社, 2025. -- ISBN 978 - 7 - 5197 - 9430 - 9

Ⅰ. D922.165

中国国家版本馆 CIP 数据核字第 2024NM3515 号

教育法治案例评析
JIAOYU FAZHI ANLI PINGXI

杨垠红　主编

策划编辑　沈小英
责任编辑　毛镜澄
装帧设计　鲍龙卉

出版发行　法律出版社
编辑统筹　法治与经济出版分社
责任校对　杨锦华
责任印制　吕亚莉
经　　销　新华书店

开本　710 毫米 × 1000 毫米　1/16
印张　21.25　　**字数**　307 千
版本　2025 年 3 月第 1 版
印次　2025 年 3 月第 1 次印刷
印刷　固安华明印业有限公司

地址:北京市丰台区莲花池西里 7 号(100073)
网址:www.lawpress.com.cn
投稿邮箱:info@lawpress.com.cn
举报盗版邮箱:jbwq@lawpress.com.cn

销售电话:010 - 83938349
客服电话:010 - 83938350
咨询电话:010 - 63939796

书号:ISBN 978 - 7 - 5197 - 9430 - 9　　**定价**:98.00 元

凡购买本社图书,如有印装错误,我社负责退换。电话:010 - 83938349

《教育法治案例评析》编写组

主　编：杨垠红

编　者：第一章、第二章　董学智

第三章、第四章　杨垠红

第五章、第六章　邓晓东

第七章、第八章　林　诚

序

教育是党之大计、国之大计。落实教育优先发展战略，加快推进教育现代化、建设教育强国、办好人民满意的教育，是以习近平同志为核心的党中央作出的重大战略部署。贯彻落实这一重大战略部署，必须坚持在法治轨道上推进教育强国建设，发挥法治固根本、稳预期、利长远的保障作用。

高质量推进教育政策和法治工作，为教育强国建设提供有力保障，不仅是立法、司法、执法以及教育行政管理部门的责任，也是教育法治研究者的使命。杨垠红教授及其团队编写《教育法治案例评析》，正是勇于担当使命的体现。承蒙杨垠红教授信任，遵嘱阅读书稿，深感这是一部具有学术贡献和实践意义的著作，期待有更多的读者共同见证并思考教育法治的力量与价值。

教育法治，简而言之，就是将法治原则和精神贯穿教育工作的全过程，以教育相关的法律体系为规范基础，通过立法、执法、司法、守法等各个环节，确保教育体制改革和教育强国建设于法有据，保障教育领域里各类主体的合法权益，维护教育秩序，促进教育公平，助力教育事业的高质量发展。具体言之，通过完善教育法律法规体系，明确教育法律关系中的权力、权利、义务与责任，有助于提升政府教育治理效能，在更广阔的范围内调集各类社会资源以支持保障教育强国建设；可以确保各类受教育主体享有平等接受教育的机会，让每一个个体在教育过程中感受到公平和尊严。通过规范教育行为，强化教育监管，可以有效遏制教育领域的违法违规行为，促进教育教学的规范化、科学化发展。面对复杂多变的教育环境，只有依法治理，才能够确保教育活动的有序进行，才能为师生创造一个安全、和谐、稳定的学习生活环境，并为教育创新提供有力的制度支持。

教育法治案例则是教育领域法治化进程的记录本，是国家推进教育改革和发展，实施依法治教、依法办学的第一手资料。对教育法治案例的研究，不仅可以展现我国教育法治建设的实践成果，还可以揭示教育法治实践中存在的问题与挑战。深度解析教育法治案例不仅是为未来的教育法治建设提供宝贵借鉴，更是为落实立德树人根本任务、扎实推进教育强国建设作出积极贡献。

本书以案例评析为切入点，通过深入剖析我国教育法治实践中的典型案例，揭示了教育法治内涵的复杂性和多样性，同时也展现了法治思维在教育领域中运用的独特魅力和重要作用。书中既有对教育法治理论的深刻阐述，也有对教育法治实践的生动描绘，既有对成功案例的经验总结，也有对失败案例的深刻反思，为读者提供了一幅全面、深入、生动的教育法治图景。

从学术价值来看，本书具有高度的创新性和前瞻性。它突破了传统法学研究的框架和局限，将法学理论、各部门法规与教育实践紧密结合，以案释法，以理释案。这种研究方法不仅丰富了法学研究的内涵和外延，也为教育法领域的研究提供了富有启发价值的思路和方法。

从实践意义来看，本书具有很强的指导性和实用性。它通过对教育法治案例的深入剖析和评析，为教育工作者、法律从业者以及广大师生提供了宝贵的实践经验和参考借鉴。这些案例不仅涉及教育行政管理、学校治理、教师权益保护、学生权益维护等多方面，还涵盖了教育法治的多个环节和层面。通过阅读这些案例，广大读者可以更加深入地了解教育法治的实际情况和纷繁性,以利于更加有效地应对教育法治实践中的挑战和问题。

福建师范大学是我国教育法学教学科研的重要阵地。本书是杨根红教授及其团队多年研究成果的集中展现。本书的出版,不仅为我们提供了一个审视教育法治实践的独特视角,也为我们梳理汇总了宝贵的资料资源。相信,在全体教育法治工作者、研究者的共同努力下,我们对教育法治领域的研究将会不断深入,对教育法治实践进程的推动会更加有力,以法治力量推进实现教育现代化的进程会不断加快,国家建设教育强国的步伐会更加铿锵。

让我们携手并进,共筑教育法治的美好未来!

华东政法大学 郭为禄*

2024 年 9 月

---

* 华东政法大学党委书记。

前　言

党的二十届三中全会从党和国家事业发展的全局和长远出发,对坚持和完善中国特色社会主义制度、推进国家治理体系和治理能力现代化作出了全面部署。教育治理体系和治理能力现代化是实现国家治理现代化的重要内容,在国家治理现代化进程中占据举足轻重的位置。法治是治理的基础和保障,因此从一定意义上说,教育治理体系和治理能力的现代化,最重要的是夯实法治基础,用法治来引领、以法治为保障,深化依法治教、依法办学、依法治校,将全面依法治国基本方略落实到教育改革发展的具体实践、贯穿教育管理实施的各个环节,以法治思维和法治方法开展教育教学工作。

法治既是一种治理观念,也是一种治理手段。面对教育事业新的发展机遇和挑战,在新时代教育法治建设背景下,教育工作者在思想观念上该如何正确认识与对待教育法律法规?在教育实践中又该如何准确把握和运用教育法律法规?这些问题需要广大教育工作者进行认真的探索和回答。这是因为教育工作者既是教育教学工作的主体,也是教育法治实现的主体,在教育法治建设过程中,他们的法治意识、法治观念如何,他们运用法律制度解决问题的能力如何,他们的法律素养水平如何,不仅事关教育方针的贯彻落实问题,而且是实现教育法治目标的关键所在。

由于教育工作者在教育法治建设过程中所处的重要地位和作用,因此提高教育工作者的教育法律素养,既是教育工作者自身发展的迫切需要,也是我国教育法治建设的必然要求。从教育法治理论上看,所谓教育法律素养,是指教育工作者在从事教育工作中认识、掌握和运用教育法律的能力和素质,具体包括教育法律法规知识、教育法律意识和教育法律法规实践操作能力三个结构层次的内容。这三个方面的内容,既涉及认识上的层面,也牵涉实践上的问题,它们之间相互联系又层次递进,即法律知识是法律意识的基础,法律意识对法律实践有很大影响。因此,要提高教育工作者的法律素养,不仅要加强对教育法律法规知识的学习和研究,而且要提高运用教育法律知识解决实际问题的能力。

由福建省教育政策与法治研究中心研究团队编写的《教育法治案例评析》,旨在为从事教育工作的管理者、教师,以及学校的学生在处理相关问题时提供一些参考、帮助。为此,本书编写过程中,紧扣教育改革和发展的实践问题,依托自身的专业优势和研究力量,主要精选了国内新近发生的教育实践的真实案例,对涉及的相关法律问题进行评析。本书最重要的特点在于,对案例评析书写主要依照基本案情、法院判决、案例评析与理论延伸、主要法条链接的逻辑顺序,在简明扼要介绍案情内容和处理结果的基础上,对案件争议焦点所涉及的法律问题进行分析和阐述,最后还列出了相关法律法规依据。这种编排和书写方式,使本书既具有较强的知识性,又具有一定的理论性,通俗而又不失专业,读者朋友在阅读本书的过程中,不仅可以从中学习相关教育法律法规的基本知识和基本原理,而且还能从中掌握运用教育法律知识分析、解决实际问题的方法。

在本书的编写工作圆满落幕之际,我们满怀感激之情,向所有在此过程中不辞辛劳、鼎力相助的编辑与师生致以最诚挚的谢意。特别感谢毛镜澄编辑的专业指导与细致审校,感谢田振洪教授、李付雷副教授、邹文星博士、郭浩博士、翁立淦先生、叶凡法官、沈昱锦仲裁秘书以及张泽榕同学与宋子正同学等的积极参与和贡献,也为本书增添了新的视角与活力。在此,我们再次向所有参与者表达最深的敬意与感激,是你们的共同努力,让这本书得以顺利完成,期待它能为读者带来知识与启迪。

目　录

第一章　教育法的基本原则与制度

案例一：教师过度惩戒教育造成学生伤害的责任认定[1]

一、基本案情

2012年3月6日，被告人蒙某某系广西壮族自治区上林县某小学在编教师，其在该校三年级1班授课过程中，因发现学生韦某某、石某某在课堂上打闹、说话影响课堂教学纪律，便在下课后对两名学生进行训斥，其间又从教室的墙角处拿起一把木柄塑料扫把，先后朝韦某某的背部和石某某的头部打去。结果，学生石某某被扫把击中头部和右耳部位，其被打后出现头痛症状，经送医院诊断为右颞顶部急性硬膜外、下血肿并形成脑疝，右颞骨凹陷性骨折。经法医鉴定，被鉴定人石某某的伤情构成重伤。

公诉机关根据上述案件事实提出指控，认为被告人蒙某某故意伤害他人身体，致人重伤，其行为已触犯《中华人民共和国刑法》（以下简称《刑法》）（2011年修正）第234条第2款的规定，犯罪事实清楚，证据确实充分，应以故意伤害罪追究其刑事责任。同时公诉意见认为，被告人蒙某某案发后能积极赔偿，归案后尚能如实供述，犯罪的主观恶性不大，建议对其从轻

---

〔1〕 广西壮族自治区南宁市中级人民法院行政裁定书，（2018）桂01行终19号。

处罚并宣告缓刑。提请法院依法判处。

被告人蒙某某对公诉机关的指控,辩称其只是过失致人重伤,而非故意伤害。其在事发后积极救治被害人,并已支付被害人全部的医疗费,同时愿意按照法律的规定赔偿被害人的经济损失,要求免予刑事处罚,但尊重法院的判决。

二、法院判决

一审法院经审理认为,被告人蒙某某作为教师,明知不能体罚学生,仍用扫把打罚学生,致一人重伤,其行为已构成故意伤害罪,判处有期徒刑3年,并赔偿学生石某某的经济损失人民币12,768.61元。被告人在法定上诉期限内未提出上诉,本案判决已经生效。

三、案例评析与理论延伸

本案系中小学教师在日常教学活动中,因对学生不遵守课堂纪律的行为施加惩戒方式不当,造成学生脑部重伤的严重后果所引发的刑事案件,主要涉及以下问题。

(一)教师是否享有对学生的惩戒权

教师是否享有惩戒权,在我国古代从来都不是问题,基于“严师出高徒”的信念,上至亲王贵胄下至寻常百姓,在学堂求学时或因为淘气或因为偷懒,总免不了先生的戒尺责罚之苦。时代发展进步至今,出于保护未成年人身心健康与尊重学生人格的要求,体罚与变相体罚均被法律禁止——《未成年人保护法》(2020年修订)第27条规定“不得对未成年人实施体罚、变相体罚或者其他侮辱人格尊严的行为”;《义务教育法》(2018年修正)第29条规定“不得歧视学生,不得对学生实施体罚、变相体罚或者其他侮辱人格尊严的行为,不得侵犯学生合法权益”;《教师法》(2009年修正)第37条规定

“体罚学生，经教育不改的”“品行不良、侮辱学生，影响恶劣的”，将给予涉事教师行政处分或者解聘，情节严重，构成犯罪的，依法追究刑事责任——传统意义上的教师惩戒权在当下的法律面前失去了立足之地。

然而，在我们日常的生活经验中，家长在孩子入学时或者家长会上，几乎无一例外地会拜托老师关照自家孩子，必要时可以代替他们加以“管教”。在这种家长与老师心照不宣的默契之下，教师对不遵守纪律或者不服管教的学生，可能会施以包括轻则罚站、罚抄课本，重则打手心、揪脖子等的惩戒措施，这或许是接受过教育或者正在接受教育的人共同拥有的回忆，教师惩戒权作为一种法律禁止、家长默许的尴尬实然地存在着，并且引发了无法处理的棘手问题：对于敢管、想管的教师，如果因为手段存在的瑕疵导致无法控制的情况，则所有不利后果都将由教师独自承担却无处寻求救济；对于不敢管、不想管的教师，身边同行的教训让他们更加怠于履行教师职责，而是倾向将矛盾推向家长或者社会，从而造成“熊孩子”“校园霸凌”等不良现象的滋长。

面对管与不管的两难，与其绞尽脑汁提出一系列补救措施，不如大大方方承认教师惩戒权是一种职权，同时明确其合法性与合理性的边界，设立专门机构保障对教师与学生双方权利的平等救济，确保教师在教学活动中敢管能管、惩戒有据、手段合理，促进教学活动的良性有序发展。

（二）教师惩戒行为合理性边界的认定

作为一种对学生个人权利产生一定消极影响的管理行为，教师惩戒行为必须具备合理性，一般而言，须满足下列条件。

1. 合目的原则

教师惩戒行为必须以教育矫正学生失范行为为目的；申言之，教师惩戒学生的目的，是帮助其认识并改正错误，通过相应的纪律规训使其社会化。惩罚只是手段而非目的，从而应当排除为报复学生而实施的针对性惩戒、为宣泄情绪而实施的无端性惩戒、为方便管理而实施的连坐性惩戒等完全背离教育目的惩戒行为的正当性。

2. 合比例原则

对于比例原则,学者有“不可以用大炮打小鸟”的形象比喻,即所采取的惩戒措施以满足所欲达成的目的必要为限。为此,对学生所采取的惩戒行为,必须根据学生的年龄、错误的严重程度以及具体的时空环境,作出对学生不利影响最小的选择。具体而言,能够私下责罚的就不应当公开责罚,能够言语责罚的就不应当身体责罚,对学生身体带来痛苦的身体责罚应慎之又慎,尽量避免使用,尽可能降低惩戒行为对学生造成的负面影响。

3. 合法化原则

教师的惩戒行为当前正处于不符法律规定却又实然存在的灰色地带,缺少法律的认可与限制,所导致的惩戒措施滥用或教师管理缺位问题,不仅使老师在管理上束手束脚,也使学生权利得不到有效保障,教学矛盾较突出。为此,有必要在法律层面承认教师享有惩戒权,通过行政法规或部门规章对教师惩戒行为的明确性、可行性、可操作性加以细化,同时辅以相应的救济保障措施,确保教师惩戒权行使的透明化、规范化。教育部2021年施行的《中小学教育惩戒规则(试行)》,已经在教师惩戒权法治化的道路上迈出了扎实的一步。

(三)故意伤害罪与过失致人重伤罪的认定

公诉机关与被告人蒙某某在罪名认定上的分歧,是本案重要的争议焦点。公诉机关认为被告人蒙某某的行为构成故意伤害罪,而被告人蒙某某则辩称自己的行为仅构成过失致人重伤罪,法院最终支持了公诉机关的指控意见,认为其应明知所持的扫把打向学生可能会造成学生受伤而放任这一后果的发生,其行为亦最终造成了学生石某某受重伤,其有损害他人身体健康的间接故意,依法应构成故意伤害罪,此解释相对泛化。实际上,法院认定蒙某某构成故意伤害罪的依据在于其持扫把直接击打了被害人的头部，而本案的被害人陈述、证人证言以及被告人供述，均排除了被害人闪躲导致被告人误击中其头部的可能性。作为在校教师，应当认识到体罚学生是违反法律规定的，更应当认识到头部作为身体的要害部位被击打后有可能导致被害人伤残甚至死亡。然而，蒙某某不顾可能存在的风险而持扫把击打学生头部，并且造成了学生重伤的严重后果，尽管其辩称其行为只是过失致人重伤，但没有在案证据能够支持其主观上仅是过失的辩解。同时，考虑蒙某某与被害人石某某仅为师生关系，并不存在情感、经济或者其他方面的纠纷，也可以排除被告人具有伤害被害人的直接故意。根据上述事实，法院对被告人主观上存在损害他人健康的间接故意的评判符合常情常理，考虑到其主观恶性较小，积极赔偿取得被害人家属的谅解，判处其3年有期徒刑也属恰当。

四、主要法条链接

(一)《刑法》(2023年修正)

第234条　故意伤害他人身体的，处三年以下有期徒刑、拘役或者管制。

犯前款罪，致人重伤的，处三年以上十年以下有期徒刑；致人死亡或者以特别残忍手段致人重伤造成严重残疾的，处十年以上有期徒刑、无期徒刑或者死刑。本法另有规定的，依照规定。

(二)《未成年人保护法》(2020年修订)

第27条　学校、幼儿园的教职员工应当尊重未成年人人格尊严，不得对未成年人实施体罚、变相体罚或者其他侮辱人格尊严的行为。

(三)《义务教育法》(2018年修正)

第29条　教师在教育教学中应当平等对待学生，关注学生的个体差异，因材施教，促进学生的充分发展。

教师应当尊重学生的人格,不得歧视学生,不得对学生实施体罚、变相体罚或者其他侮辱人格尊严的行为,不得侵犯学生合法权益。

(四)《教师法》(2009 年修正)

第 37 条　教师有下列情形之一的,由所在学校、其他教育机构或者教育行政部门给予行政处分或者解聘:

(一)故意不完成教育教学任务给教育教学工作造成损失的;

(二)体罚学生,经教育不改的;

(三)品行不良、侮辱学生,影响恶劣的。

教师有前款第(二)项、第(三)项所列情形之一,情节严重,构成犯罪的,依法追究刑事责任。

案例二:教师利用职业便利猥亵儿童的责任认定[1]

一、基本案情

被告人吴某某原系福建省福鼎市某中学教师,2018 年 9 月 25 日 17 时 10 分许以送其任教班级的学生卢某某(女,时年 12 周岁)回家为由,驾驶电动车将卢某某诱引至其住家的三楼卧室内,对卢某某的敏感部位进行了持续数 10 分钟的抚摸。后因被害人卢某某坚持要回家,吴某某便用双手托着卢某某的臀部和大腿根部将卢某某抱离该卧室,并教唆卢某某向家长谎称晚回家系因在教室做课堂作业,后让卢某某返回家中。卢某某返家后出现精神状态异常,家人将其送往当地医院治疗,经诊断,被害人卢某某在案发后出现重度抑郁、中度焦虑等症状,经司法鉴定机构鉴定,被害人卢某某因此患上创伤后应激障碍。后被告人吴某某主动向公安机关投案,并如实供述其犯罪事实。在审理期间,被告人吴某某通过家属赔偿被害人卢某某医

---

[1] 福建省宁德市中级人民法院刑事判决书,(2019)闽 09 刑终 217 号。

疗费等经济损失共计人民币50,000元,并取得谅解。

公诉机关福鼎市人民检察院根据上述案件事实提出指控,认为被告人吴某某为寻求性刺激,利用职业便利将不满14周岁幼女引诱至自己的住所,并对其敏感器官进行抚摸、亲吻,其行为已触犯了《刑法》(2017年修正)第237条第1款、第3款的规定,犯罪事实清楚,证据确实充分,应以猥亵儿童罪追究其刑事责任。提请法院依法判处。

被告人吴某某及其辩护人对公诉机关指控的犯罪事实及罪名均无异议。但提出:(1)被告人存在自首情节;(2)被告人已通过家属积极赔偿被害人的经济损失,并取得谅解。综上所述,建议对被告人从轻处罚。

二、法院判决

福鼎市人民法院一审认为,被告人吴某某为寻求性刺激,利用教师身份诱引不满14周岁幼女至自己的住所,对幼女敏感器官进行抚摸、亲吻、摩擦,其行为已构成猥亵儿童罪。被告人吴某某身为人民教师,为了满足自己的性欲,猥亵自己的学生,致被害人案发后产生应激障碍精神疾病,对被害人的心灵造成极大的创伤,应从重处罚。被告人吴某某案发后能主动到公安机关投案,并如实供述其罪行,属自首,可从轻处罚;赔偿被害人经济损失并取得谅解,可酌情从轻处罚。经审查,被告人吴某某利用教师职业便利对学生实施猥亵犯罪,根据《教师法》(2009年修正)第14条的规定,其教师资格应终身丧失,根据《刑法》(2017年修正)第37条之一第3款"其他法律、行政法规对其从事相关职业另有禁止或限制性另规定的,从其规定",故本案应判处被告人吴某某在刑满释放后终身禁止从事教师职业。据此,依照《刑法》(2017年修正)第237条第1款、第3款,第67条第1款,第37条之一第1款、第3款,最高人民法院、最高人民检察院、公安部、司法部关于《依法惩治性侵害未成年人犯罪的意见》(2013年公布)第2条、第25条第1项,《教师法》(2009 年修正)第 14 条之规定,判决:(1)被告人吴某某犯猥亵儿童罪,判处有期徒刑 3 年 7 个月;(2)被告人吴某某自刑罚执行完毕之日起禁止在各级各类学校和其他教育机构中从事教育教学工作。

福鼎市人民检察院抗诉认为,原判判处原审被告人吴某某自刑罚执行完毕之日起禁止在各级各类学校和其他教育机构中从事教育教学工作属适用法律错误,理由:适用《刑法》(2017 年修正)第 37 条比适用《教师法》(2009 年修正)第 14 条之规定更具法律约束力;适用《教师法》(2009 年修正)之规定而未限制原审被告人吴某某从事教育培训及与未成年人教育相关职业的权利,无法实现杜绝再次犯罪的目的。宁德市人民检察院支持抗诉认为,一审未判处原审被告人吴某某在一定期限内禁止从事教育教学相关职业,实属错误,请二审法院依法纠正。

宁德市中级人民法院二审确认一审认定事实,认定原判适用法律有误,抗诉机关的抗诉意见及宁德市人民检察院的支持抗诉意见成立,予以采纳。原判定罪准确,审判程序合法,量刑适当,但适用法律有误,应予纠正。据此,依照《刑法》(2017 年修正)第 237 条第 1 款、第 3 款,第 67 条第 1 款,第 37 条之一第 1 款,最高人民法院、最高人民检察院、公安部、司法部《关于依法惩治性侵害未成年人犯罪的意见》(2013 年公布)第 2 条、第 25 条第 1 项以及《刑事诉讼法》(2018 年修正)第 236 条第 1 款第 2 项之规定,判决维持对原审被告人吴某某定罪量刑的判决。同时,撤销对原审被告人吴某某从业禁止的判决,改判原审被告人吴某某自刑罚执行完毕之日起 3 年内禁止从事教育教学相关工作。

三、案例评析与理论延伸

本案系一起教师利用职业便利对未成年人进行猥亵,致被害人案发后产生应激障碍精神疾病,对未成年人的心理造成严重创伤的刑事犯罪案件,主要涉及以下几个问题。

(一)教师利用职业便利猥亵儿童的认定

《刑法》(2023 年修正)第 237 条规定:以暴力、胁迫或者其他方法强制或者侮辱妇女的,处 5 年以下有期徒刑或者拘役。聚众或者在公共场所当众犯罪的,处 5 年以上有期徒刑。一般认为,“猥亵”,是指奸淫以外的其他能够满足性欲和性刺激、侵犯他人性自主权的行为。在猥亵儿童的案件中,受害人大多具有年龄较小、认知水平较低、自我调节能力较差等特征,未成年人性侵案件相对成年人性侵案件而言,受害人往往不能对性侵的行为进行准确的理解和科学的陈述。因此,对于此种案件的认定要结合未成年人的特点,从社会一般人的角度进行判断,即相关行为符合成年人的性观念,同时结合被害人的陈述,能够证明行为人的行为使被害人产生了性羞耻感与厌恶,对被害人的心理造成了损害,即可将行为人的行为纳入“猥亵”的范围。

《教师法》及《中小学教师违反职业道德行为处理办法》中明确规定,教师应当尊重学生的人格,不得对学生进行性骚扰。此外,《未成年人保护法》(2020 年修订)也规定了保护未成年人免受性骚扰的条款。在本案中,吴某某违背教师的职责与道德,其行为已经严重损害了被害人的身心健康,已经不宜仅仅被评价为民事侵权或者行政违法的“咸猪手”的行为,但在本案中吴某某有自首和积极赔偿并取得谅解的行为,依法从轻处罚,法院处置得当。

未成年人的家长要充分认识到未成年人的自我保护意识较弱的特点,要多加留意潜在的风险,加强对未成年人自我保护意识的教育,尽量多陪伴孩子,与孩子之间建立信任感,让孩子能够在遭受到侵犯后的第一时间告诉父母、长辈。同时,我们也要从根本上对教育管理制度进行规范和改进,加强对校园性侵犯行为的监管,杜绝校园性侵犯行为的发生,确保学生的身心健康的成长。

（二）关于《刑法》和《教师法》中“从业禁止”条款的协调适用

“少年强，则国强。”未成年人不仅是一个家庭的希望，也是一个国家的希望，为未成年人的成长提供良好的成长环境，是整个社会的责任。教师对学生的成长更是负有教育、保护的职责，应坚持教书育人、严于律己、知荣明耻。校园本是青少年茁壮成长、充满希望和欢声笑语的地方，但是我们不得不承认有些教师利用基于教师身份形成的便利及家长、儿童对其形成的信赖对未成年人实施性侵，该犯罪行为更加隐蔽，被害人也更加难以抗拒。这些教师把职业便利作为实施性暴力的工具，既严重侵犯了青少年的权益，也违反了职业道德，让校园成为未成年人性侵案件的高发地区。因此，《刑法修正案（九）》（2015 年公布）在《刑法》第 37 条之一新增“从业禁止”的规定，本案被告人吴某某利用教师的职业便利、打着送学生回家的借口对学生实施猥亵犯罪，违背了教师职业道德的要求。本着犯罪情况和预防再犯罪的需要，《教师法》中也有相关的规定，受到剥夺政治权利或者故意犯罪受到有期徒刑以上刑事处罚的，不能取得教师资格；已经取得教师资格的，丧失教师资格。在为未成年人建构“保护墙”的过程中，要坚持对性侵未成年人的行为“零容忍”、对实施性侵犯罪的教师应严格执行“从业禁止”制度，切实保障未成年人的合法权益。在一审法院的判决中对犯罪人吴某某依据《教师法》的规定禁止犯罪人吴某某自刑罚执行完毕之日起在各级各类学校和其他教育机构中从事教育教学工作。该项判决存在两个不足：一是没有限制被告人吴某某从事教育培训及与未成年人教育相关职业的权利，不能实现杜绝其再次犯罪的目的；二是没有限制被告人吴某某在一定期限内从事教育教学相关职业。因此，在二审的判决中，对犯罪人吴某某适用《刑法》（2017 年修正）第 37 条之一的从业禁止条款并对其执行期间加以明确的限制，能够在社会层面起到警示教育作用，净化校园环境。

四、主要法条链接

(一)《刑法》(2023 年修正)

第 37 条之一 因利用职业便利实施犯罪,或者实施违背职业要求的特定义务的犯罪被判处刑罚的,人民法院可以根据犯罪情况和预防再犯罪的需要,禁止其自刑罚执行完毕之日或者假释之日起从事相关职业,期限为三年至五年。

被禁止从事相关职业的人违反人民法院依照前款规定作出的决定的,由公安机关依法给予处罚;情节严重的,依照本法第三百一十三条的规定定罪处罚。

其他法律、行政法规对其从事相关职业另有禁止或者限制性规定的,从其规定。

第 67 条 犯罪以后自动投案,如实供述自己的罪行的,是自首。对于自首的犯罪分子,可以从轻或者减轻处罚。其中,犯罪较轻的,可以免除处罚。

被采取强制措施的犯罪嫌疑人、被告人和正在服刑的罪犯,如实供述司法机关还未掌握的本人其他罪行的,以自首论。

犯罪嫌疑人虽不具有前两款规定的自首情节,但是如实供述自己罪行的,可以从轻处罚;因其如实供述自己罪行,避免特别严重后果发生的,可以减轻处罚。

第 237 条 以暴力、胁迫或者其他方法强制猥亵他人或者侮辱妇女的,处五年以下有期徒刑或者拘役。

聚众或者在公共场所当众犯前款罪的,或者有其他恶劣情节的,处五年以上有期徒刑。

猥亵儿童的,处五年以下有期徒刑;有下列情形之一的,处五年以上有期徒刑：

(一)猥亵儿童多人或者多次的；

(二)聚众猥亵儿童的,或者在公共场所当众猥亵儿童,情节恶劣的；

(三)造成儿童伤害或者其他严重后果的；

(四)猥亵手段恶劣或者有其他恶劣情节的。

(二)《教师法》(2009 年修正)

第14条　受到剥夺政治权利或者故意犯罪受到有期徒刑以上刑事处罚的,不能取得教师资格;已经取得教师资格的,丧失教师资格。

(三)最高人民法院、最高人民检察院、公安部、司法部《关于依法惩治性侵害未成年人犯罪的意见》(2013 年公布)

第2条　对于性侵害未成年人犯罪,应当依法从严惩治。

第25条　针对未成年人实施强奸、猥亵犯罪的,应当从重处罚,具有下列情形之一的,更要依法从严惩处：

(1)对未成年人负有特殊职责的人员、与未成年人有共同家庭生活关系的人员、国家工作人员或者冒充国家工作人员,实施强奸、猥亵犯罪的；

(2)进入未成年人住所、学生集体宿舍实施强奸、猥亵犯罪的；

(3)采取暴力、胁迫、麻醉等强制手段实施奸淫幼女、猥亵儿童犯罪的；

(4)对不满十二周岁的儿童、农村留守儿童、严重残疾或者精神智力发育迟滞的未成年人,实施强奸、猥亵犯罪的；

(5)猥亵多名未成年人,或者多次实施强奸、猥亵犯罪的；

(6)造成未成年被害人轻伤、怀孕、感染性病等后果的；

(7)有强奸、猥亵犯罪前科劣迹的。

案例三：实施冒名顶替他人入学的行为的责任认定[1]

一、基本案情

被告人王某嵘原系湖南省隆回县公安局政委。2006 年 6 月 5 日因涉嫌受贿犯罪被刑事拘留，2007 年 2 月 12 日被判处有期徒刑 3 年，缓刑 5 年，2007 年 2 月 15 日被取保候审。因涉嫌伪造国家机关证件犯罪于 2009 年 5 月 14 日被刑事拘留，同年 5 月 22 日被逮捕。

公诉机关指控，2004 年被告人王某嵘在任湖南省邵东县牛马司镇党委书记期间，其女王某俊与罗某霞系邵东县第一中学 2004 届高三（文科）298 班同学。两人均参加了 2004 年全国统一高考，王某俊的高考成绩为 335 分，未上普通高等大学本科最低控制录取线，罗某霞高考成绩为 514 分，上了普通高等大学（三本）最低控制录取线，但未被普通高等院校录取。王某嵘为了使其女儿王某俊能够读上普通高等大学，冒用罗某霞的高考成绩等信息资料及伪造户口迁移证，并通过其他途径，使王某俊顺利被某某师范大学录取。具体犯罪事实如下。

2003 年 3 月的一天，邵东县某中学教师王某某委托王某嵘帮忙搞一张空白户口迁移证，后因王某某未要，王某嵘则将该空白户口迁移证（编号 000683 * *）留在家中。2004 年高考结束后，王某嵘的女儿王某俊的高考成绩未上普通高等大学最低控制录取线，而王某嵘在长沙打听到低分考生可冒用他人身份入读大学的信息后，便产生让王某俊冒用他人身份及高考成绩入读大学的念头。于是，2004 年 9 月上旬的一天，王某嵘找到王某俊的班主任张某某，要求张某某帮忙提供已上线未被大学录取的学生情况，张某某

［1］ 湖南省邵阳市北塔区人民法院刑事判决书，(2009) 北刑初字第 46 号。

告诉王某嵘只有罗某霞同学的高考成绩为514分，已上普通高等大学(三本)最低控制录取线，但未被录取。王某嵘在张某某处取得罗某霞的身份信息及高考成绩等信息资料后，便打电话给在贵州省某出版社工作的同学李某某，咨询罗某霞的高考成绩能否被某某师范大学补录，李某某经过了解后答复王某嵘可以办理，王某嵘便要李某某帮忙，并将罗某霞的相关信息资料告诉李某某，李某某答应帮忙办妥此事。几天后，王某嵘在网上查知罗某霞被某某师范大学录取，王某嵘又到某某师范大学将罗某霞的录取通知书拿到并返回邵东县。回到邵东县后，王某嵘便着手办理罗某霞的户口迁移手续及学生学籍档案，王某嵘将留在家中的空白户口迁移证(编号000683 * *)拿出，曾要邵东县公安局红土岭派出所干警李某某加盖该所的户口专用印章，遭到拒绝后，王某嵘便在邵东县两市镇东风路百货大楼附近找到私自刻章的摆摊者，伪造了一枚“邵东县公安局红土岭派出所户口专用”印章和一枚“空白”印章，盖在空白户口迁移证上，又到邵东县两市镇解放路原总工会楼梯门面的一打字复印店，伪造了罗某霞的户口迁移证，在伪造的户口迁移证上记载罗某霞曾用名王某俊。与此同时，王某嵘还将王某俊的学生学籍档案从相关部门调出，在邵东县两市镇文体路59号打印店比照王某俊的学生学籍档案伪造了一份罗某霞的学生学籍档案。2004年10月，王某俊带着王某嵘伪造的罗某霞的户口迁移证及学生学籍档案来到某师范大学，在交纳一定费用后，开始就读于某某师范大学。2008年王某俊冒用罗某霞的身份办理了毕业证、学士学位证、教师资格证。

2005年，罗某霞参加全国高考，被某某师范大学录取。2009年年初，罗某霞在申请办理教师资格证时因已注册而遭到拒绝。2009年3月1日，罗某霞向建设银行鑫茂支行申请办理网上银行业务，被拒绝，经过查询，罗某霞得知其姓名、身份证号等信息资料被王某俊冒用。2009年3月初，王某嵘得知罗某霞已知身份被冒用后，便主动找到罗某霞商议解决此事，并承诺不会影响罗某霞的毕业及大学文凭、学士学位、教师资格证的取得，4 月 5 日王某俊向某某师范大学申请注销“罗某霞”在某某师范大学的毕业证等相关证件。此事件被新闻媒体披露后，造成了严重的社会影响。5 月 19 日贵州省教育厅收回“罗某霞”在某某师范大学毕业后获得的毕业证书（编号：1066312008058813＊＊）、学位证书（编号：10663200858813＊＊）、教师资格证书（编号：200852100420013＊＊）、普通话水平测试等级证书（编号：GZGY10707141＊＊）原件并予以注销。

另查明，被告人王某嵘因涉嫌受贿犯罪于 2006 年 6 月 5 日被刑事拘留，被关押于邵阳市第一看守所，2007 年 2 月 12 日因犯受贿罪被判处有期徒刑 3 年，缓刑 5 年，同年 2 月 15 日被释放。

2009 年 5 月 7 日，王某嵘在邵东县教育局干部申某志的陪同下，到邵东县天宏宾馆五楼省市联合调查组投案。5 月 9 日，联合调查组的工作人员找王某嵘谈话，调查笔录中记录了王某嵘交代的伪造户口迁移证等主要事实，5 月 10 日，邵阳市监察局将该案移送邵阳市公安局刑事警察支队，5 月 14 日王某嵘被刑事拘留，在 5 月 14 日公安干警的第一次审讯中，王某嵘交代了全部犯罪事实。

公诉机关认为，被告人王某嵘的行为构成伪造国家机关证件罪，并应当撤销缓刑，数罪并罚。要求人民法院根据《刑法》（1997 年修订）第 280 条第 1 款、第 77 条之规定惩处。

被告人王某嵘对公诉机关指控的事实及罪名没有异议。其辩护人的主要辩护意见是：（1）被告人王某嵘主动投案，在侦查阶段如实交代犯罪事实，有自首情节；（2）被告人王某嵘在得知罗某霞知道王某俊冒用了其名义入读大学后，主动与罗某霞联系，尽力挽回对罗某霞的损害，消除不良影响，而且王某俊主动申请撤销、注销文凭、资格证等，使罗某霞能顺利毕业，取得了相关证书，防止了损害后果的扩大；（3）王某俊不是冒名顶替罗某霞的身份入读某某师范大学，只是冒用罗某霞的名义，因为罗某霞并没有被某某师范大学录取，王某俊能够入读某某师范大学，是被告人王某嵘冒用罗某霞的高考成绩等信息资料，通过其他方式完成的，没有损害罗某霞受教育的权利。据此，辩护人向法庭提交了证人申某志、王某清的证言及王某俊书写的申请书、邵东县公安局的证明等证据材料，欲以证明被告人王某嵘有自首情节及为挽回对罗某霞的损害所作的努力。请求法庭对被告人王某嵘免予刑事处罚。

二、法院判决

一审法院经审理确认公诉机关所指控事实，认为被告人王某嵘为了使其女儿能够读上本科大学，采取冒用他人身份信息及高考成绩信息等资料、伪造被冒用者的户口迁移证及学生学籍档案等手段，并通过其他途径使其女儿以被冒用者的身份就读大学，王某嵘的行为，影响了公安机关对人口户籍管理的正常活动，损害了国家机关的名誉和声誉，扰乱了社会管理秩序，造成了严重的社会影响，其行为构成伪造国家机关证件罪。公诉机关指控的事实及罪名成立，法院予以确认。辩护人提出王某嵘并没有让其女儿冒名顶替他人的名额读大学，只是冒用他人身份及高考成绩等信息资料入读大学，没有剥夺他人受教育的权利，也没有给被冒用者造成特别严重后果的辩护意见，符合事实，予以采信。辩护人提出，王某嵘在事发后主动找到被冒用者，欲尽力挽回不良影响，并由其女儿主动向教育部门申请撤销、注销毕业证、教师资格证等，有主动防止犯罪危害后果扩大的行为，主观上有悔罪表现，要求酌情从轻处罚的意见，虽然辩护人的陈述符合事实，但法庭考虑本案的事实已发生，犯罪既遂，影响了国家机关正常的管理秩序和活动，损害了国家机关的名誉和声誉，并在社会上已经造成了严重影响，故辩护人提出的可酌情从轻处罚的意见，不予采纳。王某嵘犯罪后主动到省市联合调查组投案,对自动投案的事实,公诉机关予以认同,但公诉机关认为,王某嵘投案后没有交代全部犯罪事实,不符合自首的构成要件,不应认定王某嵘有自首情节,辩护人提出,王某嵘犯罪后,主动到省市联合调查组投案并在接受调查组调查时,已主动交代了主要犯罪事实,并在侦查机关的第一次审讯中,即交代了全部犯罪事实,王某嵘的行为符合自首的构成要件,应当认定有自首情节。王某嵘主动投案的事实,控辩双方没有争议,对王某嵘是否构成自首,控辩双方分歧较大,从现有证据反映的事实来看,王某嵘投案后,首先对主要犯罪事实即伪造户口迁移证的事实进行了供述,然后在侦查机关的第一次审讯中交代了全部犯罪事实,可以认定王某嵘有自首情节。王某嵘在缓刑考验期间被发现还有其他犯罪没有判决,应当撤销缓刑,与新发现的犯罪所处刑罚数罪并罚。在法庭审理过程中,王某嵘自愿认罪,认罪态度较好。结合王某嵘的认罪态度、犯罪行为所造成的社会影响,依照《刑法》(1997 年修订)第 280 条第 1 款、第 67 条第 1 款、第 69 条、第 70 条、第 77 条之规定,判决撤销湖南省邵阳市中级人民法院(2006)邵中刑二终字第 78 号刑事判决书中对被告人王某嵘犯受贿罪,判处有期徒刑 3 年,缓刑 5 年的缓刑部分,被告人王某嵘犯伪造国家机关证件罪,判处有期徒刑 2 年,与犯受贿罪所判处的有期徒刑 3 年的刑罚数罪并罚,决定执行有期徒刑 4 年。被告人在法定期限内未提出上诉,本案判决已经生效。

三、案例评析与理论延伸

本案系行为人为了使其女儿读本科大学而冒用他人身份信息及高考成绩信息等资料、伪造被冒用者的户口迁移证及学生学籍档案引起的损害国家机关的名誉和声誉,扰乱社会管理秩序,造成严重社会影响的刑事犯罪,主要涉及以下几个问题。

(一)冒名顶替入学的认定

冒名顶替他人上学是为了获得更好的教育资源,从而图谋一个更好的前程,但招生名额是固定的,名额被他人冒充后,被冒充的人就无法得到他应有的教育。在现实中冒名顶替入学不仅包括相同姓名的冒名顶替,也包括不同姓名的顶替行为,因此,对冒名顶替入学行为的认定不能仅仅从姓名层面出发认定,还要结合行为人的主观目的及客观行为进行判断。

总体而言,冒名顶替入学的模式大致有以下 3 种:一是被冒名顶替者自动放弃入学,被行为人知悉,从而通过截取录取通知书、伪造相关证件材料等行为冒充他人入学;二是被冒名顶替者和他人交易自己的入学资格,此种情况虽然属于当事人意思自治的范围,但是高等教育的入学资格是国家选拔人才的制度安排,任何人均无权交易自己的入学资格;三是行为人盗用他人学籍资料直接冒名顶替入学,在这种情况下受害者取得高中入学资格后,经过一段时间的正常学习生活,后由于其他原因而中止学习但仍保留学籍,行为人利用这点直接冒名顶替受害人接受高中教育,参加高考。在这3 种情况中,仍需具体情况具体分析,例如,在本案中行为人辩称受害人并没有因为行为人的冒用而失去入学资格,同时行为人在得知后积极配合受害人完成相关手续,尚未造成严重后果,法庭考虑虽然行为人的陈述符合事实,但是该行为在社会上已经造成严重影响,所以对犯罪行为人提出的可酌情从轻处罚的意见,不予采纳,具备合理性。

根据《宪法》(2018 年修正)第46 条第1 款规定:中华人民共和国公民有受教育的权利和义务。该条规定表明受教育权是公民个人发展的基础性权利,任何人不得侵犯。我国《教育法》(2021 年修正)中明确规定了入学资格的审核、考试纪律、学位授予等方面的内容,对于违反相关规定的行为将依法追究责任。在义务阶段冒名顶替的现象鲜有发生,但是在高等教育阶段,公民被冒名顶替、受教育权被侵犯的情况层出不穷。冒名顶替他人信息从而获得高等教育的资格,相当于盗窃他人的人生,单纯的民事处罚或者行政处罚不足以杜绝冒名顶替侵犯他人教育权的行为,因此,《刑法修正案

(十一)》)将冒名顶替入学的行为规定为犯罪,是在用刑事立法的方式对宪法中公民受教育权保障的落实,该修订十分必要。同时,教育行政部门也要不断加强对招生考试工作的监管力度,严格防范和打击冒名顶替行为的发生。

由于本案发生于《刑法修正案(十一)》公布之前,因此本案还不涉及冒名顶替罪,但要想冒名顶替入学其前置行为少不了伪造相应的文书、证件,所以本案主要是对伪造国家机关证件罪的认定。

(二)自首的认定

古今中外,大多数国家都确立了自首制度,我国自古以来也有宽严相济的量刑原则。根据现行《刑法》(2023 年修正)第 67 条的规定,自首可以分为一般自首和特别自首。一般自首,是指犯罪以后自动投案,如实供述自己罪行的行为;特别自首,是指被采取强制措施的犯罪嫌疑人、被告人和正在服刑的罪犯,如实供述司法机关还未掌握的本人其他罪行的,以自首论。对于自首的犯罪分子可以从轻或者减轻处罚;其中,犯罪较轻的,可以免除处罚。

在刑事司法实务中,自首是关乎量刑的一大因素,通常会成为控辩双方的焦点,因此自首的准确认定往往是审判中的难点和重点。由于社会的不断进步,犯罪人的犯罪方式也是千变万化,但是对自首的认定万变不离其宗,总体而言应当遵循以下两点:(1)“自动投案”,是指犯罪人基于自己的主观意志而自动投案,如果是被他人捆绑扭送投案的,则不属于自首的范围。(2)“如实供述”,是指如实供述自己的全部犯罪事实,既不夸大也不缩小,对于数罪和共同犯罪的如实供述则有更高的要求,即数罪均成立自首则需要对全部犯罪行为进行供述,否则只对如实供述的罪名成立自首;对于共同犯罪的如实供述范围还包括对同案犯的犯罪事实。如果犯罪嫌疑人自首后又翻供,但能在一审判决前如实供述的,仍可成立自首。

自首制度的价值主要在于以下几点:一是激励犯罪分子改过自新,减少社会上的不稳定因素;二是有利于案件的迅速侦破,节约司法资源;三是坚持惩罚犯罪和改造罪犯相结合,有利于刑罚目的的实现。在本案中,犯罪嫌疑人主动到司法机关进行投案,并在公安干警的第一次审讯中如实供述了全部犯罪事实,积极悔过自新,可以认定其成立自首。根据《学位条例》(2004年修正)的相关规定,各级各类学校在授予学位时应当按照规定的标准和程序进行审核,对不符合条件的申请人不予授予学位;对通过非法手段获取学位的行为,教育行政部门和其他有关行政部门将撤销学位授予,并依法追究责任。在本案中,王某俊主动向教育部门申请撤销、注销毕业证、教师资格证等,有主动防止犯罪危害后果扩大的行为,主观上有悔罪表现;王某嵘主动到省市联合调查组投案并在接受调查组的调查时,主动交代了主要犯罪事实,并在侦查机关的第一次审讯中,交代了全部犯罪事实,符合自首的认定。

四、主要法条链接

(一)《宪法》(2018年修正)

第46条　中华人民共和国公民有受教育的权利和义务。

国家培养青年、少年、儿童在品德、智力、体质等方面全面发展。

(二)《刑法》(2023年修正)

第67条　犯罪以后自动投案,如实供述自己的罪行的,是自首。对于自首的犯罪分子,可以从轻或者减轻处罚。其中,犯罪较轻的,可以免除处罚。

被采取强制措施的犯罪嫌疑人、被告人和正在服刑的罪犯,如实供述司法机关还未掌握的本人其他罪行的,以自首论。

第69条　判决宣告以前一人犯数罪的,除判处死刑和无期徒刑的以外,应当在总和刑期以下、数刑中最高刑期以上,酌情决定执行的刑期,但是管制最高不能超过三年，拘役最高不能超过一年，有期徒刑总和刑期不满三十五年的，最高不能超过二十年，总和刑期在三十五年以上的，最高不能超过二十五年。

数罪中有判处有期徒刑和拘役的，执行有期徒刑。数罪中有判处有期徒刑和管制，或者拘役和管制的，有期徒刑、拘役执行完毕后，管制仍须执行。

数罪中有判处附加刑的，附加刑仍须执行，其中附加刑种类相同的，合并执行，种类不同的，分别执行。

第70条　判决宣告以后，刑罚执行完毕以前，发现被判刑的犯罪分子在判决宣告以前还有其他罪没有判决的，应当对新发现的罪作出判决，把前后两个判决所判处的刑罚，依照本法第六十九条的规定，决定执行的刑罚。已经执行的刑期，应当计算在新判决决定的刑期以内。

第77条　被宣告缓刑的犯罪分子，在缓刑考验期限内犯新罪或者发现判决宣告以前还有其他罪没有判决的，应当撤销缓刑，对新犯的罪或者新发现的罪作出判决，把前罪和后罪所判处的刑罚，依照本法第六十九条的规定，决定执行的刑罚。

被宣告缓刑的犯罪分子，在缓刑考验期限内，违反法律、行政法规或者国务院有关部门关于缓刑的监督管理规定，或者违反人民法院判决中的禁止令，情节严重的，应当撤销缓刑，执行原判刑罚。

第280条　伪造、变造、买卖或者盗窃、抢夺、毁灭国家机关的公文、证件、印章的，处三年以下有期徒刑、拘役、管制或者剥夺政治权利；情节严重的，处三年以上十年以下有期徒刑。

伪造公司、企业、事业单位、人民团体的印章的，处三年以下有期徒刑、拘役、管制或者剥夺政治权利。

伪造、变造居民身份证、护照、社会保障卡、驾驶证等依法可以用于证明身份的证件的，处三年以下有期徒刑、拘役、管制或者剥夺政治权利；情节严重的，处三年以上七年以下有期徒刑。

（三）《教育法》（2021 年修正）

第 21 条　国家实行国家教育考试制度。

国家教育考试由国务院教育行政部门确定种类，并由国家批准的实施教育考试的机构承办。

第 22 条　国家实行学业证书制度。

经国家批准设立或者认可的学校及其他教育机构按照国家有关规定，颁发学历证书或者其他学业证书。

第 23 条　国家实行学位制度。

学位授予单位依法对达到一定学术水平或者专业技术水平的人员授予相应的学位，颁发学位证书。

第 77 条第 4 款、第 5 款　组织、指使盗用或者冒用他人身份，顶替他人取得的入学资格的，有违法所得的，没收违法所得；属于公职人员的，依法给予处分；构成违反治安管理行为的，由公安机关依法给予治安管理处罚；构成犯罪的，依法追究刑事责任。

入学资格被顶替权利受到侵害的，可以请求恢复其入学资格。

（四）《学位条例》（2004 年修正）

第 17 条　学位授予单位对于已经授予的学位，如发现有舞弊作伪等严重违反本条例规定的情况，经学位评定委员会复议，可以撤销。

第 18 条　国务院对于已经批准授予学位的单位，在确认其不能保证所授学位的学术水平时，可以停止或撤销其授予学位的资格。

案例四：校方的行政管理权侵害在校生受教育权的责任认定[1]

一、基本案情

王某系衡水学院2011级学生，他在校期间曾获得计算机一级证书、第八届全国大学生文学作品大赛等级证书等多项奖励。2014年1月10日王某代替外语系杨某参加中国现当代文学史考试，考试完毕后，衡水学院以有人举报其代替他人考试为由找到王某，王某如实陈述了替考的事实，并在事后写下检查和具结悔过书。2014年3月7日衡水学院作出《衡水学院关于对学生王某的处分决定书》，认定，王某替他人参加考试，构成严重作弊，依照《衡水学院学生违纪处分规定（试行）》第26条第2款之规定，给予其开除学籍处分。王某不服，2014年3月12日向衡水学院学生申诉处理委员会提出申诉，2014年4月10日学生申诉处理委员会作出校申字（2014）第001号《衡水学院学生申诉复查决定书》，认定，王某在替考作弊后，确有主动承认错误、认识深刻，有悔改表现。同时，其确有主动劝阻和检举情节。以上行为符合《衡水学院学生违纪处分规定（试行）》第8条之规定条款，建议校长办公会撤销《衡水学院关于对学生王某的处分决定书》，重新审议对王某的处分。2014年4月29日衡水学院重新作出《衡水学院关于对学生王某的处分决定书》，依照《衡水学院学生违纪处分规定（试行）》第26条第4款之规定，在考试中由他人替考，替他人考试、组织作弊、使用通讯设备作弊及其他作弊行为严重的，可以给予开除学籍处分，经校长办公会研究决定，予以王某开除学籍处分。王某不服，2014年4月30日和5月1日向衡水学院学生申诉处理委员会递交两份申诉书提出申诉，2014年5月16日学生申诉处理

[1] 河北省衡水市中级人民法院行政判决书，（2015）衡行终字第16号。

委员会作出校申字〔2014〕第002号《衡水学院学生申诉复查决定书》，认定，王某在2014年1月10日替外语系杨某参加中国现当代文学史考试的情节属实，根据《衡水学院学生违纪处分规定（试行）》给予其开除学籍的处分决定，事实清楚、证据确凿、程序正当、适用依据准确，处分恰当，决定维持《衡水学院关于对学生王某的处分决定书》。王某不服，向河北省教育厅进行了申诉，2014年6月12日河北省教育厅作出冀教复通〔2014〕2号《河北省教育厅学生申诉处理决定书》，维持了衡水学院2014年4月29日作出的开除王某学籍的处分决定。王某不服衡水学院对其开除学籍的处分决定，于2014年6月26日向衡水市桃城区人民法院提起行政诉讼。

二、法院判决

原告王某诉称，衡水学院对王某开除学籍的处分，剥夺了王某的受教育权利，其行为缺乏法律依据。受教育权是一项基本人权，也是我国宪法规定的公民基本权利。宪法、教育法、高等教育法均对我国公民的受教育权作了规定。开除学籍的处分，使一个学生不能再在其接受教育的高校继续接受教育，正是对受教育权的剥夺，而受教育权无疑属于人身权、财产权等合法权益。因此，《普通高等学校学生管理规定》及各高校有关学生管理的规定中，对学生开除学籍处分的规定，均违背了宪法、教育法的规定，应属无效，不应作为开除学生学籍的合法性依据。衡水学院以纪律处分之名剥夺王某的法律权利，系违法行为。同时，学校没有履行告知义务，没有告知王某陈述和申辩的权利，而是告知王某填表走程序是必需的，并且在作出处分决定后学生处才让王某陈述当时考试的事实，并强迫王某在其上面签字。在学校下达处分决定后，学校打电话让王某去签字，并未告诉王某还有申诉的权利，而是说签了就可以办理离校手续了。王某申诉后，没有告知王某具有申请听证的权利，也未告知学校采取什么办法处理这件事，只是告知让王某等待。王某申诉后,被告没有告知审委会组成人员名单,并且在王某申诉期间,也没有任何人曾对王某进行调查询问。审委会的人员组成违反有关规定,没有学生代表参加,也没有在规定的15个工作日内对王某作出答复,而是一拖再拖,迟迟没有答复。综上,原告王某请求人民法院对处分决定依法予以撤销,并判决学校开除王某学籍的处分决定程序违法。

被告衡水学院辩称,其对王某替考行为的处分程序正当、证据充分,依据明确,定性准确,处分恰当,维持被告对原告王某作出的开除学籍处分决定。被告给予王某开除学籍处分有明确的法律依据,定性准确,处分恰当。《教育法》(2009年修正)第28条[1]规定,学校按照章程自主管理,对受教育者进行学籍管理,实施奖励或者处分,对受教育者颁发相应的学业证书。第43条[2]规定,受教育者应当遵守所在学校的管理制度。《高等教育法》(1998年施行)第53条规定,高等学校的学生应当遵守法律、行政法规,遵守学生行为规范和学校的各项管理制度。从上述法律规定可知,高等学校作为国家批准设立的高等院校,依照教育法、高等教育法上述规定的授权,具有行使国家公共权力的性质,依法享有对学生学籍管理、作出开除学籍的处分,授予学业证书的权力。《行政处罚法》(2009年修正)第12条第1款[3]也规定,国务院部、委员会制定的规章可以在法律、行政法规规定的给予行政处罚的行为、种类和幅度的范围内作出具体规定。教育部根据教育法、高等教育法制定了《普通高等学校学生管理规定》(2005年,失效)并依据上述规定授权制定了第54条第4项,[4]规定了由他人代替考试,替他人参加考试学校可以给予开除学籍的处分。教育部的《普通高等学校学生管理规定》中规定的对学生的警告、记过、留校察看、开除学籍是对教育法、高等教育法

---

〔1〕《教育法》(2021年修正)第29条。
〔2〕《教育法》(2021年修正)第44条。
〔3〕《行政处罚法》(2021年修正)第13条。
〔4〕《普通高等学校学生管理规定》(2017年修订)第52条第4项。

给予受教育者处分的细化，是在法律授权范围之内。给予王某处分完全符合法定程序，保障了其应有的权利。

一审判决认为，被告2014年3月7日作出处分决定后，并未作出撤销原处分的决定，即以同一理由径行在2014年4月29日作出了新的处分决定，应属程序错误。《普通高等学校学生管理规定》(2005年，失效)第53条[1]规定纪律处分的种类分为：警告、严重警告、记过、留校察看、开除学籍。该规定是对学生违纪的处理按照违纪的严重程度和情节呈逐步加重的处理方式，体现了不同情形不同处理的立法宗旨，《普通高等学校学生管理规定》(2005年，失效)第54条[2]第4项规定，由他人替考，替他人考试、组织作弊、使用通讯设备作弊及其他作弊行为严重的，可以给予开除学籍处分。虽然此类规定有助于促进学习或学术品质的养成，但被告应依照比例原则作出符合适当性要求、必要性要求的决定，被告可以通过其他损害较小的纪律处分，督促学生认识和改正错误并观其后效，也可以达到相同的目的。被告在处理方式上并未考虑原告在校期间属刻苦优秀学生，通过自己的勤奋好学多次获得荣誉和奖励，所犯错误尚属首次，同时具有主动承认错误、认识深刻、有悔改表现和主动劝阻他人和检举他人的从轻情节，应给予改过的机会。仅凭一次考试作弊就开除学籍，使学生无任何完善品质的余地，导致措施和目的之间的极不相称。综上，被告作出的处分决定依法应予撤销。依照《行政诉讼法》(1989年修正)第54条第2项第1目、第3目[3]之规定判决，(1)撤销被告2014年4月29日作出的《衡水学院关于对学生王某的处分决定书》。(2)被告于本判决生效后60日内重新作出具体行政行为。

---

〔1〕《普通高等学校学生管理规定》(2017年修订)第51条。
〔2〕《普通高等学校学生管理规定》(2017年修订)第52条第4项。
〔3〕《行政诉讼法》(2017年修正)第70条第1项、第3项。

衡水学院不服一审判决，在法定期限内提出上诉，要求依法撤销一审判决，驳回被上诉人的诉讼请求。

衡水市中级人民法院经审理认为，学生在考试中存在由他人代替考试、替他人参加考试、组织作弊、使用通讯设备作弊及其他作弊行为严重的，应当受到处理，高等学校也有权依法给予相应的处分。但高等学校对学生的处分应遵守《普通高等学校学生管理规定》(2005 年，失效)第 55 条的规定，做到程序正当、证据充足、依据明确、定性准确、处分恰当。特别是在对违纪学生作出开除学籍等直接影响受教育权的处分时，应当坚持处分与教育相结合原则，做到育人为本、罚当其责，并使违纪学生得到公平对待。本案中，上诉人两次对被上诉人作出处分，可见处理此事件亦十分慎重和重视，但上诉人在两次处分中，均未能做到程序正当、依据明确。围绕同一事实，在未对 2014 年 3 月 7 日所作处分决定撤销的前提下，2014 年 4 月 29 日再次作出处分决定，且仅适用本校所作规定，应属程序违法、适用法律错误。一审判决撤销上诉人作出的处分决定并责令其重新作出是正确的，应予维持。上诉人的上诉理由不能成立，二审法院不予支持。根据《行政诉讼法》(1989 年修正)第 59 条、[1] 第 61 条第 1 项[2] 之规定，判决驳回上诉，维持原判。

三、案例评析与理论延伸

本案系学生替人考试、涉嫌作弊，违反学校纪律，受到学校开除处分，但学校作出该处分的过程及程度存在一定争议，由此引发诉讼，主要涉及以下问题。

(一)受教育权的保护

受教育权的诞生意味着国家对受教育权的干预，国家对受教育权进行

---

[1] 《行政诉讼法》(2017 年修正)第 86 条。

[2] 《行政诉讼法》(2017 年修正)第 89 条第 1 项。

把控,以此保证国家在意识形态领域中的主导权。《世界人权宣言》第26条规定了“人人享有受教育的权利”,这表明各国对受教育权保护的共识以及国际社会对受教育权保护的态度。我国受教育权源于《宪法》(2018年修正)第46条第1款的规定。受教育权是一项基本的人权,于公民而言既是权利也是义务,是公民享受其他文化权利的基础和前提,国家有义务在立法、行政和司法过程中保障公民受教育权的实现。由于我国未实行“宪法司法化”,对《宪法》中规定的基本权利应当由其他法律进行具体落实。对于义务教育,根据《教育法》(2021年修正)第19条的规定,监护人有义务使适龄儿童接受义务教育,该规定表明父母的教育权不得干预国家教育权的行使,若监护人怠于履行职责、侵犯未成年的受教育权,国家应当积极介入,保障未成年人的合法权益。高中教育阶段则赋予了受教育者一定的选择权,学生可以通过升学考试进入普通高中或者职专学习,也可以选择终止学习,进入社会。对于大学的高等教育来说,根据《教育法》的规定,学生享有受教育权,学校应当保障学生受教育的权利,校方应当谨慎行使行政管理权不得侵犯学生的受教育权。侵犯学生受教育权的常见情形主要有以下几种:侵犯学生受教育机会的平等权、侵犯学生的入学权、侵犯学生参加考试的权利、随意开除学生等。[1] 基于《宪法》及《教育法》中保护受教育权的规定,无论谁都不能侵害他人的受教育权。

正所谓“教育兴则国家兴,教育强则国家强”,学生通过高考取得高等教育的入学资格,由此也享有与教育有关的一切权利,对该权利他人不得随意侵犯。受教育权不仅包括人身权还包括财产权,是一项复合型的基本权利,如果侵犯他人受教育权则会给受害者造成不可弥补的财产损失和精神损害。同时,随着“科教兴国”战略的不断推进以及教育法典化的背景下,受教

---

〔1〕 参见湛中乐、梁芷澄:《国家教育权的双重面向及规范要求》,载《华东师范大学学报(教育科学版)》2023年第6期。

育权的实现有了更有力的保障，公民受教育权更不容许任何人或者组织侵犯，这样更有利于我们培养“合格的社会主义接班人”。

（二）校方行政管理权的合理使用

大学的教育不同于义务教育、高中阶段的教育，其不仅要保障受教育者受教育权的实现，还要保障《宪法》中规定的学术自由的实现。因此，立法应当保障各个大学在框架内享有一定的教学和管理的自由。故，《教育法》规定，学校可以按照学校章程进行自主管理，对受教育者进行学籍管理，实施奖励或者处分，受教育者应当遵守所在学校的管理制度。由此可知，高等学校根据授权，具有行使国家公权力的性质，依法享有对学生进行学籍管理、作出开除学籍处分的权力。但是，这些权力直接与学生的受教育权相挂钩，因此在行使权力时，应当满足比例原则的要求，即制定的规章要符合教育学生和管理学校的目的，实现该目的的手段与该目的之间要具有合理性，是为实现规章目的的必要之手段，实施该手段时不得侵犯宪法或普通法所规定的基本权利。

在学校与学生的关系中，学生是被管理的一方，总是被排除在决策之外，但是学生的权利意识是不断增强的，校方行使行政管理权时应当充分尊重学生所享有的权利，保障学生在其权利受到侵害时能行使校内救济权。一般认为，校内救济权包括知情权、申辩权和申诉权等，校内救济权和行政申诉权、行政复议权、行政诉权等共同构成学生的权利救济体系。因此，校方在行使行政权力时应当遵守《普通高等学院学生管理规定》（2017 年修订），做到程序正当、证据充足、依据明确、定性准确、处分恰当，特别是对违纪学生作出开除学籍等对受教育权具有直接影响的处分时，应当慎重考虑，坚持教育和处分相适应，以人为本，罚当其责，在校方行政管理权和学生的受教育权之间进行衡量,做出恰当、公平的选择,否则就应当承担相应的法律责任。[1]

在本案中,校方行使行政管理权时,未充分尊重学生所享有的权利,也未充分考虑作出的处罚是否同教育学生相恰。本案所涉学生在校学习期间,刻苦努力,所犯错误为首次,并且主动承认错误,有悔改表现,对自己所享有的权利也充分重视,校方作出的开除学籍处分属实不太恰当,应当予以撤销。

四、主要法条链接

(一)《行政诉讼法》(2017 年修正)

第 70 条　行政行为有下列情形之一的,人民法院判决撤销或者部分撤销,并可以判决被告重新作出行政行为:

(一)主要证据不足的;

(二)适用法律、法规错误的;

(三)违反法定程序的;

(四)超越职权的;

(五)滥用职权的;

(六)明显不当的。

(二)《高等教育法》(2018 年修正)

第 57 条　高等学校的学生,可以在校内组织学生团体。学生团体在法律、法规规定的范围内活动,服从学校的领导和管理。

(三)《普通高等学校学生管理规定》(2017 年修订)

第 51 条　对有违反法律法规、本规定以及学校纪律行为的学生,学校应当给予批评教育,并可视情节轻重,给予如下纪律处分:

---

〔1〕参见陈肇新:《高校教育惩戒诉讼的判决论证及其改进》,载《教育发展研究》2022 年第 5 期。

（一）警告；

（二）严重警告；

（三）记过；

（四）留校察看；

（五）开除学籍。

第 52 条　学生有下列情形之一，学校可以给予开除学籍处分：

（一）违反宪法，反对四项基本原则、破坏安定团结、扰乱社会秩序的；

（二）触犯国家法律，构成刑事犯罪的；

（三）受到治安管理处罚，情节严重、性质恶劣的；

（四）代替他人或者让他人代替自己参加考试、组织作弊、使用通讯设备或其他器材作弊、向他人出售考试试题或答案牟取利益，以及其他严重作弊或扰乱考试秩序行为的；

（五）学位论文、公开发表的研究成果存在抄袭、篡改、伪造等学术不端行为，情节严重的，或者代写论文、买卖论文的；

（六）违反本规定和学校规定，严重影响学校教育教学秩序、生活秩序以及公共场所管理秩序的；

（七）侵害其他个人、组织合法权益，造成严重后果的；

（八）屡次违反学校规定受到纪律处分，经教育不改的。

第 61 条　学生申诉处理委员会对学生提出的申诉进行复查，并在接到书面申诉之日起 15 日内作出复查结论并告知申诉人。情况复杂不能在规定限期内作出结论的，经学校负责人批准，可延长 15 日。学生申诉处理委员会认为必要的，可以建议学校暂缓执行有关决定。

学生申诉处理委员会经复查，认为做出处理或者处分的事实、依据、程序等存在不当，可以作出建议撤销或变更的复查意见，要求相关职能部门予以研究，重新提交校长办公会或者专门会议作出决定。

案例五：利用校园贷侵害他人合法权益的责任认定[1]

一、基本案情

被告人李某原系淄博平安普惠投资咨询有限公司职工。2016年10月，时任淄博平安普惠投资咨询有限公司信贷业务员的李某通过给被害人边某拍摄裸照，以“裸贷”方式借给山东药品食品职业学院淄博校区的在校大学生被害人边某6000元。因边某无力偿还贷款，自2016年11月起至2018年10月期间，被告人李某以公开被害人裸照相威胁，要求被害人以与其发生性关系的方式“肉偿”贷款利息。被告人李某以此手段逼迫被害人边某分别到张店区临淄区的多家宾馆、酒店多次与其发生性关系。

淄博市临淄区人民检察院根据上述事实提出指控，认为被告人李某以公开被害人裸照进行胁迫，违背妇女意志，逼迫被害人多次与其发生性关系，其行为已触犯了《刑法》(2017年修正)第236条第1款之规定，犯罪事实清楚，证据确实充分，应以强奸罪追究其刑事责任。

在案件审理过程中，被害人边某向原审法院提起附带民事诉讼，后申请撤诉，并建议对被告人李某从重处罚。

被告人李某辩称其不构成强奸罪：(1)没有使用裸照威胁被害人与其发生性关系，被害人陈述与事实不符。(2)公诉机关提交的电话录音是被害人拼凑伪造的，不能作为定罪证据使用。其辩护人以相同意见为其辩护，另提出：被告人李某仅有威胁被害人偿还借款的行为，被害人系自愿通过发生性关系为交易折抵债务；电话录音是在双方发生最后一次性关系后所录制，被告人为被害人提供手机是方便向被害人催款，并不能得出双方发生性关系

[1] 山东省淄博市中级人民法院刑事裁定书，(2019)鲁03刑终137号。

时被害人系被胁迫的结论。

二、法院判决

淄博市临淄区人民法院经审理确认公诉机关指控事实，认为被告人李某以公开其掌握的被害人隐私相要挟，迫使被害妇女违背自己意愿与其发生性关系，其行为构成强奸罪。据此，依照《刑法》(2017 年修正)第 236 条第 1 款、第 61 条之规定，以强奸罪判处被告人李某有期徒刑 6 年。

被告人李某不服一审判决，向淄博市中级人民法院提起上诉，其上诉理由同一审辩护理由。淄博市中级人民法院二审审理查明的事实和证据与一审一致，认为上诉人李某以公开其掌握的被害人隐私相要挟，迫使被害人与其发生性关系，其行为构成强奸罪。原审判决认定事实清楚，证据确实充分，量刑适当，审判程序合法。据此，依照《刑事诉讼法》(2018 年修正)第 236 条第 1 款之规定，裁定驳回上诉，维持原判。

三、案例评析与理论延伸

本案系借款人为取得贷款，以“裸照”的方式作为还款的担保，在无力偿还贷款后被出借人以公开“裸照”相威胁，强迫借款人与其发生性关系，作为偿还贷款利息的方式而引发的刑事案件，主要涉及以下问题。

(一)“套路贷”的认定

根据《关于办理“套路贷”刑事案件若干问题的意见》可知，“套路贷”是一类犯罪行为的总称，即以非法占有为目的，诱使或迫使被害人签订“借贷”或变相“借贷”“抵押”“担保”等相关协议，通过虚增借贷金额、恶意制造违约、肆意认定违约等方式形成虚假债权债务，并以非法手段占有被害人的财产。“套路贷”经常打着民间借贷的幌子，将黑手伸向广大市民及在校大学生，导致其上当受骗，在司法实践中对“套路贷”的认定也是多有争议，主要是因为其和民间借贷有相似的因素，但“套路贷”与正常的民间借贷具有以下几点不同：民间借贷是为获取正常的利息收益，而“套路贷”的最终目的是非法占有借款人的财产；民间借贷是在双方真实意思表示下自愿进行的，其本金和正常的利息均受法律保护，而“套路贷”则是借款人在犯罪分子的诱骗下进行的，同时“套路贷”通常会以暴力、恐吓、威胁等方式，迫使被害人偿还翻倍的本金及利息。[1]

“套路贷”的犯罪集团通常利用网上宣传、发放小广告等方式以“低息”“无担保”等词条诱惑大学生贷款。“套路贷”不仅会给个人和家庭财产造成损失，而且被逼退学、休学的大学生不在少数，其中有些连家也不敢回、手机也不敢用，个人的学习生涯和日常生活受到严重影响。在校大学生暂无收入来源，切忌由于虚荣心或者其他原因，而陷入“套路贷”，如确有资金需求，应寻求家长的帮助或者到正规的金融机构通过正常手续办理。我国《教育法》明确规定，学校应当加强对在校学生的教育和管理，保障学生的人身和财产安全。对于涉及校园套路贷等违法犯罪行为，学校应当及时向有关部门报告，并配合有关部门进行调查处理。

（二）强奸罪的认定

以 P2P 为代表的互联网借贷模式受到了许多大学生的追捧，这一贷款方式属于新兴领域，缺乏法律的规制，因此伴随“套路贷”产生的还有“裸贷”等。“裸贷”就是指大学生有资金需求需要贷款但无担保物时，使用自己的不雅照片作为贷款担保，在无法偿还借款时借款人就会以此相要挟。他们的话术极具诱惑性，一秒到账、无须审核、无须担保、零利息等诱惑词语使许多大学生落入陷阱。因此，在司法实践中“套路贷”犯罪通常需要处理数个罪名之间的竞合关系，在本案中，就是“套路贷”涉嫌强奸罪的问题。

---

〔1〕 参见熊云凤、车安然：《以民间借贷为掩饰的罪与罚——“套路贷”的类型化分析及司法应对》，载《现代交际》2019 年第 2 期。

根据《刑法》(2023 年修正)第 236 条的规定,以暴力、胁迫或者其他手段强奸妇女的是强奸罪。强奸罪中最核心的因素就是行为人违背妇女意志,无论行为人采取何种方式,只要妇女对与其发生性关系是反抗的、非自愿的,即属于违背妇女的意志,对于强迫的认定则要求强迫的程度达到被害人不敢抗拒且不能抗拒的程度,该程度要立足被害人当时当地的客观情况进行判断,不能根据社会一般人的角度进行事后衡量。同时,对行为人所称的"危险"是否真实存在在所不问,哪怕"危险"是虚构的、不存在的,但是被害人信以为真,其内心产生恐惧,从而被迫与犯罪嫌疑人发生性关系就可以构成强奸罪。

在本案中出借人以公开借款人的裸照相要挟,使借款人陷入不敢反抗的状态,从而强迫借款人与其发生性关系。从两人的通话录音中可以看出,出借人明显违背借款人的意志,强迫借款人多次与其发生性关系,符合强奸罪的构成要件,应当认定为强奸罪。被害人如果受到他人威胁恐吓应该及时、勇敢地拿起法律武器保护自己,让犯罪分子受到应有的处罚。

四、主要法条链接

(一)《刑法》(2023 年修正)

第 236 条　以暴力、胁迫或者其他手段强奸妇女的,处三年以上十年以下有期徒刑。

奸淫不满十四周岁的幼女的,以强奸论,从重处罚。

强奸妇女、奸淫幼女,有下列情形之一的,处十年以上有期徒刑、无期徒刑或者死刑:

(一)强奸妇女、奸淫幼女情节恶劣的;

(二)强奸妇女、奸淫幼女多人的;

(三)在公共场所当众强奸妇女的;

(四)二人以上轮奸的;

(五)奸淫不满十四周岁的幼女或者造成幼女伤害的;

(六)致使被害人重伤、死亡或者造成其他严重后果的。

(二)《教育法》(2021 年修正)

第30条　学校及其他教育机构应当履行下列义务:

(一)遵守法律、法规;

(二)贯彻国家的教育方针,执行国家教育教学标准,保证教育教学质量;

(三)维护受教育者、教师及其他职工的合法权益;

(四)以适当方式为受教育者及其监护人了解受教育者的学业成绩及其他有关情况提供便利;

(五)遵照国家有关规定收取费用并公开收费项目;

(六)依法接受监督。

第45条　教育、体育、卫生行政部门和学校及其他教育机构应当完善体育、卫生保健设施,保护学生的身心健康。

(三)最高人民法院、最高人民检察院、公安部、司法部《关于办理非法放贷刑事案件若干问题的意见》(2019 年公布)

第1条　违反国家规定,未经监管部门批准,或者超越经营范围,以营利为目的,经常性地向社会不特定对象发放贷款,扰乱金融市场秩序,情节严重的,依照刑法第二百二十五条第(四)项的规定,以非法经营罪定罪处罚。

前款规定中的"经常性地向社会不特定对象发放贷款",是指2年内向不特定多人(包括单位和个人)以借款或其他名义出借资金10次以上。

贷款到期后延长还款期限的,发放贷款次数按照1次计算。

第2条　以超过36%的实际年利率实施符合本意见第一条规定的非法放贷行为,具有下列情形之一的,属于刑法第二百二十五条规定的"情节

严重”,但单次非法放贷行为实际年利率未超过36%的,定罪量刑时不得计入:

(一)个人非法放贷数额累计在200万元以上的,单位非法放贷数额累计在1000万元以上的;

(二)个人违法所得数额累计在80万元以上的,单位违法所得数额累计在400万元以上的;

(三)个人非法放贷对象累计在50人以上的,单位非法放贷对象累计在150人以上的;

(四)造成借款人或者其近亲属自杀、死亡或者精神失常等严重后果的。

具有下列情形之一的,属于刑法第二百二十五条规定的“情节特别严重”:

(一)个人非法放贷数额累计在1000万元以上的,单位非法放贷数额累计在5000万元以上的;

(二)个人违法所得数额累计在400万元以上的,单位违法所得数额累计在2000万元以上的;

(三)个人非法放贷对象累计在250人以上的,单位非法放贷对象累计在750人以上的;

(四)造成多名借款人或者其近亲属自杀、死亡或者精神失常等特别严重后果的。

(四)最高人民法院、最高人民检察院、公安部、司法部《关于办理“套路贷”刑事案件若干问题的意见》

第3条　实践中,“套路贷”的常见犯罪手法和步骤包括但不限于以下情形:

(1)制造民间借贷假象。犯罪嫌疑人、被告人往往以“小额贷款公司”“投资公司”“咨询公司”“担保公司”“网络借贷平台”等名义对外宣传,以低息、无抵押、无担保、快速放款等为诱饵吸引被害人借款，继而以“保证金”“行规”等虚假理由诱使被害人基于错误认识签订金额虚高的“借贷”协议或相关协议。有的犯罪嫌疑人、被告人还会以被害人先前借贷违约等理由，迫使对方签订金额虚高的“借贷”协议或相关协议。

(2)制造资金走账流水等虚假给付事实。犯罪嫌疑人、被告人按照虚高的“借贷”协议金额将资金转入被害人账户，制造已将全部借款交付被害人的银行流水痕迹，随后便采取各种手段将其中全部或者部分资金收回，被害人实际上并未取得或者完全取得“借贷”协议、银行流水上显示的钱款。

(3)故意制造违约或者肆意认定违约。犯罪嫌疑人、被告人往往会以设置违约陷阱、制造还款障碍等方式，故意造成被害人违约，或者通过肆意认定违约，强行要求被害人偿还虚假债务。

(4)恶意垒高借款金额。当被害人无力偿还时，有的犯罪嫌疑人、被告人会安排其所属公司或者指定的关联公司、关联人员为被害人偿还“借款”，继而与被害人签订金额更大的虚高“借贷”协议或相关协议，通过这种“转单平账”“以贷还贷”的方式不断垒高“债务”。

(5)软硬兼施“索债”。在被害人未偿还虚高“借款”的情况下，犯罪嫌疑人、被告人借助诉讼、仲裁、公证或者采用暴力、威胁以及其他手段向被害人或者被害人的特定关系人索取“债务”。

第4条　实施“套路贷”过程中，未采用明显的暴力或者威胁手段，其行为特征从整体上表现为以非法占有为目的，通过虚构事实、隐瞒真相骗取被害人财物的，一般以诈骗罪定罪处罚；对于在实施“套路贷”过程中多种手段并用，构成诈骗、敲诈勒索、非法拘禁、虚假诉讼、寻衅滋事、强迫交易、抢劫、绑架等多种犯罪的，应当根据具体案件事实，区分不同情况，依照刑法及有关司法解释的规定数罪并罚或者择一重处。

案例六：教师利用职权收受贿赂的责任认定[1]

一、基本案情

被告人罗某某，原系中共中央党校政法教研部教授（副局级），曾任中共新疆维吾尔自治区委员会党校副校长、广西壮族自治区防城港市人民政府副市长。2013年11月，被告人罗某某告诉其老乡闫某甲新疆公务员招得多，自己认识的人多，提议让他儿子闫某乙报考新疆公务员，其可以帮着打招呼。2014年，闫某乙报考伊犁州下辖县的公务员进入面试，闫某甲打电话希望其在面试环节帮忙，被告人答应了闫某甲的请求。被告人利用其在援疆时，曾任中共新疆维吾尔自治区委员会党校副校长期间形成的便利条件，请在此期间先后任中共伊犁哈萨克自治州党委组织部副部长、常务副部长、中共伊犁哈萨克自治州党委副秘书长、霍尔果斯经济开发区党工委常务副书记、管委会副主任、霍尔果斯市委书记的王某某在公务员招考面试中对闫某乙予以关照。为此，罗某某收受闫某甲、闫某乙给予的2万元。中直机关纪工委调查罗某某期间，罗某某于2015年9月将2万元退还闫某甲。2014年四五月，罗某某在防城港市挂职期间认识的南宁宽博科技人员创业服务有限责任公司（以下简称宽博公司）负责人彭某与其联系，告知其宽博公司与一家建筑公司之间的建筑工程纠纷，广西壮族自治区高级人民法院二审改判对方胜诉，他决定到最高人民法院申请再审，但不认识最高人民法院的人。彭某知道罗某某是中央党校的法律教授，懂法律人脉又广，希望罗某某能帮他成功申请再审。罗某某了解案情后，接受彭某的请托，与彭某签了委托代理协议，全权代理彭某的再审申请事项，所有费用实报实销。后彭某才知道罗某某没有代理资格。签完协议三四天后，罗某某觉得彭某的案件有

[1] 北京市高级人民法院刑事裁定书，（2017）京刑终192号。

很多手续要递交法院还要出庭，自己工作较忙没时间，就让彭某与北京中肃律师事务所再签一份协议，程序工作由律所来做，其负责私下找关系。后来罗某某私下接触并请托最高人民法院审理案件的法官对案件申请再审提供帮助。为此，罗某某先后 3 次收受彭某给予的10.9万余元。

北京市人民检察院第一分院根据上述案件事实提出指控，认为被告人罗某某身为国家工作人员，利用本人地位形成的便利条件，通过其他国家工作人员职务上的行为，为请托人谋取不正当利益，收受请托人财物，数额巨大，情节严重，其行为触犯了《刑法》(2015 年修正)第 388 条、第 386 条、第 383 条，应当以受贿罪追究其刑事责任。提请法院依法惩处。

被告人罗某某辩称，其仅是中央党校的教授，不是国家工作人员，未从事公务，不是受贿罪的主体；其代理民事案件符合法律规定，其属于当事人所在单位推荐的人；其收受闫某乙的 2 万元系闫某甲给其的路费，且未达到受贿罪立案追诉的数额标准；其到案后如实交代，认罪悔罪，主动退赃；其已受到党纪政纪处理，不应再受到刑事处罚。

被告人罗某某辩护人的主要辩护意见是：罗某某虽为事业单位的工作人员，但仅在教学方面履职而不具备职权，未从事公务，不属于国家工作人员；罗某某未利用职权或地位形成的便利条件，中央党校与最高人民法院分属不同部门，最高人民法院法官私下接待、帮助罗某某、彭某等人，是基于朋友介绍，与罗某某中央党校教授的职权、地位无关，罗某某早已不担任新疆维吾尔自治区党校副校长，无法利用该地位的便利条件；罗某某与彭某之间形成的是民事委托代理关系，罗某某收取的代理行为中的合理支出不属于向请托人索取的财物；罗某某未替彭某谋取不正当利益，是受委托替彭某行使申诉权利；罗某某收取闫某乙 2 万元不构成受贿，也未达到追诉标准，综上，罗某某的行为不构成受贿罪。此外，罗某某还有坦白、如实供述、主动退缴不当所得等情节。

二、法院判决

北京市第一中级人民法院一审确认公诉机关所指控案件事实，认为被告人罗某某身为国家工作人员，利用本人职权或者地位形成的便利条件，通过其他国家工作人员职务上的行为，为请托人谋取不正当利益，收受请托人财物，其行为已构成受贿罪。罗某某所犯受贿罪，数额巨大，依法应予惩处。罗某某退缴全部赃款，依法可对其从轻处罚。对于罗某某关于其已受到党纪政纪处理，不应再接受刑事处罚的辩解，经查：作为一名共产党员，违反党章和其他党内法规，违反国家法律法规，危害党、国家和人民利益的行为，依照规定应当给予纪律处理或者处分的，都必须受到追究；同时，其行为触犯法律，构成犯罪的，也必然受到刑法的制裁。罗某某作为一名曾经的党员领导干部，其违背入党誓词，严重违反政治纪律和廉洁纪律，利用职权进行权钱交易，其行为不仅违反了党规党纪，更触犯了国家法律，应当受到法律的严惩。罗某某的该项辩解，缺乏法律依据，不予采纳。对于罗某某及其辩护人关于罗某某有坦白、如实供述、认罪悔罪、主动退缴不当所得等从轻情节的辩解和辩护意见，经查：罗某某到案前办案机关已掌握其犯罪的线索，罗某某到案后虽供认受贿罪行，但在庭审中翻供，否认其受贿的主观故意和部分受贿事实。罗某某对翻供无合理解释，且与在案的证据不符，不予采信。故罗某某不具有认罪悔罪的行为表现。罗某某及其辩护人关于罗某某有退赃的从轻情节的辩解和辩护意见，酌予采纳；其他辩解和辩护意见，缺乏事实和法律依据，不予采纳。据此，根据被告人罗某某犯罪的事实、犯罪的性质、情节和对于社会的危害程度，依照《刑法》（2015 年修正）第 12 条第 1 款，第 388 条，第 386 条，第 383 条第 1 款第 2 项、第 2 款，第 52 条，第 53 条，第 61 条，第 64 条，及最高人民法院、最高人民检察院《关于办理贪污贿赂刑事案件适用法律若干问题的解释》（2016 年公布）第 2 条第 1 款、第 19 条第 1 款、最高人民法院《关于适用财产刑若干问题的规定》(2000年公布)第5条的规定,判决被告人罗某某犯受贿罪,判处有期徒刑3年,并处罚金20万元。

罗某某不服一审判决,向北京市高级人民法院提出上诉,其上诉理由为:其未从事公务,不属于国家工作人员;其基于彭某的委托做了案件代理的事务性工作并报销票据,不应认定为受贿;其收受闫某乙的2万元未达到受贿犯罪起刑数额,并已在案发前退回,且其主动向纪检部门讲明钱款性质的行为应认定为自首;一审判决量刑过重,请求从轻处罚。

罗某某辩护人的辩护意见为:一审判决认定的部分事实不清,适用法律错误,罗某某与彭某之间是民事委托代理关系,双方签订了委托书,不能因罗某某不具备出庭资格就否定代理关系,请求二审法院查清事实,公正判决。

北京市高级人民法院二审确认一审法院认定的案件事实,认为上诉人罗某某身为国家工作人员,利用本人职权或者地位形成的便利条件,通过其他国家工作人员职务上的行为,为请托人谋取不正当利益,收受请托人财物,其行为已构成受贿罪,且数额巨大,依法应予惩处。鉴于罗某某退缴全部赃款,依法可对其从轻处罚。一审法院根据罗某某犯罪的事实、性质、情节及对社会的危害程度所作的判决,事实清楚,证据确实、充分,定罪及适用法律正确,量刑适当,审判程序合法,应予维持。据此,依照《刑事诉讼法》(2012年修正)第225条第1款第1项[1]之规定,裁定驳回上诉,维持原判。

三、案例评析与理论延伸

本案系党校教授利用职权地位形成的便利条件,为请托人谋取不正当利益,非法收受请托人财物,危害国家和社会公众利益的犯罪,主要涉及以

[1] 《刑事诉讼法》(2018年修正)第236条第1款第1项。

下几个问题。

(一)教师是否属于国家工作人员

教育行业、医疗行业等都是与人民利益有紧密关联的重要行业,因此近年来在这些行业中与受贿行贿有关的问题日益受到关注。根据《刑法》(2023 年修正)第 93 条的规定以及最高人民法院发布的《全国法院审理经济犯罪案件工作座谈会纪要》可知,“国家工作人员”是指代表国家机关、国有公司、企业、事业单位、人民团体等履行组织、领导、监督、管理等职责。公务主要表现为与职权相联系的公共事务以及监督、管理国有财产的职务活动。因此判断一个人是否属于国家工作人员的形式判断是从事公务,实质判断则是行使公权力。

根据我国现有的规定,教师虽然不属于公务员的编制,但是其属于事业单位编制,参照公务员进行管理。事业单位是指由国家或者其他组织为公益目的从事教育、科技、文化、卫生等活动而使用国有资产举办的社会服务组织,因此事业单位和人民的利益存在重大的关联。在判断一名教师是否构成受贿时,主要看其利用的是什么权力达到受贿的目的,只有利用公权力进行受贿才可构成受贿罪,如果没有涉及公权力的利用,只是正常的师生、亲友之间的收送礼物则不构成受贿罪。

在本案中,行为人利用的是自己原担任中共中央党校政法教研部教授(副局级),曾任中共新疆维吾尔自治区委员会党校副校长、广西壮族自治区防城港市人民政府副市长的职权形成的便利条件,实施受贿的行为,而不是单纯的教学中的“收礼”,已经严重危害党和人民的利益,法院认定为受贿罪,处置得当。

(二)受贿罪的认定

根据《刑法》(2023 年修正)第 388 条规定,国家工作人员利用本人职权或者地位形成的便利条件,通过其他国家工作人员职务上的行为,为请托人谋取不正当利益,索取请托人财物或者收受请托人财物的,以受贿论处。同时,我国《教育法》(2021 年修正)明确规定,教师应当遵守职业道德,不得利用职务之便谋取私利。对于利用职权收受贿赂的行为,教育行政部门和其他有关行政部门将依法给予行政处分或者解聘,并没收违法所得。法律不会禁止正当的亲友之间的办事感谢的行为,但是越来越多的不法分子给"钱权交易"披上了试图掩人耳目的外套,如安排旅游、装修房屋等,因此将财产的范围扩大到财产性利益,更有利于惩治受贿行贿的不法行为人。

我国已经采取了一系列措施来打击和预防教师利用职权收受贿赂行为的发生。在本案中,行为人不仅仅是利用其作为一名教师的权利,更是利用其作为教授、副校长、副市长带来的职务便利,知法犯法,多次收受他人所给的不正当利益,利用自己职务及其形成的便利条件为他人谋取不正当利益,构成受贿罪既遂。对于辩护人的辩护意见,根据《刑法》的规定,在追诉期限内又犯罪的,前罪的追诉期限从犯后罪之日起计算,同时多次受贿未经处理的,累计计算受贿数额,这里的未经处理既包括达到定罪标准的未处理也包括未达到定罪标准的未处理。犯罪嫌疑人辩称 2 万元未达到受贿罪的起算数额和已超过追诉时效的辩护意见不成立。

四、主要法条链接

(一)《刑法》(2023 年修正)

第 12 条　中华人民共和国成立以后本法施行以前的行为,如果当时的法律认为是犯罪的,依照本法总则第四章第八节的规定应当追诉的,按照当时的法律追究刑事责任,但是如果本法不认为是犯罪或者处刑较轻的,适用本法。

本法施行以前,依照当时的法律已经作出的生效判决,继续有效。

第 383 条　对犯贪污罪的,根据情节轻重,分别依照下列规定处罚:

(一)贪污数额较大或者有其他较重情节的,处三年以下有期徒刑或者拘役，并处罚金。

（二）贪污数额巨大或者有其他严重情节的，处三年以上十年以下有期徒刑，并处罚金或者没收财产。

（三）贪污数额特别巨大或者有其他特别严重情节的，处十年以上有期徒刑或者无期徒刑，并处罚金或者没收财产；数额特别巨大，并使国家和人民利益遭受特别重大损失的，处无期徒刑或者死刑，并处没收财产。

对多次贪污未经处理的，按照累计贪污数额处罚。

犯第一款罪，在提起公诉前如实供述自己罪行、真诚悔罪、积极退赃，避免、减少损害结果的发生，有第一项规定情形的，可以从轻、减轻或者免除处罚；有第二项、第三项规定情形的，可以从轻处罚。

犯第一款罪，有第三项规定情形被判处死刑缓期执行的，人民法院根据犯罪情节等情况可以同时决定在其死刑缓期执行二年期满依法减为无期徒刑后，终身监禁，不得减刑、假释。

第 386 条　犯受贿罪的，根据受贿所得数额及情节，依照本法第三百八十三条的规定处罚。索贿的从重处罚。

第 388 条　国家工作人员利用本人职权或者地位形成的便利条件，通过其他国家工作人员职务上的行为，为请托人谋取不正当利益，索取请托人财物或者收受请托人财物的，以受贿论处。

（二）《教师法》（2009 年修正）

第 8 条　教师应当履行下列义务：

（一）遵守宪法、法律和职业道德，为人师表；

（二）贯彻国家的教育方针，遵守规章制度，执行学校的教学计划，履行教师聘约，完成教育教学工作任务；

（三）对学生进行宪法所确定的基本原则的教育和爱国主义、民族团结的教育，法制教育以及思想品德、文化、科学技术教育，组织、带领学生开展有益的社会活动；

（四）关心、爱护全体学生，尊重学生人格，促进学生在品德、智力、体质等方面全面发展；

（五）制止有害于学生的行为或者其他侵犯学生合法权益的行为，批评和抵制有害于学生健康成长的现象；

（六）不断提高思想政治觉悟和教育教学业务水平。

（三）最高人民法院、最高人民检察院《关于办理贪污贿赂刑事案件适用法律若干问题的解释》（2016 年公布）

第 2 条第 1 款、第 2 款　贪污或者受贿数额在二十万元以上不满三百万元的，应当认定为刑法第三百八十三条第一款规定的“数额巨大”，依法判处三年以上十年以下有期徒刑，并处罚金或者没收财产。

贪污数额在十万元以上不满二十万元，具有本解释第一条第二款规定的情形之一的，应当认定为刑法第三百八十三条第一款规定的“其他严重情节”，依法判处三年以上十年以下有期徒刑，并处罚金或者没收财产。

第二章　学前教育

案例七：幼儿园员工在食品中投放危险物品的刑事责任认定[1]

一、基本案情

被告人王某某原系安徽省芜湖市某幼儿园员工，先后从事厨房、保育工作，后王某某因工资待遇问题对园长傅某产生不满。2019 年春节前，王某某称从菜市场牛肉摊位要了一包亚硝酸盐，放置在幼儿园其个人储物柜中。同年暑假期间，王某某与另外 2 名工作人员被安排轮流为暑假留园师生做饭。在其独自做饭的第一天，王某某将亚硝酸盐从储物柜中取出放在厨房消毒柜与冰箱夹角的监控盲区处，后将亚硝酸盐分别加入其制作的红烧鸡翅根、西红柿蛋汤、清炒豆芽等午餐菜品中，王某某品尝了勺子上残留的亚硝酸盐的味道，之后继续往菜品中投放亚硝酸盐。监控显示，亚硝酸盐是王某某从厨房消毒柜与冰箱夹角的监控盲区处用勺子或不锈钢碗取出投放到烧制的菜品中。当日午餐后，幼儿园朗某某、蒋某 2 名学生出现嘴唇发紫等症状，后朗某某晕倒，该 2 名情况较危急同学随即被教师送往当地医院救治。其余 10 名学生先后被送往该医院检查，其中 4 名学生住院治疗，后相

---

〔1〕 安徽省芜湖市中级人民法院刑事判决书，(2020)皖 02 刑终 38 号。

继康复出院,出院诊断为食品类中毒。

幼儿园学生食用午餐出现中毒症状时,被告人王某某进入厨房径直走向消毒柜与冰箱夹角监控盲区处,趁幼儿园同事离开之后,取出装过亚硝酸盐的不锈钢碗扔进水池,放水持续冲洗,并倾倒了剩余菜品、清洗餐具、打扫厨房。该幼儿园的另外一名厨房工作人员对烧制的菜品进行了留样,当地疾病预防控制中心依法对涉案菜品当日留样进行检测,红烧鸡翅根、西红柿蛋汤、清炒豆芽中亚硝酸盐的含量分别为2130.4毫克/千克、732.9毫克/千克、9.6毫克/千克。当地产品检测研究院依法对菜品原材料进行检验,认为所检食材均符合《食品安全国家标准食品安全添加剂使用标准》的要求,均未检测出亚硝酸盐成分。

公诉机关根据上述案件事实提出指控,认为被告人王某某因与幼儿园同事在工资待遇上产生矛盾,将亚硝酸盐投放本园师生午餐菜品中,造成多名学生中毒,其行为已触犯了《刑法》(2017年修正)第114条之规定,犯罪事实清楚,证据确实充分,应以投放危险物质罪追究其刑事责任。提请法院依法判处。

王某某及其辩护人辩称:(1)王某某没有因为工资待遇产生不满情绪,不存在报复心理;(2)其是误放而非故意投放亚硝酸盐;(3)其愿意赔偿被害人的经济损失,请求法院宽大处理。

庭审后,被告人王某某的亲属代为赔偿被害人相关经济损失50,000元(因前期相关医药费、营养费是某幼儿园垫付,故该款项由园长傅某签收),王某某对食物中毒学生及家长表达歉意,请求他们原谅,被害人蒋某、朗某某等部分学生家长对被告人王某某表示有限的谅解。该事实有收条、赔偿清单、谅解书、致歉信等证据予以证实,公诉机关亦无异议,予以确认。

二、法院判决

一审法院经审理认为,被告人王某某故意往其工作的幼儿园暑期班师生烧制的饭菜中投放毒害性物质，致多名幼儿园学生不同程度中毒，危害公共安全，其行为已触犯刑法，构成投放危险物质罪，尚未造成严重后果，依法应在3年以上10年以下有期徒刑的幅度内量刑。被告人的亲属代为赔偿各被害人的相关经济损失，并取得部分被害人谅解，可以酌情从轻处罚。据此，根据被告人犯罪的事实、性质、情节及对社会的危害程度，依照《刑法》(2017年修正)第114条、第37条之一第1款之规定，判决：(1)被告人王某某犯投放危险物质罪，判处有期徒刑6年；(2)禁止被告人王某某在刑罚执行完毕之日或者假释之日起5年内从事食品加工、制售等相关活动及从事教育、看护、保育等与未成年人相关的职业。

原公诉机关以原判量刑畸轻为由，向二审法院提起抗诉。原审被告人王某某亦不服，向二审法院提出上诉。王某某的上诉理由：(1)没有因为降薪存在不满或抱怨情绪，不存在报复心理；(2)是误放；(3)虽年老收入微薄，仍积极主动赔偿，请求二审宽大处理。其辩护人提出：(1)原判认定王某某具有报复心理，欲给幼儿园制造不良声誉，不具有合理性，亦无客观证据支撑；(2)王某某即便构成投放危险物质罪，其犯罪动机从开始的误放到意识以后的放任，对亚硝酸盐可能造成的危害有一定的认识，但出于侥幸的心理，认为可能不会出现大的问题，应认定其主观恶性并不严重，与直接故意投放危险物质危害他人有着本质区别；(3)王某某系初犯，且年近七旬，一直对自己的行为自责，悔恨万分，积极赔偿，原判量刑畸重。

二审法院经审理确认一审法院所认定事实，但认为原判对其所处刑罚与其罪行不相适应，应予以纠正。抗诉机关的抗诉意见成立，应予以支持。王某某及其辩护人提出原判量刑畸重，不予采纳。改判王某某犯投放危险物质罪，判处有期徒刑8年，同时维持一审禁止被告人王某某在刑罚执行完毕之日或者假释之日起5年内从事食品加工、制售等相关活动及从事教育、看护、保育等与未成年人相关的职业的判决。

三、案例评析与理论延伸

本案系因幼儿园保育员不满工资待遇，在制作幼儿园师生的餐食时故意向饭菜内投放亚硝酸盐导致多名幼儿园学生不同程度中毒所引发的刑事案件，主要涉及以下问题。

（一）幼儿园食品安全

食品安全历来是我国重视的问题，也是幼儿园安全体系构建的重要一环。然而，因幼儿园教职工在幼儿园饭菜中投毒或幼儿园提供食品本身不卫生而引发的食品安全事故时有发生。食品安全事件一旦发生，其损害范围之广泛、致害程度之严重都是一般事故难以达到的。可见，为幼儿构建安全、放心的食品安全体系具有重要意义。

幼儿园负有保育、教育在园幼儿的义务，在构建食品安全体系中至关重要。一方面，幼儿园应加强员工管理。为了防止单位员工出于对待遇不满或其他原因，再次出现在幼儿园食品中投毒等类似事件，有必要为员工提供与其工作强度相匹配的工作待遇，为员工提供纠纷友好协商渠道。当然，还应当建立合理的人员招录和退出机制，选出真正关爱孩子的员工。另一方面，幼儿园要落实食品安全检查制度。依据《幼儿园工作规程》（2016 年公布），幼儿园有建立健全食品安全检查制度的责任。规范、科学的监管制度，能够及时将食品安全风险扼杀在摇篮之中，让幼儿及其家长不会因食品安全问题时刻感到担忧。

（二）从业禁止的适用

1.《刑法》（2023 年修正）第 37 条之一

《刑法》（2023 年修正）第 37 条之一规定，人民法院对于利用职业便利或违背职业要求被判处刑罚的犯罪分子，可以根据犯罪分子实施犯罪的情况和预防其再次犯罪的需要禁止其在 3 ~ 5 年内从事相关职业。该条款关于从业禁止的规定,是2015年《刑法修正案(九)》中的新增内容。从业禁止也称职业禁止,是为了防止罪犯再次犯罪的一种预防性措施,而非刑罚处罚性措施,适用主体是利用所从事职业的便利或违背其职业的相关要求被判处一定刑罚的犯罪分子。犯罪分子在实施犯罪时是"利用职业便利"还是"违背职业要求",二者之间有互相重合的部分,没有区分的必要。对于符合条件的犯罪分子是否必须适用从业禁止,该条款并没有作出强制性要求而是规定人民法院"可以"适用,属于法院自由裁量的范围。此条款亦规定,人民法院禁止犯罪分子从事特定职业的期限应在3~5年之间。本案中,王某某作为幼儿园工作人员向其烹饪的饭菜中投放亚硝酸盐,被判处有期徒刑的刑罚,符合《刑法》(2017年修正)第37条之一从业禁止的构成要件,二审法院维持一审法院禁止被告人王某某在刑罚执行完毕之日或者假释之日起5年内从事食品加工、保育等与未成年人有关职业的判决,是恰当的。

2.《刑法》与《未成年人保护法》之协调

从业禁止是基于最有利于未成年人的理念而设置的制度。[1] 从业禁止的规定不仅规定在《刑法》中,2020年修订的《未成年人保护法》新增第62条规定,与未成年人关系密切的单位在招聘时发现应聘者"具有性侵害、虐待、拐卖、暴力伤害等违法犯罪记录"的不得录用。与《刑法》(2023年修正)第37条之一规定不同的是,《未成年人保护法》(2020年修订)第62条对从业禁止的适用对象是"具有性侵害、虐待、拐卖、暴力伤害等违法犯罪记录"的人,禁止从事特定职业的期限是终身。在《未成年人保护法》2020年修订后,在犯罪分子行为符合《未成年人保护法》第62条终身禁止从业的情况下,司法实践对符合第62条情况的被告就是否判处从业禁止以及禁止从业

[1] 参见陈伟:《未成年人保护从业禁止的价值根据与规范适用》,载《学术界》2023年第3期。

期限的问题,裁判不一。为了厘清两部法律之间的关系,确保法律有效实施,最高人民法院会同最高人民检察院、教育部于 2022 年 11 月 10 日发布《关于落实从业禁止制度的意见》(以下简称《意见》)的通知。其中《意见》第 3 条就上述问题予以回复,规定如若教职员涉嫌实施性侵害、虐待、拐卖、暴力伤害等犯罪的,应当按照《未成年人保护法》(2020 年修订)第 62 条之规定,禁止其从事与未成年人密切接触的工作,对其他类型的犯罪,可以适用《刑法》之规定。回到本案,虽然根据法不溯及既往的原则,本案发生于 2019 年,不应适用 2020 年修订的《未成年人保护法》,但如若案件发生于《未成年人保护法》2020 年修订之后,则应当考虑,王某某作为幼儿园的教职员,其所实施的投放危险物质罪是否属于《意见》中的"性侵害、虐待、拐卖、暴力伤害等犯罪"。应当看到投放危险物质罪与《意见》中所列举的犯罪在严重程度上具有相当性,故依据第 62 条之规定应判处王某某终身不得从事与未成年人关系紧密领域的工作。

四、主要法条链接

(一)《刑法》(2023 年修正)

第 37 条之一　因利用职业便利实施犯罪,或者实施违背职业要求的特定义务的犯罪被判处刑罚的,人民法院可以根据犯罪情况和预防再犯罪的需要,禁止其自刑罚执行完毕之日或者假释之日起从事相关职业,期限为三年至五年。

被禁止从事相关职业的人违反人民法院依照前款规定作出的决定的,由公安机关依法给予处罚;情节严重的,依照本法第三百一十三条的规定定罪处罚。

其他法律、行政法规对其从事相关职业另有禁止或者限制性规定的,从其规定。

第114条 放火、决水、爆炸以及投放毒害性、放射性、传染病病原体等物质或者以其他危险方法危害公共安全,尚未造成严重后果的,处三年以上十年以下有期徒刑。

(二)《未成年人保护法》(2020年修订)

第62条 密切接触未成年人的单位招聘工作人员时,应当向公安机关、人民检察院查询应聘者是否具有性侵害、虐待、拐卖、暴力伤害等违法犯罪记录;发现其具有前述行为记录的,不得录用。

密切接触未成年人的单位应当每年定期对工作人员是否具有上述违法犯罪记录进行查询。通过查询或者其他方式发现其工作人员具有上述行为的,应当及时解聘。

案例八:幼儿园校车发生安全事故责任人的刑事责任认定[1]

一、基本案情

被告人赵某某原系云南省曲靖市马龙区鸡头村街道某幼儿园园长。2017年9月,赵某某聘请郑某某担任校车驾驶员,驾驶赵某某所有的云D×××××号小型面包车负责安全接送上下学的幼儿。2018年3月,赵某某为了顺利办学,规避教育局对该园“停止涉园车辆接送幼儿”的整改意见,其与郑某某商量后,由郑某某自己购买一辆面包车继续接送上下学的幼儿。2018年4月10日,被告人郑某某驾驶自己的号牌为云D×××××号小型面包车,将车开进幼儿园,由老师帮着把18个孩子抱上车(核定载人7人,实际载人19人,肇事前下车1人),由郑某某个人驾驶,从该幼儿园出发向鸡头村街道张家田村方向送放学的幼儿回家。17时10分许,车辆行驶至张

[1] 云南省曲靖市马龙区人民法院刑事判决书,(2018)云0321刑初66号。

家田岔路口以东66米处,车辆右侧中门忽然打开,幼儿周某某从车内跌落,周某某受伤后送医院抢救无效于当日死亡。

公诉机关根据上述案件事实提出指控,认为被告人郑某某明知自己的车辆不符合校车安全管理规定,自己不具备校车驾驶资格,还使用自己的车辆从事专门接送幼儿上下学工作,并超额载员,致使幼儿周某某从车内跌落造成重大伤亡事故,其行为已触犯《刑法》(2017年修正)第134条之规定,犯罪事实清楚,证据确实、充分,应以重大责任事故罪追究其刑事责任。被告人赵某某作为学校的管理人,明知郑某某的车辆不符合校车安全管理规定,郑某某不具备校车驾驶资格,在未接受上学幼童家长委托的前提下,把幼儿周某某交给郑某某用自己的车辆充当校车接送,并超额载员,致使幼儿周某某从车内跌落造成重大伤亡事故,其并未尽到安全管理职责,其行为已触犯《刑法》(2017年修正)第134条之规定,犯罪事实清楚,证据确实、充分,应以重大责任事故罪追究其刑事责任。被告人郑某某在发生重大责任事故后,积极抢救伤员,在他人报案后,等待侦查机关的调查处理,并积极配合查明案件事实真相,根据《刑法》(2017年修正)第67条第1款之规定,具备自首情节。庭审中,公诉机关认定被告人赵某某具备坦白情节。

被告人郑某某对公诉机关指控的犯罪事实、罪名未提出异议,提出从轻处理的量刑意见。

被告人郑某某的辩护人提出如下辩护意见:(1)辩护人对公诉机关指控郑某某的行为构成重大责任事故罪的定性没有异议;(2)郑某某具备自首情节;(3)被告人郑某某应当认定为从犯;(4)郑某某认罪态度较好,积极赔偿了受害人亲属一定的经济损失;(5)郑某某此次犯罪属于过失犯罪,主观恶性小,且没有前科及其他违法行为,属初犯。请求给予被告人郑某某适用缓刑。

被告人赵某某对公诉机关指控的犯罪事实、罪名提出如下辩解意见:

(1)此次事故的性质为交通事故,不应按重大责任事故罪处理;(2)某幼儿园或其本人与郑某某都不存在劳动合同关系或雇佣关系;(3)其不构成重大责任事故罪,即使构成犯罪也应免予刑事处罚。

被告人赵某某的辩护人提出如下辩护意见:(1)本案不符合重大责任事故罪的构成要件,系被告人郑某某个人交通肇事造成,认定被告人赵某某构成重大责任事故罪事实不清,证据不足;(2)被告人赵某某并非涉案车辆的所有人和承包人,与车辆驾驶人和所有人郑某某不存在雇佣关系,被告人赵某某不应当为被告人郑某某的行为承担刑事责任;(3)被告人赵某某对幼儿园的管理瑕疵行为达不到触犯《刑法》的程度,其行为与被害人的死亡之间不存在刑法上直接的因果关系;(4)即使经过依法审理仍然认定被告人赵某某的行为构成犯罪,根据其主观恶性、责任大小,也应免予刑事处罚。

二、法院判决

一审法院经审理查明,被告人赵某某系涉事幼儿园的法定代表人暨园长,负责全园的管理工作。2017 年 9 月,赵某某聘请被告人郑某某担任驾驶员,驾驶赵某某所有的云 D × × × × × 号小型面包车充当校车负责接送上下学的幼儿。2018 年 3 月,赵某某为了顺利办学,规避教育局对该园“停止涉园车辆接送幼儿”的整改意见,其与郑某某商定,由郑某某自己购买车辆继续每天按固定路线接送上下学的幼儿。2018 年 4 月 10 日,被告人郑某某驾驶其所有的云 D × × × × × 号小型面包车进入幼儿园,由老师将 18 名幼儿抱上车(核定载人 7 人,实际载人 19 人,肇事前下车 1 人),郑某某驾驶车辆从马龙县鸡头村某幼儿园出发,送幼儿回家,17 时 10 分许,车辆行驶至鸡头村街道张家田岔路口以东 66 米处时,车辆右侧中门打开,被害人周某某从车内跌落,周某某受伤后被送往医院,经抢救无效于当日死亡。经鉴定,被害人周某某的死因符合交通事故致闭合性颅脑、胸腔脏器联合损伤,呼吸循环衰竭死亡。经认定,郑某某承担本次事故的全部责任,周某某不承担事故责任。

另查明:(1)事故发生后,被告人郑某某积极抢救伤员,明知他人报案,仍在事故现场等候调查处理,归案后,如实供述了自己的犯罪事实;(2)被告人赵某某在公安机关的调查过程中如实供述了自己的犯罪事实;(3)事发后,被告人郑某某支付了被害人亲属赔偿款 9 万元;(4)被告人赵某某与被害人周某某的父亲签订刑事和解协议,支付了赔偿款 10 万元,并取得了被害人亲属的谅解。

一审法院认为,被告人郑某某违反《校车安全管理条例》(2012 年公布)的规定,明知自己不具备校车驾驶资格,自己的车辆未取得校车使用许可,还将自己的车辆充当校车接送幼儿上下学,且超额载员,致使周某某从车内跌落死亡,导致重大伤亡事故的发生,其行为已构成重大责任事故罪,应予处罚。公诉机关指控被告人郑某某犯重大责任事故罪,事实清楚,证据确实、充分,应当予以支持。被告人赵某某作为幼儿园的管理人,明知郑某某不具备校车驾驶资格,其所驾驶的车辆未取得校车使用许可,在未取得幼儿家长委托及没有随车照管人员的情况下允许郑某某驾车接送幼儿,且对郑某某超额载员的行为不予制止,放任不管,未尽到安全管理职责,导致重大伤亡事故的发生,其已构成重大责任事故罪,应予处罚。公诉机关指控被告人赵某某犯重大责任事故罪,事实清楚,证据确实、充分,应当予以支持。事故发生后,被告人郑某某明知他人报案,仍在事故现场等候调查处理,归案后,如实供述了自己的犯罪事实,具备自首情节,可以对其减轻处罚;被告人郑某某在庭审中认罪态度较好,有一定的悔罪表现,可以酌情从轻处罚;被告人郑某某支付了被害人亲属部分赔偿款,可以酌情从轻处罚。被告人赵某某在公安机关的调查过程中如实供述了自己的犯罪事实,备具坦白情节,可以对其从轻处罚;被告人赵某某支付了被害人亲属赔偿款,并取得了被害人亲属的谅解,可以酌情从轻处罚。

对被告人郑某某辩护人提出的“郑某某具备自首情节;郑某某认罪态度较好,积极赔偿了受害人亲属一定的经济损失;郑某某此次犯罪属于过失犯罪,主观恶性小,且没有前科及其他违法行为,属初犯”的辩护意见,符合本案查明的事实及法律规定,予以采纳。对其提出“被告人郑某某应当认定为从犯”的辩护意见,因被告人郑某某的犯罪行为属于过失犯罪,故该辩护意见不符合法律规定,不予采纳。对其提出“请求给予被告人郑某某适用缓刑”的量刑意见,符合罪责刑相适应原则,予以采纳。

对被告人赵某某辩护人提出的“本案不符合重大责任事故罪的构成要件,系被告人郑某某个人交通肇事造成,认定被告人赵某某构成重大责任事故罪事实不清,证据不足;被告人赵某某对幼儿园的管理瑕疵行为达不到触犯《刑法》的程度,其行为与被害人的死亡之间不存在刑法上直接的因果关系”的辩护意见,不符合法律规定,不予采纳。对其提出“被告人赵某某并非涉案车辆的所有人和承包人,与车辆驾驶人和所有人郑某某不存在雇佣关系,被告人赵某某不应当为被告人郑某某的行为承担刑事责任”的辩护意见,从被告人供述及证人证言中,可以认定,2018 年 1 月 5 日,教育局对该园的违规行为责令整改,对此,幼儿园与幼儿的家长签订安全接送孩子承诺书以应付检查。经赵某某与郑某某商定,由郑某某自己购买车辆继续每天按固定路线接送上下学的幼儿,并收取费用,实际上,接送幼儿上下学的工作仍然由幼儿园负责,只是幼儿园让郑某某负责接送,郑某某驾驶自己的车辆充当校车接送幼儿。幼儿在学校期间,监护、管理由学校负责,在送幼儿下学回家的过程中,幼儿的监护、管理交由郑某某负责,这也说明,郑某某也参与了对幼儿的监管。故该辩护意见,不能成立,不予采纳。对其提出“被告人赵某某系本案从犯”的辩护意见,因被告人赵某某的犯罪行为属于过失犯罪,故该辩护意见不符合法律规定,不予采纳。对其提出“即使经过依法审理仍然认定被告人赵某某的行为构成犯罪,根据其主观恶性大小、责任大小,应当对被告人赵某某免予刑事处罚"的辩护意见,不符合本案查明的事实及罪责刑相适应原则,不予采纳。

综上,根据被告人犯罪的事实、性质、情节、对社会的危害程度以及悔罪表现,依照《刑法》(2017 年修正)第 63 条、第 67 条第 1 款、第 3 款、第 72 条、第 73 条、第 134 第 1 款之规定,以重大责任事故罪分别判处被告人郑某某有期徒刑 1 年 2 个月,缓刑 2 年;被告人赵某某有期徒刑 11 个月,缓刑 1 年。被告人在法定上诉期限内未提出上诉,本案判决已经生效。

三、案例评析与理论延伸

本案系因从事接送幼儿的车辆不符合校车安全管理规定,驾驶员不具有校车驾驶资格,并超载接送幼儿所引发的刑事案件,主要涉及以下问题。

(一)《校车安全管理条例》(2012 年公布)对幼儿乘车安全的规定

由于校车安全事故频发,为保障学生上下学安全,降低学生通行风险,2012 年国务院出台《校车安全管理条例》,其中第 2 条规定,条例中所称校车是"用于接送义务教育阶段的学生"的,虽然义务教育并不包括学前教育,但毋庸置疑,幼儿园校车安全问题更具有紧迫性,而根据《校车安全管理条例》第 2 条的规定,校车接送对象并不包含学前教育阶段的学生,不禁令人产生疑问,学前教育阶段幼儿的乘车安全又如何保障? 就学前教育阶段幼儿的乘车问题,《校车安全管理条例》"附则"有所规定。"附则"规定,"对确因特殊情况不能由监护人或者其委托的成年人接送的入园幼儿,需要使用车辆集中接送的,应当使用按照专用校车国家标准设计和制造的幼儿专用校车,遵守本条例校车安全管理的规定"。就幼儿乘车安全在《校车安全管理条例》"附则"规定这一立法举措,国务院原法制办负责人就《校车安全管理条例》答记者问上回复道,此举乃考虑幼儿安全防范和自我保护能力较差,家长接送对降低幼儿入园交通风险更有裨益，为发挥制度的导向性作用，故在“附则”将之作为特殊情况规定。[1]

本案中，郑某某不具有校车驾驶资格仍用自己不符合校车标准的车辆超额接送幼儿上下学，明显违背《校车安全管理条例》（2012 年公布）第 2 条“校车应当是按照专用校车国家标准设计和制造的”、第 14 条“使用校车应当取得许可”、第 23 条“校车驾驶人应当取得校车驾驶资格”、第 34 条“校车载人不得超过核定的人数”等规定。

（二）重大责任事故罪的认定

本案的争议焦点在于，赵某某是否构成重大责任事故罪。公诉机关认为被告赵某某的行为已构成重大责任事故罪，而被告人赵某某辩护人则辩称本案实际上是由被告郑某某交通肇事行为所造成的，赵某某的瑕疵管理行为不应被《刑法》（2017 年修正）处罚，法院最终支持公诉机关的意见，认为赵某某作为幼儿园的负责人未尽管理职责，放任郑某某违背安全标准接送幼儿，构成重大责任事故罪。

重大责任事故罪，是指行为人在生产、作业中违反有关安全管理的规定，发生重大伤亡事故或造成其他严重后果。《刑法修正案（六）》（2006 年公布）将本罪的主体范围从特殊主体扩大至一般主体，因而，本罪主体不仅仅只有“工厂、矿山、林场、建筑企业、事业单位的职工”，实际上包括任何单位的职工。本罪中行为人违反的安全管理规定是指与保障生产作业安全有关的国家、行业、管理部门制定的规范，因不作为违反相关规定，也属于本罪的违反方式。本案中赵某某作为幼儿园负责人明知郑某某运送学生的车辆不符合校车使用标准、郑某某未取得校车驾驶资格，放任不管，违反《校车安全管理条例》（2012 年公布）中的安全规范，致使事故发生造成一名幼儿死

〔1〕 参见《国务院法制办负责人就〈校车安全管理条例〉答记者问》，载《司法业务文选》2012 年第 15 期。

亡,属于最高人民法院、最高人民检察院《关于办理危害生产安全刑事案件适用法律若干问题的解释》(2015 年公布)第 6 条规定的“造成严重后果”的情形。此外,本案中两名被告均辩称自己在案件中为从犯,应当注意到,重大责任事故罪属于过失犯罪,主观方面是过失,既包括疏忽大意的过失也包括过于自信的过失,其主观方面不包括故意。我国《刑法》(2023 年修正)第 25 条明确规定:“共同犯罪是指二人以上共同故意犯罪。二人以上共同过失犯罪,不以共同犯罪论处……”可见,我国共同犯罪主观方面只限于故意,而根据共同犯罪人在犯罪中所起作用大小,才有主犯、从犯、胁从犯之分。故而,重大责任事故罪不构成共同犯罪,其犯罪主体之间没有主犯、从犯之分。学生是祖国的未来和希望,学生安全问题是全社会高度关心的问题,校车安全与学生生命健康关系密切,校车安全问题亟须社会各界联合力量加以解决。

四、主要法条链接

(一)《刑法》(2023 年修正)

第 63 条　犯罪分子具有本法规定的减轻处罚情节的,应当在法定刑以下判处刑罚;本法规定有数个量刑幅度的,应当在法定量刑幅度的下一个量刑幅度内判处刑罚。

犯罪分子虽然不具有本法规定的减轻处罚情节,但是根据案件的特殊情况,经最高人民法院核准,也可以在法定刑以下判处刑罚。

第 67 条　犯罪以后自动投案,如实供述自己的罪行的,是自首。对于自首的犯罪分子,可以从轻或者减轻处罚。其中,犯罪较轻的,可以免除处罚。

被采取强制措施的犯罪嫌疑人、被告人和正在服刑的罪犯,如实供述司法机关还未掌握的本人其他罪行的,以自首论。

犯罪嫌疑人虽不具有前两款规定的自首情节,但是如实供述自己罪行的，可以从轻处罚；因其如实供述自己罪行，避免特别严重后果发生的，可以减轻处罚。

第72条 对于被判处拘役、三年以下有期徒刑的犯罪分子，同时符合下列条件的，可以宣告缓刑，对其中不满十八周岁的人、怀孕的妇女和已满七十五周岁的人，应当宣告缓刑：

（一）犯罪情节较轻；

（二）有悔罪表现；

（三）没有再犯罪的危险；

（四）宣告缓刑对所居住社区没有不良影响。

宣告缓刑，可以根据犯罪情况，同时禁止犯罪分子在缓刑考验期内从事特定活动，进入特定区域、场所，接触特定的人。

被宣告缓刑的犯罪分子，如果被判处附加刑，附加刑仍须执行。

第73条 拘役的缓刑考验期限为原判刑期以上一年以下，但是不能少于二个月。

有期徒刑的缓刑考验期限为原判刑期以上五年以下，但是不能少于一年。

缓刑考验期限，从判决确定之日起计算。

第134条第1款 在生产、作业中违反有关安全管理的规定，因而发生重大伤亡事故或者造成其他严重后果的，处三年以下有期徒刑或者拘役；情节特别恶劣的，处三年以上七年以下有期徒刑。

（二）《校车安全管理条例》（2012年公布）

第2条 本条例所称校车，是指依照本条例取得使用许可，用于接送接受义务教育的学生上下学的7座以上的载客汽车。

接送小学生的校车应当是按照专用校车国家标准设计和制造的小学生专用校车。

第 14 条　使用校车应当依照本条例的规定取得许可。

取得校车使用许可应当符合下列条件：

（一）车辆符合校车安全国家标准，取得机动车检验合格证明，并已经在公安机关交通管理部门办理注册登记；

（二）有取得校车驾驶资格的驾驶人；

（三）有包括行驶线路、开行时间和停靠站点的合理可行的校车运行方案；

（四）有健全的安全管理制度；

（五）已经投保机动车承运人责任保险。

第 23 条　校车驾驶人应当依照本条例的规定取得校车驾驶资格。

取得校车驾驶资格应当符合下列条件：

（一）取得相应准驾车型驾驶证并具有 3 年以上驾驶经历，年龄在 25 周岁以上、不超过 60 周岁；

（二）最近连续 3 个记分周期内没有被记满分记录；

（三）无致人死亡或者重伤的交通事故责任记录；

（四）无饮酒后驾驶或者醉酒驾驶机动车记录，最近 1 年内无驾驶客运车辆超员、超速等严重交通违法行为记录；

（五）无犯罪记录；

（六）身心健康，无传染性疾病，无癫痫、精神病等可能危及行车安全的疾病病史，无酗酒、吸毒行为记录。

第 34 条　校车载人不得超过核定的人数，不得以任何理由超员。

学校和校车服务提供者不得要求校车驾驶人超员、超速驾驶校车。

第 60 条　县级以上地方人民政府应当合理规划幼儿园布局，方便幼儿就近入园。

入园幼儿应当由监护人或者其委托的成年人接送。对确因特殊情况不能由监护人或者其委托的成年人接送,需要使用车辆集中接送的,应当使用按照专用校车国家标准设计和制造的幼儿专用校车,遵守本条例校车安全管理的规定。

案例九:幼儿园教师虐待学生的刑事责任认定[1]

一、基本案情

被告人王某某、宋某某原系吉林省四平市铁西区某幼儿园教师。2015年11月起至案发前,被告人王某某、宋某某在供职幼儿园红一班教室及卫生间处,多次使用缝纫针等工具将陈某某、邵某某等多名儿童头部、口腔内侧、四肢、臀部、腿部等处扎伤。上述学童回家后,体表等处伤痕被家长发现,家长将学童送医后报警。经四平市公安司法鉴定中心鉴定,陈某某等幼儿体表皮肤损伤存在,其损伤特点符合具有尖端的客体扎、刺所致,其中有3人身体损伤程度评定为轻微伤。

公诉机关根据上述案件事实提出指控,认为被告人王某某、宋某某无视国家法律,身为对未成年人特别是幼儿负有监护、看护职责的人虐待被监护、看护的人,情节恶劣,其行为触犯了《刑法》(2015年修正)第260条之一的规定,犯罪事实清楚,证据确实、充分,应当以虐待被监护、看护人罪追究其刑事责任。

被告人王某某及其辩护人辩称:(1)申请排除有罪供述;(2)其没有用针扎孩子,也没看见过宋某某扎孩子;(3)针是王某某从黄二班其他老师处借来的,第二天万圣节王某某还看见同班保育员老师用来做小垫子,之后被红红老师收起来了;(4)夹子是从分班就开始有的,用来夹笑脸的;(5)对螺丝钉和钢钉王某某并不知道是怎么回事。

---

[1] 四平市铁西区人民法院刑事判决书,(2016)吉0302刑初138号。

被告人宋某某及其辩护人辩称：(1)申请排除其书写的“儿童名单”及有罪供述；(2)其没有在卫生间多次对陈某某等幼儿造成伤害，也没有理由伤害孩子；(3)宋某某没有看到过王某某用针扎或用小夹子夹孩子；(4)夹子是做游戏的一种道具；(5)听红红老师说针是从黄二班借来的，后来红红老师放在哪了宋某某并不知道；(6)宋某某在教室里没见过螺丝钉，钢钉是用于展示板贴小朋友的画。

二、法院判决

一审法院经审理查明，被告人王某某、宋某某案发前供职于四平市铁西区某幼儿园，系红一班教师。王某某、宋某某于 2015 年 11 月多次在红一班教室、卫生间等监控死角处，使用缝纫针等尖锐工具扎、刺陈某某、邵某某等多名幼儿头部、口腔内侧、四肢、臀部等处。经鉴定，被害人高某某、王某甲、张某某口腔部的损伤致口腔内黏膜点状皮肤破损之损伤程度，评定为轻微伤；被害人陈某某、郭某某、韩某某、潘某某、邵某某、盛某某体表皮肤损伤存在，但损伤程度未达到轻微伤标准，不予评定损伤程度。

一审法院认为，被告人王某某、宋某某身为幼儿教师，多次采用扎、刺、恐吓等手段虐待被监护的幼儿，情节恶劣，2 被告人的行为均构成虐待被监护人罪，应予惩处。公诉机关指控被告人王某某、宋某某犯虐待被监护人罪的事实清楚，证据确凿，指控罪名成立。依据《刑法》(2015 年修正)第 260 条之一“虐待被监护人罪”之规定，判决被告人王某某犯虐待被监护人罪，判处有期徒刑 2 年 10 个月；被告人宋某某犯虐待被监护人罪，判处有期徒刑 2 年 10 个月。被告人不服提出上诉，二审法院确认一审所认定事实，认定一审判决认定罪名准确、量刑适当，裁定维持原判，驳回上诉。

三、案例评析与理论延伸

本案系因幼师在照看幼儿时避开监控，采用恶劣手段虐待幼儿造成幼儿身心健康受损的刑事案件，主要涉及以下问题。

（一）幼儿健康权

健康权不仅包括身体健康也包括心理健康，属于人格权的一种。身心健康是自然人正常参与社会活动的前提，幼儿是国家和民族的希望，由于年龄小自我保护能力匮乏，幼儿作为弱势群体在健康权方面法律上有特殊保护——作为国家根本大法的《宪法》（2018 年修正）在第 49 条中明确规定“禁止虐待儿童”；作为儿童权益保护纲领性的《未成年人保护法》（2020 年修正）第 27 条规定“不得对未成年人实施体罚、变相体罚或者其他侮辱人格尊严的行为”；教育部规章《幼儿园工作规程》（2016 年公布）第 6 条亦规定“严禁虐待、歧视、体罚和变相体罚、侮辱幼儿人格等损害幼儿身心健康的行为”；除此之外，还有很多法律法规为保障幼儿身心健康发展作出相应规定。

教师承载教书育人的职责，在社会上往往受到普遍尊重与信任，教师应当积极关爱学生，而不是作出有损学生健康发展的行为。特别是在学前教育阶段，幼儿刚开始认识世界探索世界，对幼师有强烈的信赖，若发生虐童事件给幼儿造成的伤害是一生难以弥合的，这种伤害不仅是有形的身体上的伤害，还包括无形的心理创伤，会严重损害幼儿健康权，与教师职业道德相悖。

（二）虐待被看护人罪的认定

虐待被看护人罪规定于《刑法》（2023 年修正）第 260 条之一，乃 2015 年《刑法修正案（九）》新设罪名，本罪名彰显出刑法对社会上部分特殊群体予以刑法保护的理性倾向。[1] 在此之前，幼儿园老师虐待儿童的行为在刑法方面的规制只有故意伤害罪。然而，故意伤害罪要求行为人的伤害行为对他人造成轻伤以上后果，现实中幼师对幼儿采取的恐吓、威胁等精神虐待手段，会对幼儿产生强烈的心灵创伤，这种伤害程度远比一般身体损伤更加严

〔1〕 参见张占军：《论虐待被监护、看护人罪》，载《河北法学》2016 年第 9 期。

重,却难以受到处罚。此外,轻伤不轻,幼师对幼儿的肉体伤害往往达不到轻伤标准,该伤害行为很难在刑法上被惩治。因而,出于对儿童权益的保护,幼儿园教师虐童这一行为有必要在刑法上予以规制,虐待被看护人罪的主体范围为对未成年人、老年人、患病的人、残疾人等负有看护职责的人,该条款的增加弥补了幼师虐童领域在刑法上的法律空白。本案中,被告人王某某、宋某某身为幼儿教师对部分幼儿身体上的损伤达到轻微伤的程度,对部分幼儿损害只在表皮肤也没有达到轻微伤的标准,不符合故意伤害罪的构成要件,故法院认定 2 人构成虐待被看护人罪是恰当的。

(三)幼儿园教师的管理

虐待幼儿事件频发与幼儿园对教师的管理不到位有很大的关系。幼儿园的学生自制力差、不服从管理的现象经常发生,常常多次强调才能被约束,这也是幼儿天性使然,却易造成幼师身心俱疲进而产生情绪上的波动,忘记自己的职业要求,进而采取粗暴手段对待学生。可见,幼师的工作需要一定的职业素养与门槛。然而我国对幼师的学历要求较低,《幼儿园工作规程》(2016 年)及《教师资格条例》(1995 年公布)规定,我国幼儿园教师的学历水平只需在大专以上,现实中亦多见学历在大专以下的人在幼儿园任教,甚至一度出现没有幼儿园教师资格的人也能担任幼儿园老师的现象。因此,鉴于虐童事件的多发性、严重性,有必要提高幼师的准入门槛,以提升幼师群体的整体素质。

幼儿园作为学前教育机构,也应当落实《幼儿园工作规程》(2016 年)中促进幼儿心理健康保育和教育目标。在招聘幼师时,按照《未成年人保护法》(2020 年修订)第 62 条的入职审查制度向有关机关查询应聘者的违法犯罪记录,发现具有"性侵害、虐待、拐卖、暴力伤害等"情形的,不应录用。[1]

---

〔1〕 参见宋英辉、刘铃悦:《〈未成年人保护法〉修订的基本思路和重点内容》,载《中国青年社会科学》2020 年第 6 期。

此外，无论是入职前还是入职后，幼儿园都要时刻关心教师的心理健康状况，定期对幼师进行心理测试，发现问题及时疏导，确保幼师身心健康。

四、主要法条链接

（一）《宪法》（2018 年修正）

第 49 条　婚姻、家庭、母亲和儿童受国家的保护。

夫妻双方有实行计划生育的义务。

父母有抚养教育未成年子女的义务，成年子女有赡养扶助父母的义务。

禁止破坏婚姻自由，禁止虐待老人、妇女和儿童。

（二）《刑法》（2023 年修正）

第 260 条之一　对未成年人、老年人、患病的人、残疾人等负有监护、看护职责的人虐待被监护、看护的人，情节恶劣的，处三年以下有期徒刑或者拘役。

单位犯前款罪的，对单位判处罚金，并对其直接负责的主管人员和其他直接责任人员，依照前款的规定处罚。

有第一款行为，同时构成其他犯罪的，依照处罚较重的规定定罪处罚。

（三）《未成年人保护法》（2020 年修订）

第 27 条　学校、幼儿园的教职员工应当尊重未成年人人格尊严，不得对未成年人实施体罚、变相体罚或者其他侮辱人格尊严的行为。

案例十：幼儿侵权事件中的责任分配问题[1]

一、基本案情

禹某富、钟某英夫妇在隆回县三阁司镇某村开办长铺幼儿园，禹某富以

---

〔1〕湖南省邵阳市中级人民法院民事判决书，（2019）湘 05 民终 2594 号。

其自购的面包车作为校车,接送幼儿园的学生和长铺中心小学、胜利小学的学生,每期收取幼儿园学生 200 元、小学生 400 元交通费。覃某甲和刘某甲都由该校车接送。2018 年 9 月 7 日 16 时许,禹某富雇请钟某甲驾驶校车将放学回家的覃某甲和刘某甲等人接至长铺幼儿园后,然后去接其他学生,并声明将其他远一些的学生接送妥后再来接送覃某甲和刘某甲等近一些的学生回家。被钟某甲送到的学生就在长铺幼儿园等候,刘某甲爬上长铺幼儿园的娱乐设施一根铁圆柱上,然后从该柱上跳下时把覃某甲扑倒在地,致覃某甲右手受伤。覃某甲家长将其送医治疗后,出院诊断右肱骨内髁骨折。2019 年 4 月 4 日,覃某甲到邵阳市中兴司法鉴定所进行鉴定,该所的鉴定意见将被鉴定人覃某甲所受损伤评定为十级伤残。

覃某甲向一审法院起诉请求:由长铺幼儿园、刘某艳、苏某、刘某甲连带赔偿覃某甲医疗费用 25,026.81 元(刘某甲的爷爷刘某乙已付在洞口县黄桥镇某某村村医、黄桥镇医院、隆回中医院退休骨科医生张某某等处的治伤费用 1000 元、隆回县中医院费用住院 8331.85 元 + 门诊 315.26 元 = 8647.11元、长铺卫生院费用 220 元、广东省虎门医院费用住院 5378.70 元 + 门诊 8781 元 = 14,159.70 元)、住院伙食补助费 1700 元(隆回县中医院 100 元/日 ×13 日共 1300 元 + 广东省虎门医院 100 元/日 ×4 日共 400 元)、营养费 1254.67 元(12,721 元/年 ÷365 日 × 法医鉴定 60 日营养期 ×60%)、法医鉴定伤残十级赔偿金 28,186 元(14,093 元/年 ×2 年)、法医鉴定护理期 60 日护理费 6401.75 元(湖南省农、林、牧、渔业标准 38,944 元/年 ÷ 365 日 ×60 日)、精神损害抚慰金 5000 元、覃某甲之父探望覃某甲的误工费 1788.53 元(湖南省交通运输、仓储、邮政标准 72,535 元/年 ÷365 日 × 9 日),以上合计 69,357.76 元。

二、法院判决

湖南省隆回县人民法院经审理确认上述案件事实,认为覃某甲诉讼请求项目中因此次健康权伤害造成的人身损害合法损失有医疗费、住院伙食补助费、营养费、残疾赔偿金、法医鉴定护理费、精神损害抚慰金、覃某甲之父探望覃某甲的误工费，以上合计损失62,979.26元。覃某甲之伤系放学后乘坐长铺幼儿园校车途中下车等待该校车继续接送的过程中，被刘某甲在长铺幼儿园的娱乐设施上跳下时扑倒受伤而造成的损害。事发时刘某甲系10周岁以上的未成年人，刘某甲已具有一定的辨别和认知能力，应当认识到自己从娱乐设施上跳下时扑倒覃某甲会造成其受伤的危险，刘某甲对覃某甲之伤具有过错，刘某甲的父母即刘某艳、苏某应当对覃某甲的人身损害损失承担民事责任。长铺幼儿园作为校车的经营者，应当对乘坐过程中的未成年学生尽到确保安全的注意义务。长铺幼儿园接送途中，让覃某甲和刘某甲下车等待该校车的过程中，对未成年学生覃某甲和刘某甲没有安排人员管理，导致刘某甲没有充分认识到从娱乐设施上跳下时会扑倒覃某甲造成其受伤的危险，长铺幼儿园没有尽到校车接送过程中确保未成年学生安全的注意义务，对覃某甲之伤具有疏于管理的过错，应当对覃某甲的人身损害损失承担民事责任。覃某甲在受伤过程中没有做出危及自身安全的行为，对自己的损害无过错，不需要承担民事责任。现有证据难以确定长铺幼儿园和刘某甲的过错责任大小，酌定覃某甲的人身损害损失60,569.94元由长铺幼儿园和刘某甲的法定监护人父母即刘某艳、苏某平均分担责任即各承担50%的责任。覃某甲的其他诉讼请求不符合法律规定，不予支持。据此，依照原《侵权责任法》第12条、第16条、第22条、第32条[1]第1款，原《合同法》第302条，[2]最高人民法院《关于审理人身损害赔偿案件适用法律若干问题的解释》(2003年公布)第17条第1款之规定，判决：(1)隆回县三阁司镇长铺幼儿园赔偿覃某甲医疗费、住院伙食补助费、营养费、残疾赔

---

〔1〕《民法典》(2020年公布)第1172条、第1179条、第1183条、第1188条。

〔2〕《民法典》(2020年公布)第823条。

偿金、护理费、精神损害抚慰金、父亲探望误工费合计30,284.97元,此款限判决生效之日起10日内付清;(2)刘某艳、苏某赔偿覃某甲医疗费、住院伙食补助费、营养费、残疾赔偿金、护理费、精神损害抚慰金、父亲探望误工费合计30,284.97元,刘某甲的爷爷刘某乙已付1000元从此款中扣除后,尚应支付29,284.97元,限判决生效之日起10日内付清;(3)驳回覃某甲的其他诉讼请求。

刘某艳、苏某、刘某甲、长铺幼儿园不服湖南省隆回县人民法院的一审判决,向湖南省邵阳市中级人民法院提起上诉。

二审法院认为,本案二审争议的焦点是:(1)覃某甲的损害后果是否系刘某甲所致,刘某艳一方和长铺幼儿园是否应当对覃某甲的损害后果承担侵权责任;(2)本案一审是否遗漏了必要的共同诉讼参加人;(3)一审对覃某甲的医疗费、住院伙食补助费、残疾赔偿金、精神损害抚慰金、误工费的认定是否合法。围绕本案争议焦点,评判如下。

覃某甲为证实其损害后果系刘某甲从长铺幼儿园娱乐设施上跳下时扑倒所致的事实,虽然仅提供了覃昆伦、覃某乙的证词,但侵权行为人刘某甲在一审庭审中明确陈述:“我爬上了这个铁柱,铁柱比我还高,我跳下来把覃某甲撞倒了。”结合覃某甲受伤当天即由其奶奶陪同找到刘某甲的爷爷刘某乙,刘某乙随即带覃某甲前往洞口县黄桥镇某某村村医、黄桥镇医院、隆回中医院退休骨科医生张某某等处治伤,并支付1000元医疗费的事实,可以认定覃某甲的损害后果系刘某甲所致的基本事实。造成覃某甲人身受损的原因力既包括刘某甲的直接侵权行为,也包括长铺幼儿园校车接送过程中未尽到安全管理义务的因素,一审根据责任人的过错程度以及原因力大小,确定各自承担50%的责任并无不当。刘某艳一方和长铺幼儿园关于本案基本事实以及各自的责任比例提出的上诉理由不能成立,不予支持。

原《侵权责任法》第32条[1]规定:"无民事行为能力人、限制民事行为能力人造成他人损害的,由监护人承担侵权责任。监护人尽到监护责任的,可以减轻其侵权责任。有财产的无民事行为能力人、限制民事行为能力人造成他人损害的,从本人财产中支付赔偿费用。不足部分,由监护人赔偿。"本案中,刘某艳、苏某并未举证证明刘某甲本人有财产,故一审直接判决监护人承担侵权责任符合法律规定。刘某艳、苏某上诉称应判决其与刘某甲共同承担赔偿责任的理由与法不符,法院不予支持。与覃某甲形成运输合同关系的为长铺幼儿园,且造成覃某甲人身受损的原因之一系长铺幼儿园校车接送过程中未尽到安全管理义务,故刘某艳一方要求追加购车人和驾驶员为本案当事人于法无据,不予支持。

对于一审医疗费、住院伙食补助费、残疾赔偿金、精神损害抚慰金、误工费的认定,二审法院予以调整。

综上所述,刘某艳、苏某、刘某甲、长铺幼儿园的上诉请求部分成立,予以支持。依照最高人民法院《关于审理人身损害赔偿案件适用法律若干问题的解释》(2003年公布)第20条第1款、[2]《民事诉讼法》(2017年修正)第170条第1款第2项[3]的规定,判决:(1)撤销湖南省隆回县人民法院(2019)湘0524民初2622号民事判决;(2)由隆回县三阁司镇长铺幼儿园赔偿覃某甲各项经济损失共计29,065.71元;(3)由刘某艳、苏某赔偿覃某甲各项经济损失共计29,065.71元,剔除已付1000元,尚应支付28,065.71元;(4)驳回覃某甲的其他诉讼请求。

---

[1] 《民法典》第1188条。

[2] 最高人民法院《关于审理人身损害赔偿案件适用法律若干问题的解释》(2022年修正)第7条第1款。

[3] 《民事诉讼法》(2023年修正)第177条第1款第2项。

三、案例评析与理论延伸

本案系未成年人致人损害的侵权责任纠纷,涉及法律关系的主体有未成年人、未成年人的监护人、校车经营者,关于损害责任的分担主要涉及以下问题。

(一)校车经营者的责任

《民法典》生效之前的法律事实引起的纠纷适用《民法典》生效前的法律法规。本案的争议焦点在于,校车经营者长铺幼儿园是否应当承担责任,校车驾驶人钟某甲是否为必要共同诉讼参加人。本案中,致害方和受损方的未成年人均非长铺幼儿园学生,长铺幼儿园作为校车经营者与案涉未成年人之间形成运输合同关系,损害是长铺幼儿园在为未成年人提供接送服务时发生的,不属于在幼儿园、学校学习、生活期间发生,因而不适用原《侵权责任法》第40条[1]的规定。根据长铺幼儿园与案涉未成年人之间的运输合同关系,其负有将乘客安全运送到约定地点的义务,此外,作为校车服务提供者长铺幼儿园的义务承担具有特殊性,还应遵守《校车安全管理条例》(2012年公布)第38条之规定,安排人员全程照看乘车学生。长铺幼儿园对乘坐车辆的学生负有确保其安全到家的义务,这一义务,一方面包括对致害方的制止其危险行为的注意义务,另一方面包括对受害方的防止他人侵害其人身的安全保障义务。在本案中,长铺幼儿园在接送未成年人时中途将学生放下,未安排人员照管,没有尽到安全管理义务,具有过错,与覃某甲受伤之间具有因果关系,应当承担责任。本案中,损害非因校车驾驶员的过失所造成,校车驾驶员钟某甲受长铺幼儿园雇佣,因此一审并未遗漏必要的共同诉讼参加人。

---

〔1〕《民法典》第1201条。

(二)监护人责任

1. 保护未成年人权益

根据《民法典》(2020 年公布)第 34 条规定,监护人代理未成年人实施民事法律行为,其职责不仅包括保护未成年人的财产权利,还要保护未成年人的人身权利及其他合法权益。因此,限制民事行为能力人与无民事行为能力人的民事行为受到侵害与他人发生纠纷时,其监护人可以作为其法定代理人参加诉讼,这既是权利也是义务。此外,如果未成年人的行为造成他人受损,若受害方仅将未成年人列为被告或只将其监护人列为被告,法院都会依职权追加未成年人及其监护人为案件的共同被告。

2. 监护人替代责任

未成年人致人损害,其监护人承担的责任性质是替代责任,真正的责任人是未成年人,监护人只是对未成年人的行为负责。根据原《侵权责任法》第 32 条的规定,未成年人造成他人损害的赔偿费用,应当先从未成年人本人的财产中予以支付,不足以清偿的才由未成年人的监护人支付,《民法典》(2020 年公布)依然沿用该条款,规定于第 1188 条之中。我国监护人责任的归责原则采用的是无过错责任原则,即便监护人尽到了监护义务也需要承担责任,不能免除责任。虽然法律规定监护人履行了职责,可以减轻责任,但这并不意味着监护人承担的是过错责任,恰好印证这种责任是一种无过错责任,监护人不能因为没有过错,就不承担责任。法律将之规定为无过错责任的原因在于,未成年人的认识能力和判断能力匮乏,在使他人受损后,没有充足的财产对受害人进行赔偿,而监护人与未成年人的关系密切有法律上的照管义务。

在比较法上,监护人责任会根据未成年人的责任能力加以区分,没有认识和控制行为能力的未成年人不承担侵权责任,而是由其监护人直接承担。[1] 在我国,民事行为能力与责任能力并没有区别,只要未成年人造成他人损害,无论其是否有相应的辨别能力,监护人都需要代替未成年人承担责任。

在本案中,未成年人刘某甲扑倒覃某甲,造成覃某甲骨折,与覃某甲受伤之间具有直接因果关系,法院判决作为其监护人的父母承担部分责任。根据法律规定,未成年人致人损害的赔偿费用,应当从其本人的财产中先予支付,不足则监护人负担,可见,法院判决"若刘某甲有财产先从刘某甲财产中支付",更为恰当。

四、主要法条链接

(一)《民法典》

第1172条　二人以上分别实施侵权行为造成同一损害,能够确定责任大小的,各自承担相应的责任;难以确定责任大小的,平均承担赔偿责任。

第1179条　侵害他人造成人身损害的,应当赔偿医疗费、护理费、交通费、营养费、住院伙食补助费等为治疗和康复支出的合理费用,以及因误工减少的收入。造成残疾的,还应当赔偿辅助器具费和残疾赔偿金;造成死亡的,还应当赔偿丧葬费和死亡赔偿金。

第1183条第1款　侵害自然人人身权益造成严重精神损害的,被侵权人有权请求精神损害赔偿。

第1188条　无民事行为能力人、限制民事行为能力人造成他人损害的,由监护人承担侵权责任。监护人尽到监护责任的,可以减轻其侵权责任。

有财产的无民事行为能力人、限制民事行为能力人造成他人损害的,从

---

[1] 参见曹险峰、徐恋:《监护人责任的解释论与立法论反思》,载《烟台大学学报(哲学社会科学版)》2019年第3期。

本人财产中支付赔偿费用。不足部分，由监护人赔偿。

（二）《校车安全管理条例》（2012 年公布）

第 38 条　配备校车的学校、校车服务提供者应当指派照管人员随校车全程照管乘车学生。校车服务提供者为学校提供校车服务的，双方可以约定由学校指派随车照管人员。

学校和校车服务提供者应当定期对随车照管人员进行安全教育，组织随车照管人员学习道路交通安全法律法规、应急处置和应急救援知识。

案例十一：侵吞幼儿园财物相关责任人的刑事责任认定[1]

一、基本案情

被告人潘某、苏某某、梁某某原系广西壮族自治区天等县东平乡中心幼儿园（以下简称东平幼儿园）的工作人员。该园系 2003 年以天等县东平乡教育站（2003 年东平乡教育站的编制划拨给东平中心小学）的名义通过发动捐款、借款等方式筹集资金，利用东平中心小学的场地创办的幼儿园，其园长、财务人员的任命由东平中心小学领导班子讨论决定，幼儿园的收入、支出及日常经费运转均由东平中心小学进行管理。

2010 年春季学期至 2012 年秋季学期，东平幼儿园收取的幼儿半托费、保育费、早餐费未如实存入东平中心小学的账户，而是截留和套取部分资金并存入户名为梁某某的农村信用社账户中（账号分别为：16 × × ×80、16 × × ×08），并由梁某某掌管。2011 年 1 月 25 日，被告人潘某利用担任东平中心小学校长之便，从梁某某掌管的截留部分资金的东平幼儿园经费中借款 15,000 元，2012 年年初的某天，潘某再次从梁某某掌管的东平幼儿园

[1] 广西壮族自治区崇左市中级人民法院刑事裁定书，（2018）桂 14 刑终 35 号

经费中借款20,000元,两次借款共计35,000元。2012年秋季学期准备放假前的某天,在潘某的授意下,梁某某伙同苏某某做假账将潘某所借欠款进行冲销,后梁某某到潘某办公室将潘某所出具的15,000元、20,000元借条交给潘某时,潘某当场把两张借条撕毁。

2012年秋季学期期末放假前的某天,被告人潘某跟梁某某、苏某某提议从东平幼儿园的经费中拿“辛苦费”,潘某提出自己拿40,000元,让梁某某、苏某某分别拿20,000元。2012年12月21日,梁某某从自己掌管的东平幼儿园经费中提取30,000元现金,将其中的20,000元交给苏某某,余下的10,000元用于幼儿园的日常开支。2013年1月25日,梁某某从自己掌管的东平幼儿园经费中提取40,000元现金,后在潘某办公室交给潘某。2013年2月20日,梁某某从自己掌管的东平幼儿园截留部分经费中领取30,000元现金,取20,000元作为自己管理幼儿园的“辛苦费”,后存入账号为16×××22的梁某某私人存折。

2012年春节前的某日,潘某授意东平中心小学出纳员刘某2从东平中心小学的账户中套取现金,作为潘某、副校长邓某3和刘某2三人的过节费用。后刘某2虚列了“2011年9月10日教师节购买糖果等开支4700元”“2012年1月10日教师会议开支5300元”两张白条开支,共套出现金10,000元。潘某、邓某3各分得4000元,刘某2分得2000元。

2011年和2012年春节前,潘某先后两次让租用其在天等县城北商贸城房子一楼门面的张某,在采购单上虚加采购果子狸开支。潘某通过虚加采购果子狸开支,两次套取东平中心小学的账户资金,共计4972元,潘某全部占为已有。

2007年,东平中学教师邓某4将一辆车牌为桂F×××××的面包车转让(未办理过户手续)给被告人潘某,并一直作为潘某的私家车使用。2010年至2012年12月,被告人潘某将该车花费的维修费、油费等票据拿给梁某某，从梁某某管理的幼儿园经费中报销，报销金额累计15,485元。

案发后，被告人潘某向天等县人民检察院退出赃款95,000元，被告人苏某某、梁某某分别向天等县人民检察院退出赃款20,000元。

对指控的犯罪事实，公诉机关在法庭上出示了相关的证据，并据此认为，被告人潘某在担任天等县东平中心小学校长期间，伙同被告人苏某某、梁某某利用职务之便，非法占有公共财物115,000元；此外，被告人潘某还通过虚假报账，侵吞学校公款共计30,457元。3名被告人的行为已触犯《刑法》（1997年修订）第382条之规定，均应以贪污罪追究其刑事责任。根据《刑事诉讼法》（2012年修正）第172条[1]的规定，提请法院依法判处。

被告人潘某对起诉书指控的事实和罪名均有异议。其提出如下辩解意见：（1）东平幼儿园是其组织创办的，是私立性质，其所拿的款项是借款，不是贪污公共财产；（2）车辆费用的开支，因该车大多是用于下乡、开会等工作，故费用向幼儿园报销，且幼儿园是私立性质，自己因公在幼儿园报销车辆费用不构成贪污罪；（3）其为东平中心小学跑项目需要，在市场上购买了一些土特产，没有发票，只能在采购单上虚加开支，该开支确实是已经实际支出的费用。2011年9月10日教师节购买糖果慰问教师和2012年1月10日教师会议开支亦属单位的正常开支，不属于贪污行为。综上，其行为不构成贪污罪。

被告人潘某的辩护人对公诉机关指控被告人潘某构成贪污罪的事实和罪名均有异议。其提出如下辩护意见：（1）被告人潘某在客观方面和主观方面均不符合贪污罪的构成要件，其行为不构成贪污罪。①在客观方面，东平幼儿园不属于公立性质的幼儿园，其财产不能成为贪污罪客体的构成要件；②被告人潘某、苏某某等人支取的款项是东平幼儿园非法办学过程中收取的午托费、早餐费等，这些款项既不是来自政府财政，也不属于国家机关管

〔1〕《刑事诉讼法》（2018年修正）第176条。

理的财产，当然不能认定为公共财产，不属于贪污罪的客体；③被告人潘某在主观上是借支东平幼儿园的款项，没有贪污公共财物的故意。(2)公诉机关有义务提交确凿的、直接的、可形成证据链的证据以支持其公诉意见，但从本案证据来看，公诉机关提交的证据均为间接证据，且被告人均能对证据有合理的解释，无法形成确凿的证据链证明公诉机关的指控，根据疑罪从无的刑法原则，应认定被告人不构成犯罪。综上，东平幼儿园不具备公立幼儿园的特征，也不属于东平乡中心小学的附属机构，其财产不属于公共财产或集体财产，潘某就该幼儿园资金115,000元的处分不构成贪污罪。就涉案的东平中心小学的14,972元，因数额不足30,000元，应认定为潘某的违纪行为，不构成贪污罪。

被告人苏某某对起诉书指控的事实和罪名均有异议。其提出如下辩解意见：其因当时急用钱，经领导同意后才借款。其行为是借款行为，不构成贪污罪。

被告人苏某某的辩护人对公诉机关指控被告人苏某某构成贪污罪的事实和罪名均有异议。其提出如下辩护意见：(1)东平幼儿园并非公立幼儿园，其财物不是公共财物，被告人苏某某的行为并没有侵犯公共财物或国有财物的所有权，不符合贪污罪构成的客体要件。(2)被告人苏某某在东平幼儿园工作不属于从事公务活动，不具备贪污罪的主体构成要件。(3)被告人苏某某主观上没有侵占公共财物的主观故意。综上，被告人苏某某不具备可利用职务之便利和身份，也没有侵占公共财产的行为，其行为不符合贪污罪的构成要件，不构成贪污罪。

被告人梁某某对公诉机关指控的事实和罪名没有异议，要求从轻处罚。

二、法院判决

一审法院经审理确认公诉机关指控事实认为，被告人潘某作为国家工作人员伙同被告人梁某某、苏某某3人利用职务上的便利，以非法占有为目的，采用借款挂账、报账冲销平账等方式侵吞公共财物115,000元；同时，被告人潘某还利用职务之便利，通过独自虚列采购项目或伙同他人虚列开支报销等手段，侵吞学校公款14,972元。3名被告人的行为均触犯了《刑法》(2017年修正)第382条第1款的规定，构成贪污罪。被告人潘某利用职务的便利将自己私家车的维修费15,485元从单位报销，因该车平时也用于下乡、开会等工作，故报销该车辆维修费属违纪款。在贪污犯罪中，被告人潘某提出犯意，并授意被告人苏某某、梁某某采取借款挂账、报账冲销平账等方式侵吞公款，起主要作用，是主犯，应当按照其参与的全部犯罪事实处罚。被告人苏某某、梁某某在贪污犯罪过程中，受领导指使作案，起次要作用，是从犯，应当从轻、减轻处罚或者免除处罚。被告人潘某、苏某某、梁某某在案发后能积极退赃，酌情予以从轻处罚。

综上，根据各被告人的犯罪事实、性质、情节和社会危害程度，依照《刑法》(2017年修正)第382条第1款、第3款，第383条第1款第1项、第2款，第25条第1款，第26条第1款、第4款，第27条，第52条，第53条，第61条，第64条，第72条第1款，第73条第2款、第3款，第91条，第93条和最高人民法院、最高人民检察院《关于办理贪污贿赂刑事案件适用法律若干问题的解释》(2016年修正)第1条第1款之规定，判决如下：

(1)被告人潘某犯贪污罪，判处有期徒刑1年6个月，缓刑2年，并处罚金100,000元；

(2)被告人苏某某犯贪污罪，免予刑事处罚；

(3)被告人梁某某犯贪污罪，免予刑事处罚；

(4)被告人潘某、苏某某、梁某某分别退出的违法所得95,000元、20,000元、20,000元，由暂扣机关天等县人民检察院上缴国库。

被告人潘某、苏某某不服一审判决，向广西壮族自治区崇左市中级人民法院提出上诉,二审法院经审理认为,原判认定事实清楚,定性准确,审判程序合法,量刑适当,裁定驳回上诉,维持原判。

三、案例评析与理论延伸

本案系因幼儿园工作人员利用职务便利,侵吞幼儿园收取的半托费、保育费、早餐费以及筹集的幼儿园资金所引发的刑事案件,主要涉及以下问题。

(一)幼儿园的性质

幼儿园是为幼儿提供保育和教育服务的学前教育机构,按照所有制不同可以将分之为公立幼儿园和私立幼儿园。公立幼儿园具有福利性质,其经费来源于财政拨款,属于事业单位,内部工作人员如园长、教师等属于事业单位在编人员。《幼儿园管理条例》(1989 年公布)第 24 条明确规定,任何单位和个人不得克扣、挪用幼儿园经费。其中,第 28 条规定,具有克扣、挪用幼儿园经费情节的单位或者个人,情节轻微的,对有关直接责任给予行政处罚或行政处分,情节严重构成犯罪的,由司法机关依法追究刑事责任。私立幼儿园遵守《民办教育促进法》(2018 年修正)之规定,办学经费不属于国家财政性经费,办学的主体非国家机构,而是社会组织或个人。按照《民办教育促进法》(2018 年修正)第 19 条之规定,根据办学主体是否可以收取办学收益,私立幼儿园可以分为营利性幼儿园和非营利性幼儿园。非营利性幼儿园的办学主体不得获益,即便有结余也只能用于办学。

(二)幼儿园的财物是否为公共财物

本案中的争议焦点为被告侵吞的幼儿园财产是否系公共财产。关于这一点,潘某等被告人辩称东平幼儿园的性质是私立幼儿园,因而其侵吞幼儿园款项的行为并非侵占公共财物,最终法院未支持被告人的意见。关于幼儿园财物是否为公共财物,应当注意到潘某等人侵占的幼儿园款项包括两个部分:一是幼儿园设立时通过捐款、借款等方式筹集的资金;二是幼儿园收取的费用,即幼儿园经营所得。

首先,因幼儿园已经将借款部分偿还完毕,故需分析捐款的性质。根据《刑法》(2023 年修正)第 91 条,公共财物包括“国有财产、劳动群众集体所有的财产、用于扶贫和其他公益事业的社会捐助或者专项的财产”等,可见东平幼儿园为办学筹集的捐款为用于公益的社会捐助,属于公共财产。其次,判决认为公立性质不等同于公立,东平幼儿园具有公立性质,属于公立性质的幼儿园。对此法院的说理如下:东平幼儿园的人事任命与经费支出均由东平中心小学管理,收取的经费转入东平中心小学的账户,幼儿园场地也归属于东平中心小学,东平幼儿园与东平中心小学的财产高度混同,与公立幼儿园资产管理有类似特征,故其经营所得可以认定为公共财产。虽从设立方式上东平小学幼儿园不具有公立幼儿园的特征,但法院基于东平幼儿园人事、经费使用等方面认定其公立性质,具有一定的合理性。

(三)贪污罪的构成认定

案涉被告人的行为是否构成贪污罪亦是本案的争议焦点。认定行为人是否构成贪污罪需要判断:犯罪对象是否为共同财产;犯罪主体是否为国家工作人员或受委托管理、经营国有财产的人员;行为人是否有利用其职务上的便利,采用侵吞、窃取、骗取或者以其他手段非法占有公共财物。

前文已经就案涉被告人侵占财产是否为公共财物进行论述,在此不再赘述。关于案涉被告人是否符合贪污罪的主体要件,依据《刑法》(2023 年修正)第 93 条的规定,国家工作人员包括“国有公司、企业、事业单位、人民团体中从事公务的人员”,本案被告人均为事业单位中从事公务的人员,满足贪污罪的身份要求。此外,东平中心小学教师经常在东平幼儿园代课,被告苏某某曾任幼儿园园长,案涉被告人客观上均利用了职务之便侵吞东平幼儿园的财产。二审法院判决维持一审法院判决,认定案涉被告人构成贪污罪是正确的。

四、主要法条链接

(一)《刑法》(2023年修正)

第91条　本法所称公共财产,是指下列财产:

(一)国有财产;

(二)劳动群众集体所有的财产;

(三)用于扶贫和其他公益事业的社会捐助或者专项基金的财产。

在国家机关、国有公司、企业、集体企业和人民团体管理、使用或者运输中的私人财产,以公共财产论。

第93条　本法所称国家工作人员,是指国家机关中从事公务的人员。

国有公司、企业、事业单位、人民团体中从事公务的人员和国家机关、国有公司、企业、事业单位委派到非国有公司、企业、事业单位、社会团体从事公务的人员,以及其他依照法律从事公务的人员,以国家工作人员论。

第382条　国家工作人员利用职务上的便利,侵吞、窃取、骗取或者以其他手段非法占有公共财物的,是贪污罪。

受国家机关、国有公司、企业、事业单位、人民团体委托管理、经营国有财产的人员,利用职务上的便利,侵吞、窃取、骗取或者以其他手段非法占有国有财物的,以贪污论。

与前两款所列人员勾结,伙同贪污的,以共犯论处。

第383条　对犯贪污罪的,根据情节轻重,分别依照下列规定处罚:

(一)贪污数额较大或者有其他较重情节的,处三年以下有期徒刑或者拘役,并处罚金。

(二)贪污数额巨大或者有其他严重情节的,处三年以上十年以下有期徒刑,并处罚金或者没收财产。

（三）贪污数额特别巨大或者有其他特别严重情节的，处十年以上有期徒刑或者无期徒刑，并处罚金或者没收财产；数额特别巨大，并使国家和人民利益遭受特别重大损失的，处无期徒刑或者死刑，并处没收财产。

对多次贪污未经处理的，按照累计贪污数额处罚。

犯第一款罪，在提起公诉前如实供述自己罪行、真诚悔罪、积极退赃，避免、减少损害结果的发生，有第一项规定情形的，可以从轻、减轻或者免除处罚；有第二项、第三项规定情形的，可以从轻处罚。

犯第一款罪，有第三项规定情形被判处死刑缓期执行的，人民法院根据犯罪情节等情况可以同时决定在其死刑缓期执行二年期满依法减为无期徒刑后，终身监禁，不得减刑、假释。

（二）最高人民法院、最高人民检察院《关于办理贪污贿赂刑事案件适用法律若干问题的解释》（2016年公布）

第1条　贪污或者受贿数额在三万元以上不满二十万元的，应当认定为刑法第三百八十三条第一款规定的“数额较大”，依法判处三年以下有期徒刑或者拘役，并处罚金。

贪污数额在一万元以上不满三万元，具有下列情形之一的，应当认定为刑法第三百八十三条第一款规定的“其他较重情节”，依法判处三年以下有期徒刑或者拘役，并处罚金：

（一）贪污救灾、抢险、防汛、优抚、扶贫、移民、救济、防疫、社会捐助等特定款物的；

（二）曾因贪污、受贿、挪用公款受过党纪、行政处分的；

（三）曾因故意犯罪受过刑事追究的；

（四）赃款赃物用于非法活动的；

（五）拒不交待赃款赃物去向或者拒不配合追缴工作，致使无法追缴的；

（六）造成恶劣影响或者其他严重后果的。

受贿数额在一万元以上不满三万元，具有前款第二项至第六项规定的情形之一，或者具有下列情形之一的，应当认定为刑法第三百八十三条第一款规定的“其他较重情节”，依法判处三年以下有期徒刑或者拘役，并处罚金：

（一）多次索贿的；

（二）为他人谋取不正当利益，致使公共财产、国家和人民利益遭受损失的；

（三）为他人谋取职务提拔、调整的。

（三）《幼儿园管理条例》（1989年公布）

第24条 幼儿园可以依据本省、自治区、直辖市人民政府制定的收费标准，向幼儿家长收取保育费、教育费。

幼儿园应当加强财务管理，合理使用各项经费，任何单位和个人不得克扣、挪用幼儿园经费。

第28条 违反本条例，具有下列情形之一的单位或者个人，由教育行政部门对直接责任人员给予警告、罚款的行政处罚，或者由教育行政部门建议有关部门对责任人员给予行政处分：

（一）体罚或变相体罚幼儿的；

（二）使用有毒、有害物质制作教具、玩具的；

（三）克扣、挪用幼儿园经费的；

（四）侵占、破坏幼儿园园舍、设备的；

（五）干扰幼儿园正常工作秩序的；

（六）在幼儿园周围设置有危险、有污染或者影响幼儿园采光的建筑和设施的。

前款所列情形，情节严重，构成犯罪的，由司法机关依法追究刑事责任。

案例十二：破坏教学秩序相关责任人的刑事责任认定[1]

一、基本案情

2014年9月以来，云南省祥云县刘厂镇大波那村13组村民为了刘厂中学及刘厂中心校改扩建时多占本组土地、太鼎加油站征用土地、文化路西侧被太鼎水泥厂租用土地和大波那街老农贸市场等土地的权属问题，多次到刘厂镇政府、祥云县政府、大理州政府上访，接访单位都对上访问题进行了调查、回复。其间，大波那村13组村民因对调查及回复不满，在杨某亮、严某星等人的煽动下，先后聚众制造了围堵文源明珠幼儿园校车、封堵文化路太鼎加油站至刘厂中心校路段、封围太鼎水泥厂临时仓库租用土地上的文源明珠幼儿园等沿街房屋铺面、阻止刘厂中心校、环卫站职工清路、拆毁刘厂建筑工程公司第一建筑队和刘厂计生服务所的房屋等事端，严重扰乱社会秩序。具体犯罪事实如下。

（1）2015年4月30日，刘厂镇政府相关工作人员应13组村民的要求，对刘厂中学、刘厂中心校改扩建征用土地进行实地丈量复核，杨某亮、严某星、李某昌、杨某银、杨某丽等20余名13组村民参与了丈量复核的过程。丈量过程中，杨某亮、严某星、朱某书等人与工作人员发生争吵。15时30分许，正值文源明珠幼儿园校车送学生回家，朱某书就提议说不准校车从文化路过，要收费，随后杨某亮和朱某书最先站到校车前面，并叫了严某星、杨某丽等人也堵在校车前面，致使学生无法被送走，时间持续了1个多小时。

（2）2015年7月2日，杨某亮、严某星、李某昌、杨某银、杨某丽等人到大波那社区会议室听取了祥云县国土资源局的回复意见，因对回复不满，杨某

[1] 云南省大理白族自治州中级人民法院刑事判决书，(2016)云29刑终131号。

亮便与严某星、李某昌、杨某银、杨某丽等人商议晚上召开村民会商量对策，后5人分别通知村民开会。当晚，杨某亮和严某星主持会议，朱某书最先提出要将文化路两端封堵起来，李某昌、杨某银、杨某丽也积极发言讨论，意见统一后，杨某亮安排让村民第二天7时30分在太鼎加油站集中堵路。2015年7月3日上午，13组40余名村民在杨某亮、严某星的带领下对文化路太鼎加油站至刘厂中心校路段进行了封堵。杨某亮、严某星、朱某书找车辆拉土夹石并指挥车辆倒土夹石堵路，杨某丽给村民发牛奶，并叫了一些妇女把土夹石铲高，李某昌参与把土夹石铲高，杨某银也到了现场参与堵路。路面封堵后，导致该路段内的刘厂中心校、文源明珠幼儿园、太鼎加油站、鑫远宾馆等单位和商铺无法正常通行、工作和营业，时间持续至2015年11月1日。

(3)2015年8月24日，因不满县政府的复查意见，杨某亮、严某星、李某昌、杨某银、杨某丽等人在杨某银家中商议对策，杨某亮提出，让朱某书用电焊机焊封文源明珠幼儿园等沿街房屋铺面的想法，严某星、李某昌、杨某银、杨某丽赞同，接着杨某亮电话联系了朱某书，朱某书也积极响应，后杨某亮、严某星、杨某丽等人通知村民晚上开会。会议由杨某亮、严某星主持，朱某书提出用电焊机焊封文化路沿街门面，李某昌提出不能用电焊机焊封，最好用铁丝网封围，否则后期容易被拆除，会议最终决定第二天用铁丝网进行封围。2015年8月25日上午，李某昌、杨某丽带领30余名村民对太鼎水泥厂临时仓库租用土地上的文源明珠幼儿园等沿街房屋铺面进行封围。由严某星提供木桩，李某昌购买铁丝网，李某昌、杨某丽指挥并亲自参与封围铁丝网，封围过程中杨某亮、严某星也到现场查看情况。

(4)文化路被封堵后，刘厂中心校通行困难。2015年9月16日中心校自发组织职工清开土夹石修便道通行，朱某书知晓后打电话告知杨某亮，杨某亮安排严某星立即前往阻止。随后，严某星、李某昌、朱某书等20余名村民到刘厂中心校吵闹，强行要求中心校将路面恢复成封堵状态，朱某书还威胁中心校职工若不恢复封堵状态，就断了学校的水电，砸毁学校大门。直至将路面恢复成封堵状态，严某星、朱某书、李某昌等人才离开，时间持续将近2个小时。

（5）文化路被封堵后，垃圾得不到及时清理，严重污染了环境。2015年10月1日，大波那社区环卫人员驾驶垃圾车前往清运，因路段被封，垃圾车无法进入，工作人员便将封堵的土夹石清开。被朱某书发现后，朱某书立即向杨某亮报告，杨某亮安排严某星、李某昌等10余名村民前往阻止，要求环卫人员恢复封堵路面，最终环卫人员无奈之下只能将路面恢复封堵状态，致使垃圾直到2015年11月1日路被清开后才得以清运。

（6）2015年10月18日，因不满大理州政府的复核意见，杨某亮、严某星、李某昌、杨某银等人在王某祥家做客时，商议要把刘厂老基建队的土地收回，拆毁老基建队的房屋（现由刘厂建筑工程公司第一建筑队所有）。当晚杨某亮和李某昌通知村民开会，由杨某亮、严某星、李某昌主持会议，并提出要拆掉老基建队的房子，杨某银和杨某丽也积极发言表示支持。会议结束后，参会人员还在杨某亮的带领下找到租用老基建队房屋的伍某禹，警告让其次日8时前搬离。2015年10月19日上午，杨某亮、严某星组织李某昌、杨某银、杨某丽等80余名村民对刘厂老基建队房屋、计生服务所办公用房进行强拆。其中，杨某亮最先动手强拆，并在现场进行指挥，严某星负责指挥和记工，李某昌负责指挥，并搬运拆下来的东西，杨某丽负责后勤，并指挥妇女和老人搬运拆下来的东西，杨某银负责拆房子。经鉴定，此次强拆造成刘厂建筑工程公司第一建筑队、计生服务所房屋及物品损失共计48,600元。

云南省祥云县人民检察院根据上述案件事实提出指控，认为被告人杨某亮、严某星、李某昌、杨某银、杨某丽、朱某书为了达到非法目的，给政府施加压力，聚众制造事端，导致文化路长期无法通行，文化路沿线的文源明珠幼儿园、刘厂中心校、鑫远宾馆等单位和商铺长期无法正常工作、教学和营业，刘厂建筑工程公司第一建筑队和刘厂镇计生服务所的房屋、设备等遭受较大损失，扰乱社会秩序，情节严重，其行为已经触犯了《刑法》(1997 年修订)第290 条第1 款之规定，犯罪事实清楚，证据确实、充分，应当以聚众扰乱社会秩序罪追究其刑事责任，且根据《刑法》(1997 年修订)第 25 条之规定，系共同犯罪，应分别处罚。其中，被告人杨某亮、严某星组织、指挥了全部事件，系首要分子；被告人李某昌、杨某银、杨某丽、朱某书系积极参加者。

被告人杨某亮表示自愿认罪，对公诉机关认定其为首要分子不服，要求对其从轻处罚。其辩护人对公诉机关指控罪名无异议，但认为公诉机关认定杨某亮为首要分子证据不充分，被告人自愿认罪，愿意赔偿被害人经济损失，应酌情对杨某亮从轻处罚。建议对被告人杨某亮判处2 年以下有期徒刑并适用缓刑。

被告人严某星表示自愿认罪。其辩护人认为严某星没有参与校车围堵事件，不能认定严某星为首要分子。被告人自愿认罪，愿意赔偿被害人经济损失，应酌情对严某星从轻处罚。建议对严某星判处1 年以下有期徒刑并适用缓刑。

被告人李某昌表示自愿认罪。其辩护人对公诉机关指控罪名无异议，认为被告人自愿认罪，愿意赔偿被害人的经济损失，应酌情对李某昌从轻处罚。建议对李某昌判处1 年以下有期徒刑并适用缓刑。

被告人杨某丽表示自愿认罪。其辩护人对公诉机关指控罪名无异议，认为被告人杨某丽属从犯，作用较小，且杨某丽自愿认罪，愿意赔偿被害人的经济损失，应酌情对杨某丽从轻处罚。建议对杨某丽免予刑事处罚。

被告人朱某书表示自愿认罪。其辩护人对公诉机关指控罪名无异议，认为被告人朱某书属从犯，作用较小，且朱某书自愿认罪，愿意赔偿被害人的经济损失，应酌情对朱某书从轻处罚。建议对朱某书判处6 个月以下有期徒刑。

被告人杨某银表示自愿认罪。其辩护人对公诉机关指控罪名无异议,认为被告人杨某银只参与了两个事件,作用较小,且杨某银自愿认罪,愿意赔偿被害人的经济损失,应酌情对杨某银从轻处罚。建议对杨某银判处1年以下有期徒刑并适用缓刑。

二、法院判决

云南省祥云县人民法院一审确认公诉机关所指控事实,认为被告人杨某亮、严某星、李某昌、杨某丽、朱某书、杨某银为首,因为本组的土地问题上访后,对镇、县、州各级政府的回复不满,召集本组群众采用堵路、堵幼儿园校车、在街道上封围铁丝网、阻止中心校和环卫工人恢复道路通行、拆毁刘厂老基建队、刘厂计生服务所等单位和个人的房屋,聚众制造事端,扰乱社会秩序,情节严重,6名被告人的行为均已构成聚众扰乱社会秩序罪,且属共同犯罪,应分别处罚。公诉机关指控被告人杨某亮、严某星、李某昌、杨某丽、朱某书、杨某银犯聚众扰乱社会秩序罪的事实清楚,证据确实、充分,定性准确,予以确认。被告人杨某亮、严某星在共同犯罪中不但积极参加,而且起组织、策划、指挥作用,系首要分子;被告人李某昌、杨某丽、朱某书、杨某银系积极参与者。各被告人自愿认罪,认罪态度较好;且当庭与被害人就民事赔偿达成协议,并支付清结,均可酌情对各被告人从轻处罚。各辩护人关于各被告人自愿认罪,认罪态度较好,积极赔偿被害人的经济损失,要求对各被告人从轻处罚的辩护意见,符合本案事实,予以采纳;其他辩护意见不予采纳。根据本案事实、情节及社会危害后果,依照《刑法》(1997年修订)第290条第1款、第25条第1款、第47条的规定,判决:(1)被告人杨某亮犯聚众扰乱社会秩序罪,判处有期徒刑5年;(2)被告人严某星犯聚众扰乱社会秩序罪,判处有期徒刑5年;(3)被告人李某昌犯聚众扰乱社会秩序罪,判处有期徒刑2年6个月;(4)被告人杨某丽犯聚众扰乱社会秩序罪,判处有期徒刑2年6个月；(5)被告人朱某书犯聚众扰乱社会秩序罪，判处有期徒刑2年6个月；(6)被告人杨某银犯聚众扰乱社会秩序罪，判处有期徒刑2年。

各被告人不服一审判决，认为原判认定事实不清，适用法律错误，量刑过重，向云南省大理白族自治州中级人民法院提出上诉，请求撤销原判并依法改判。云南省大理白族自治州中级人民法院二审确认一审法院所认定事实，认为上诉人(原审被告人)杨某亮、严某星、李某昌、杨某丽、朱某书、杨某银为首聚众采用堵路、堵幼儿园校车、在街道上封围铁丝网、阻止中心校和环卫工人恢复道路通行、强拆刘厂老基建队的房屋和刘厂计划生育服务中心的办公用房，聚众制造事端，扰乱社会秩序，情节严重，6名上诉人的行为均已构成聚众扰乱社会秩序罪，且属共同犯罪，应分别处罚。上诉人杨某亮、严某星在共同犯罪中起组织、策划、指挥作用，且积极参加，系首要分子；上诉人李某昌、杨某丽、朱某书、杨某银系积极参与者，应分别予以处罚。6名上诉人自愿认罪，认罪态度较好；积极赔偿被害人的经济损失，并支付清结，可酌情对6名上诉人从轻处罚。原判定性准确，审判程序合法。但根据本案实际，量刑过重，应予改判。上诉人杨某亮及其辩护人、严某星、李某昌及其辩护人、杨某丽及其辩护人、朱某书及其辩护人、杨某银及其辩护人提出自愿认罪，认罪态度较好，积极赔偿被害人的经济损失，量刑过重的上诉理由和辩护意见，符合本案事实及法律规定，予以采纳。其余上诉理由和辩护意见，与本案事实及法律规定不符，不予采纳。据此，判决：(1)维持云南省祥云县人民法院(2016)云2923刑初37号刑事判决中第1项至第6项的定性；撤销第1项至第6项的量刑；(2)上诉人(原审被告人)杨某亮犯聚众扰乱社会秩序罪，判处有期徒刑4年；(3)上诉人(原审被告人)严某星犯聚众扰乱社会秩序罪，判处有期徒刑4年；(4)上诉人(原审被告人)李某昌犯聚众扰乱社会秩序罪，判处有期徒刑1年6个月；(5)上诉人(原审被告人)

杨某丽犯聚众扰乱社会秩序罪，判处有期徒刑1年6个月；(6)上诉人(原审被告人)朱某书犯聚众扰乱社会秩序罪，判处有期徒刑1年6个月；(7)上诉人(原审被告人)杨某银犯聚众扰乱社会秩序罪，判处有期徒刑1年。

三、案例评析与理论延伸

本案系因村民对政府土地处理权属问题不满，聚众围堵街道造成工作、教学等无法顺利进行，社会秩序失衡而引起的刑事案件，主要涉及以下问题。

(一)教学秩序

良好的教学秩序是学校开展教学活动的前提，任何组织和个人不得非法干学校教学秩序。《教育法》(2021年修正)第72条规定，行为人有"结伙斗殴、寻衅滋事，扰乱学校及其他教育机构教育教学秩序"等行为，由公安机关给予治安管理处罚，构成犯罪的，依照刑法追究刑事责任。该条款中扰乱教学秩序的行为包括有关人员在教育场所内或周围聚众打架斗殴、在教师上课时闯入课堂干扰老师上课、骚扰学生以及将尸体放在学校及其他教育机构门口等，以致对教学秩序产生恶劣影响，教育场所关闭，正常教学无法展开。对于幼儿园的教学秩序，《幼儿园管理条例》(1989年公布)第25条也强调，"任何单位和个人不得干扰幼儿园正常的工作秩序"。

本案中，杨某亮、严某星等因不满大理州政府对土地权属的复核意见，为了"维护自身权益"拦截幼儿园校车、围堵幼儿园在内的道路，导致幼儿园长时间停学停课，无法正常教学，严重影响了幼儿园教学秩序和社会秩序。维权应采用正当手段，公民认为自身权益被侵犯时，应当保持冷静，通过合法途径解决问题，采取不正当手段亦是对他人权益的侵犯，即便有理也会变成无理，得不偿失。本案由于杨某亮、严某星等对政府处理土地问题不满发生，根据《土地管理法》(2004年修正)第14条及《行政复议法》(2017年修正)第30条,其可向人民法院起诉,用法律武器维护自身权益。

(二)聚众扰乱社会秩序罪的处罚

1. 聚众扰乱社会秩序罪的构成要件

本案中,法院认为6名被告人聚众采用堵路、堵幼儿园校车、在街道上封围铁丝网、阻止道路通行、强拆房屋,聚众制造事端,扰乱社会秩序,符合聚众扰乱社会秩序罪的情形,认定6名被告构成聚众扰乱社会秩序罪,分别对6名被告予以处罚。聚众扰乱社会秩序罪,是指行为人聚众扰乱社会秩序,致使工作、生产、营业等无法进行,情节严重,造成了严重损失。

判断犯罪人是否构成聚众扰乱社会秩序罪,主要看其行为是否符合聚众扰乱社会秩序罪的构成要件。聚众扰乱社会秩序罪的构成要件,主要有以下四个方面:首先,客体要件是社会秩序。因国家机关的正常秩序由聚众冲击国家机关罪予以保护,故本罪的社会秩序并不包括国家机关秩序,属于狭义的社会秩序范畴。其次,客观方面需要3人以上于同一时间、地点聚集对社会秩序进行干扰,情节严重导致工作、生产等无法顺利进行,造成工作停止、生产停止等严重后果等。扰乱社会秩序的行为不仅包括暴力性的非法闯入学校、工厂等场所、损坏财物等行为,还包括非暴力性的辱骂、散布谣言等行为。再次,主体是一般主体。虽然聚众扰乱社会秩序罪只处罚首要分子和积极参加者,不处罚一般人员,但不能认为本罪的犯罪主体具有特殊的身份。首要分子与积极参加者的身份不是行为人在实施犯罪之前就拥有的,而是在实施聚众扰乱社会秩序行为的过程产生的。最后,主观方面是故意。无论聚众者的动机如何,本罪要求聚众者出于共同的故意实施扰乱社会秩序的行为。可见,本案中,各被告人均符合聚众扰乱社会秩序罪的构成要件,法院判决正确。

2. 聚众扰乱社会秩序罪处罚

根据行为人在聚众扰乱社会秩序中的作用不同可以分为:首要分子、其他积极参加者、一般参加人员。依照《刑法》(2023 年修正) 第 97 条之规定，聚众犯罪中的首要分子在犯罪中起“组织、策划、指挥”的作用。其他积极参加者是首要分子之外，在犯罪活动中起主要作用的人。由于一般参加者的主观恶性和行为结果造成的损害并不严重，达不到刑法处罚的程度，因而一般将其处以行政处罚。其他积极参加者在犯罪中的危害程度不及首要分子大，故刑法对其他积极参与者给予较短的刑期。因此，在该案中，被公诉机关以首要分子身份起诉的被告人均辩解自己非首要分子，其目的就减轻处罚，缩短刑期。

四、主要法条链接

(一)《土地管理法》(2019 年修正)

第 14 条　土地所有权和使用权争议，由当事人协商解决；协商不成的，由人民政府处理。

单位之间的争议，由县级以上人民政府处理；个人之间、个人与单位之间的争议，由乡级人民政府或者县级以上人民政府处理。

当事人对有关人民政府的处理决定不服的，可以自接到处理决定通知之日起三十日内，向人民法院起诉。

在土地所有权和使用权争议解决前，任何一方不得改变土地利用现状。

(二)《行政复议法》(2023 年修订)

第 23 条　有下列情形之一的，申请人应当先向行政复议机关申请行政复议，对行政复议决定不服的，可以再依法向人民法院提起行政诉讼：

(一) 对当场作出的行政处罚决定不服；

(二) 对行政机关作出的侵犯其已经依法取得的自然资源的所有权或者使用权的决定不服；

(三) 认为行政机关存在本法第十一条规定的未履行法定职责情形；

（四）申请政府信息公开，行政机关不予公开；

（五）法律、行政法规规定应当先向行政复议机关申请行政复议的其他情形。

对前款规定的情形，行政机关在作出行政行为时应当告知公民、法人或者其他组织先向行政复议机关申请行政复议。

（三）《刑法》（2023 年修正）

第 290 条第 1 款、第 2 款　聚众扰乱社会秩序，情节严重，致使工作、生产、营业和教学、科研、医疗无法进行，造成严重损失的，对首要分子，处三年以上七年以下有期徒刑；对其他积极参加的，处三年以下有期徒刑、拘役、管制或者剥夺政治权利。

聚众冲击国家机关，致使国家机关工作无法进行，造成严重损失的，对首要分子，处五年以上十年以下有期徒刑；对其他积极参加的，处五年以下有期徒刑、拘役、管制或者剥夺政治权利。

（四）《教育法》（2021 年修正）

第 72 条　结伙斗殴、寻衅滋事，扰乱学校及其他教育机构教育教学秩序或者破坏校舍、场地及其他财产的，由公安机关给予治安管理处罚；构成犯罪的，依法追究刑事责任。

侵占学校及其他教育机构的校舍、场地及其他财产的，依法承担民事责任。

（五）《幼儿园管理条例》（1989 年公布）

第 25 条　任何单位和个人，不得侵占和破坏幼儿园园舍和设施，不得在幼儿园周围设置有危险、有污染或影响幼儿园采光的建筑和设施，不得干扰幼儿园正常的工作秩序。

第三章　义务教育

案例十三：家长不得以任意理由阻止适龄子女接受义务教育[1]

一、基本案情

被告周某某系适龄辍学学生郑某的监护人，被监护人郑某，属于义务教育的适龄少年，于2020年9月无故离校，依法应于2020年9月12日到校接受并完成义务教育，但至今未到校接受并完成义务教育。原告牛场镇人民政府依法向被告周某某送达《责令送监护人接受义务教育通知书》《限期复学通知书》《行政处罚决定书》《履行行政决定催告书》等相关法律文书后被告周某某仍未送被监护人郑某到校接受并完成义务教育。为此，原告某镇人民政府以被告周某某违反《义务教育法》(2018年修正)、《未成年人保护法》(2012年修正)为由，请求人民法院依法判令被告周某某立即送被监护人郑某到校接受并完成义务教育并由被告承担本案诉讼费。

二、法院判决

法院认为，被告周某某的被监护人郑某属适龄未成年人，被告周某某作

[1] 云南省镇雄人民法院民事判决书，云0627民初7616号。

为其监护人,未按法律规定及原告要求送被监护人郑某到镇雄县花山中学接受并完成义务教育,至今辍学未归校,属违法行为,理应承担继续履行监督郑某完成义务教育的民事责任和义务。根据原《民法总则》第176条、第179条,《未成年人保护法》(2012年修正)第2条、第13条,《教育法》(2015年修正)第19条,《义务教育法》(2018年修正)第4条、第5条、第11条之规定,判决如下:被告周某某于本判决生效后15日内将其被监护人郑某送花山中学接受并完成义务教育。

三、案例评析与理论延伸

教育脱贫是党和国家精准扶贫、精准脱贫的基本方略,而控辍保学则是阻断贫困代际传递的重要途径。

"控辍保学",顾名思义就是控制学生辍学、流失,保证义务教育阶段学生入学就读接受义务教育。义务教育,是指根据国家法律规定,由国家统一安排的,带有普及性和强制性的免费性学校教育,在我国属于基本制度之一,它是社会公平得以实现的根本,更是提升我国国民素质水平的重点。随着我国经济社会发展和人民生活水平的不断提高,人们越来越重视国民素质的提升和基础教育事业的健康可持续发展。接受义务教育,是一项基本的公民权利,实行义务教育,是我国政府的一项重要任务,支持国家实行义务教育是整个社会各界应承担的义务。根据《义务教育法》(2018年修正)第2条之规定,国家实行九年义务教育制度。义务教育是国家统一实施的所有适龄儿童、少年必须接受的教育,是国家必须予以保障的公益性事业。实施义务教育,不收学费、杂费。国家建立义务教育经费保障机制,保证义务教育制度实施。可见,义务教育具有公益性特点(即明确规定"不收学费、杂费"),也是国家保证义务教育能够广泛实行,保障适龄儿童到达年龄条件后能够及时接受义务教育,不因家庭经济情况而辍学的一项措施。

义务教育的对象是适龄儿童、少年，那么什么是适龄儿童、少年？根据《义务教育法》（2018年修正）第11条的规定，凡年满6周岁的儿童，其父母或者其他法定监护人应当送其入学接受并完成义务教育，条件不具备的地区的儿童，可以推迟到7周岁。适龄儿童、少年因身体状况需要延缓入学或者休学的，其父母或者其他法定监护人应当提出申请，由当地乡镇人民政府或者县级人民政府教育行政部门批准。由此可知，凡是年满6周岁的儿童，除特殊情况外，都是义务教育的对象。该条规定同样也说明义务教育具有普及性。普及性又称统一性，是义务教育的基本特征。它指要求全体适龄的儿童、少年，也包括具有接受教育能力的盲、聋、哑、智力障碍和肢残的儿童、少年，除特殊情况外，都必须入学接受义务教育，而且必须完成规定年限的义务教育。也就是说适龄儿童、少年不仅必须入学，而且还要完学。

义务教育除公益性和普及性外，还具有强制性和基础性的特点。强制性又称强迫性、义务性，是义务教育最本质的特征。它指义务教育由国家强制力保证推行和实施，且伴之以系统、完善的立法、执法和监督体系。义务教育的强制性还表现在任何违反义务教育法律规定，阻碍或破坏义务教育实施的行为，都应依法承担法律责任，受到强制性处罚或制裁。基础性，是指根据法律规定所有适龄儿童、少年都必须完成规定年限的教育，并接受基础知识、基本技能、基本方法和基本态度等方面的教育，这不仅是社会生产力发展的客观要求，而且是现代社会对每一个公民素质的最基本要求。义务教育的基础性表现在义务教育是一种全民性的教育，而不是英才教育。普及教育是人人有书读，义务教育是人人必须要读书。面向少数人的英才教育不是义务教育。人只有受到一定年限的基础教育，才有可能成为一个合格的公民。

上述案件主要是关于义务教育法律制度相关问题的。

（1）受教育权，是指公民的基本权利之一，由宪法确认和保障的公民受教育的权利。在我国,宪法确认公民有受教育的权利和义务,指公民有获得文化科学知识和不断提高思想觉悟、道德水平的权利,而且每个公民都必须按照法律要求,接受教育。宪法规定,国家培养青年、少年、儿童在品德、智力、体质等方面全面发展。国家充分保障公民享有这一权利,中华人民共和国公民有接受教育的权利,任何人不得对公民受教育的权利施加任何非法限制。从这一意义上来说,我国现行的九年制义务教育是一种普及性质的基础教育。根据《义务教育法》(2018 年修正)第 11 条的规定,6 岁以上是适龄入学年龄,适龄儿童、少年都有权接受九年义务教育。从这个意义上来说,我国的义务教育是以普及为主的,它既要保证每个人都能得到平等的受教育机会,又不能损害社会成员的基本利益。这一规定反映出义务教育的普及性。未满 6 周岁的未成年人也应当享有同等的受教育权。所谓普及性,是指适龄儿童和少年,凡满 6 周岁者,他的父母或他的法定监护人应将他送入学校,接受和完成他的义务教育;此外还应该包括"有特殊困难的未成年人也应参加学习"。没有条件的区域,可延至 7 周岁。若适龄儿童由于特殊原因需延迟入学或休学的,应当由父母或者其他监护人提出申请,由当地乡镇人民政府或者县级人民政府教育行政部门批准,除按法律规定有缓学、入学的特殊原因外,均须入校受教,完成学业,达到指定年限。由此可知,接受义务教育是适龄儿童的一项基本权利,任何人不得横加干涉或者阻挠适龄儿童行使这项权利,社会各界和适龄儿童的监护人有义务保障适龄儿童行使这项基本权利。在上述案件中,郑某作为适龄儿童,接受义务教育既是他的合法权利,也是他应尽的义务。

(2)适龄儿童和少年的家长或其他监护人有责任为其提供接受义务教育的保障,适龄儿童、少年有义务获得义务教育。义务教育的强制性特点,是指义务教育不仅是适龄儿童、少年拥有的权利,更是他们所必须承担的责任。《义务教育法》规定的义务教育权,应是国家、社会、学校与家庭切实提供有效的保证。

首先，政府在执行该制度方面负有重大保障义务。各级人民政府在其行政区划内，要严格按照法律规定实施义务教育，并应当根据法律规定为所在区划内家庭经济困难或有其他困难的家庭提供一定程度的帮助，依法保障适龄儿童能够接受义务教育。同时，也要在本行政区划内，合理设置学校，最大限度地方便学生就近就读；确保教学条件的完善，不因教学设施的缺损导致学生难以完成义务教育。《义务教育法》(2018 年修正)第 5 条第 4 款规定："社会组织和个人应当为适龄儿童、少年接受义务教育创造良好的环境。"如不干扰教学秩序、不招收学生工作等，社会各界都要针对适龄儿童、少年，为其提供良好条件，与政府合力为接受义务教育有困难的家庭提供帮助，也要做到不干扰学校的正常教学秩序，不破坏学校正常的教学活动。《教育法》(2021 年修正)亦对此作出了规定。

其次，学校应为适龄儿童、少年接受义务教育提供教学保障。在法律所规定的义务教育中，学校是义务教育的主要主体，《义务教育法》(2018 年修正)要求学校"应当按照规定标准完成教育教学任务，保证教育教学质量"，如依法接纳适龄儿童入学，不得无理拒绝提供教学保障，不得侵犯学生的合法人身权利。

最后，家长或其他监护人有基本义务维护适龄被监护人的义务教育权。依照《义务教育法》(2018 年修正)和《未成年人保护法》(2024 年修正)的规定，未成年人的父母或者其他法定监护人，应当依法保障适龄儿童"按时上学接受和完成义务教育"。家长应当尊重未成年子女的教育权，一定要将适龄的未成年的孩子送入学校并督促他们、确保其在规定年限内接受义务教育，不得以家庭为由，授意在学校接受义务教育的适龄子女或被监护人中途退学以致失学。为了推动家庭落实义务教育的有关义务，法律也对其法律责任作出明确规定，对适龄儿童来说，在没有正当理由的情况下，家长或其他法定监护人没有根据法律规定送适龄儿童、少年入学接受义务教育，应受到所在地乡镇人民政府或县级人民政府教育行政部门的批评教育，并被责令限期整改。上述案件中，监护人不仅没有帮助被监护人接受义务教育，相反，在学校、政府的多次提醒下仍然没有将被监护人送去学校接受义务教育，应当承担法律责任。

四、主要法条链接

（一）《未成年人保护法》（2024 年修正）

第 2 条　本法所称未成年人是指未满十八周岁的公民。

第 16 条　未成年人的父母或者其他监护人应当履行下列监护职责：（一）……（五）尊重未成年人受教育的权利，保障适龄未成年人依法接受并完成义务教育……

（二）《教育法》（2021 年修正）

第 19 条　国家实行九年制义务教育制度。

各级人民政府采取各种措施保障适龄儿童、少年就学。

适龄儿童、少年的父母或者其他监护人以及有关社会组织和个人有义务使适龄儿童、少年接受并完成规定年限的义务教育。

（三）《义务教育法》（2018 年修正）

第 2 条　国家实行九年义务教育制度。义务教育是国家统一实施的所有适龄儿童、少年必须接受的教育，是国家必须予以保障的公益性事业。

第 4 条　凡具有中华人民共和国国籍的适龄儿童、少年，不分性别、民族、种族、家庭财产状况、宗教信仰等，依法享有平等接受义务教育的权利，并履行接受义务教育的义务。

第 5 条　各级人民政府及其有关部门应当履行本法规定的各项职责，保障适龄儿童、少年接受义务教育的权利。

适龄儿童、少年的父母或者其他法定监护人应当依法保证其按时入学接受并完成义务教育。

依法实施义务教育的学校应当按照规定标准完成教育教学任务，保证教育教学质量。

社会组织和个人应当为适龄儿童、少年接受义务教育创造良好的环境。

第11条　凡年满六周岁的儿童，其父母或者其他法定监护人应当送其入学接受并完成义务教育；条件不具备的地区的儿童，可以推迟到七周岁。

适龄儿童、少年因身体状况需要延缓入学或者休学的，其父母或者其他法定监护人应当提出申请，由当地乡镇人民政府或者县级人民政府教育行政部门批准。

案例十四：在校学生发生安全事故中的学校民事责任的认定[1]

一、基本案情

2021年11月9日早7时50分许，7岁的时某某与李某某在某县某小学教室玩耍，李某某在后背搂抱时某某，致时某某摔倒在地上牙齿被磕伤，中午放学后时某某母亲发现孩子受伤，与班主任沟通后得知此事，随即带孩子去医院治疗。后经过相关鉴定机构的鉴定，时某某受伤的牙齿还需后续治疗，综合计算各类费用2万元。对于责任承担问题，双方在多次沟通未果后，学校于2022年1月、4月两次组织协调处理，仍未达成一致处理意见，随后时某某的法定代理人杨某某将李某某的父亲李某虎及学校起诉至某县人民法院。

---

〔1〕“时某某诉某小学人身赔偿案”，陕西省宝鸡市麟游县法院（2022）陕0329民初245号民事判决书。

法院受理案件后，学校辩称班主任老师在时某某受伤后，随即查看学生伤情，当时时某某的牙齿并未出现流血、剧痛等情况，在治疗期间，班主任老师多次询问孩子的健康情况，并积极居中促成双方协商解决，已经尽到了应尽的义务，不存在过错，亦不承担赔偿义务。

二、法院判决

法院经审理认为，根据《民法典》的相关规定，时某某与李某某均系无民事行为能力人，学校在学生在校期间，应该积极履行教育管理职责，但学校疏于监管、未尽到充分注意义务，致使损害发生，且在事故发生后未及时妥善地进行有效处置，存在一定过错，因而判决学校承担60%的赔偿责任；被告李某虎、原告时某某的法定代理人分别承担20%的赔偿责任。最终，法院判决学校、李某虎赔偿时某某医疗费、后期治疗费、护理费、交通费、鉴定费。判后三方均表示服判息诉，案件得以公正化解。

三、案例评析与理论延伸

校园安全管理是一项极为重要的工作，学校是国家设立的培养社会主义建设人才的事业单位，是青年学习与成长的地方。学校的治安状况直接影响事业的发展和师生员工的切身利益，务必十分重视，严肃对待。每个师生员工都应学会和使用恰当的方式防范校园内可能出现的各种意外事故，以保证个人、集体的利益不受侵害，保证校园和国家的财产不受损害，校园安全主要有8类：(1)交通安全；(2)饮食安全；(3)用电安全；(4)宿舍安全；(5)体育课、实验课安全；(6)日常行为安全；(7)集体活动安全；(8)心理健康安全。为了确保在校学生安全，学校要建立和完善安全保障制度，对未履行安全保障义务的学校，导致学生在校内遭受人身和财产损害，学校应当承担相应责任。在我国目前的法律框架下，校园安全责任制度已经较完善。

上述案例涉及的问题就是校园的安全责任制度，其主要内容如下。

1. 根据《义务教育法》(2018 年修正)第 17 条、第 24 条的规定，负有提供义务教育义务的学校应当注重保障学校内学生的安全，根据县级人民政府的安排实行寄宿制的学校，应当保障寄宿学生的安全。实行寄宿制的义务教育院校应当注重完善学校的安全保障机制和安全应急机制，应切实有效地保障住宿学生的人身安全。学校应实行社会综合治理安全目标责任制。以校长为学校第一责任人，每学期初与区教育局签订安全工作责任状。建立安全工作例会制度，由校长主持，每月召开一次安全工作专题会议，认真分析学校的安全形势，明确工作重点，研究防范措施，布置有关安全保卫工作。同时，对教职工进行系统的安全知识培训，每月一次，从学校实际出发，根据不同季节、气候、地域特点对学生进行安全教育。对学生进行形式多样的德育和法制安全教育，充分发挥黑板报，宣传窗(档)的宣传作用；向学生家长、社会宣传有关安全方面的法律制度和知识。建立学校安全月检查制度，定期进行全校性的安全保卫工作检查，对学校及周边环境安全情况进行全方位的检查，对校舍安全、消防安全、交通安全等进行重点检查，不留死角，同时将检查情况进行详细记录。

2. 在校学生受到伤害学校承担的责任是过错责任。《民法典》第 1199 条规定："无民事行为能力人在幼儿园、学校或者其他教育机构学习、生活期间受到人身损害的，幼儿园、学校或者其他教育机构应当承担侵权责任；但是，能够证明尽到教育、管理职责的，不承担侵权责任。"第 1200 条规定，"限制民事行为能力人在学校或者其他教育机构学习、生活期间受到人身损害，学校或者其他教育机构未尽到教育、管理职责的，应当承担侵权责任"。第 1201 条规定，"无民事行为能力人或者限制民事行为能力人在幼儿园、学校或者其他教育机构学习、生活期间，受到幼儿园、学校或者其他教育机构以外的第三人人身损害的，由第三人承担侵权责任；幼儿园、学校或者其他教育机构未尽到管理职责的,承担相应的补充责任。幼儿园、学校或者其他教育机构承担补充责任后,可以向第三人追偿”。法律明确规定了学校在限制民事行为能力人的校园伤害事故中的过错责任原则,并强调学校或其他教育机构承担责任的过错要件为“未尽到教育、管理职责”,即要求受到校园伤害的限制民事行为能力人举证证明学校未尽到足够的注意义务,未充分履行其教育、管理、保护的职责。具体方面根据《学生伤害事故处理办法》(2010 年修正)第 9 条,因下列情形之一造成的学生伤害事故,学校应当依法承担相应的责任:(1)学校的校舍、场地、其他公共设施,以及学校提供给学生使用的学具、教育教学和生活设施、设备不符合国家规定的标准,或者有明显不安全因素的;(2)学校的安全保卫、消防、设施设备管理等安全管理制度有明显疏漏,或者管理混乱,存在重大安全隐患,而未及时采取措施的;(3)学校向学生提供的药品、食品、饮用水等不符合国家或者行业的有关标准、要求的;(4)学校组织学生参加教育教学活动或者校外活动,未对学生进行相应的安全教育,并未在可预见的范围内采取必要的安全措施的;(5)学校知道教师或者其他工作人员患有不适宜担任教育教学工作的疾病,但未采取必要措施的;(6)学校违反有关规定,组织或者安排未成年学生从事不宜未成年人参加的劳动、体育运动或者其他活动的;(7)学生有特异体质或者特定疾病,不宜参加某种教育教学活动,学校知道或者应当知道,但未予以必要的注意的;(8)学生在校期间突发疾病或者受到伤害,学校发现,但未根据实际情况及时采取相应措施,导致不良后果加重的;(9)学校教师或者其他工作人员体罚或者变相体罚学生,或者在履行职责过程中违反工作要求、操作规程、职业道德或者其他有关规定的;(10)学校教师或者其他工作人员在负有组织、管理未成年学生的职责期间,发现学生行为具有危险性,但未进行必要的管理、告诫或者制止的;(11)对未成年学生擅自离校等与学生人身安全直接相关的信息,学校发现或者知道,但未及时告知未成年学生的监护人,导致未成年学生因脱离监护人的保护而发生伤害的;(12)学校有未依法履行职责的其他情形的。可见,学校应当健全和完善校内安全管理制度和安全应急机制,对学生进行课间活动安全教育、教室活动安全教育、交通安全教育等校园安全教育,也要对校园职工进行校园安全教育。学生在学校发生安全事故时,需要学校就并未疏于教育、疏于管理、疏于保护、疏于控制监督四个方面提出证据,加以证明。对于限制民事行为能力的学生在校学习、生活期间受到的人身损害和第三人责任引发的学生人身损害,应适用过错责任原则。过错责任原则是确定校园伤害事故学校民事责任最主要的归责原则,适用过错责任原则是由中小学与未成年学生之间存在的教育、管理和保护关系决定的。

3. 根据《学生伤害事故处理办法》(2010 年修正)第 28 条,未成年学生对学生伤害事故负有责任的,由其监护人依法承担相应的赔偿责任。学生的行为侵害学校教师及其他工作人员以及其他组织、个人的合法权益,造成损失的,成年学生或者未成年学生的监护人应当依法予以赔偿以及原《侵权责任法》第 26 条[1]规定:"被侵权人对损害的发生也有过错的,可以减轻侵权人的责任。"未成年学生在校期间发生安全事故,学校对学生的责任是保护职责并不是监护职责,监护权并未转移到学校身上,未成年人的监护权依然在监护人身上,学校对学生负有教育、管理和保护的义务,但不存在监护义务,在确定赔偿责任时,要根据责任人主观的过错对事故的发生有无因果关系,确定是否应当承担责任,要根据责任人主观的过错对事故的发生所起作用的大小,确定应当承担责任的大小。无民事行为能力人、限制民事行为能力人造成他人损害的,由监护人承担民事责任。中小学校不是未成年学生的监护人,其不承担监护责任。未成年学生在学校受到的人身伤害属一般侵权行为,承担该行为引发的损害赔偿责任的前提必须是责任主体有过

[1] 《民法典》第 1173 条。

错,即只有在学校有过错的情况下才须承担责任,过错越大承担的责任越大,学校若无过错则无须承担任何责任。

4. 校园安全事故的赔偿范围。学生遭受校园安全事故可以获得赔偿的范围,在司法实践中,主要根据《民法典》和最高人民法院《关于审理人身损害赔偿案件适用法律若干问题的解释》予以确定。《民法典》第 1179 条规定,侵害他人造成人身损害的,应当赔偿医疗费、护理费、交通费、营养费、住院伙食补助费等为治疗和康复支出的合理费用,以及因误工减少的收入。造成残疾的,还应当赔偿残疾生活辅助具费和残疾赔偿金。造成死亡的,还应当赔偿丧葬费和死亡赔偿金。最高人民法院《关于审理人身损害赔偿案件适用法律若干问题的解释》从指导法院审判的角度对人身损害赔偿计算方法进行了规定:受害人遭受人身损害,因就医治疗支出的各项费用以及因误工减少的收入,包括医疗费、误工费、护理费、交通费、住宿费、住院伙食补助费、必要的营养费,赔偿义务人应当予以赔偿。

5. 在本案中,李某某作为无民事行为能力人,无法预见自己的行为所产生的结果也就是无法预见自己行为的危险性,学校缺乏对学生的安全管理,对李某某的管理不到位,有失当之处,对时某某的人身伤害具有一定的过错。因此法院判决学校承担 60% 的赔偿责任是正确的。未成年人在校期间,监护人仍负有监护责任,根据《学生伤害事故处理办法》(2010 年修正)第 28 条的规定,未成年学生对学生伤害事故负有责任的,由其监护人依法承担相应的赔偿责任。学生的行为侵害学校教师及其他工作人员以及其他组织、个人的合法权益,造成损失的,成年学生或者未成年学生的监护人应当依法予以赔偿。

四、主要法条链接

(一)《民法典》

第 1179 条　侵害他人造成人身损害的,应当赔偿医疗费、护理费、交通费、营养费、住院伙食补助费等为治疗和康复支出的合理费用,以及因误工减少的收入。造成残疾的,还应当赔偿辅助器具费和残疾赔偿金;造成死亡的,还应当赔偿丧葬费和死亡赔偿金。

第1199条　无民事行为能力人在幼儿园、学校或者其他教育机构学习、生活期间受到人身损害的,幼儿园、学校或者其他教育机构应当承担侵权责任;但是,能够证明尽到教育、管理职责的,不承担侵权责任。

第1200条　限制民事行为能力人在学校或者其他教育机构学习、生活期间受到人身损害,学校或者其他教育机构未尽到教育、管理职责的,应当承担侵权责任。

第1201条　无民事行为能力人或者限制民事行为能力人在幼儿园、学校或者其他教育机构学习、生活期间,受到幼儿园、学校或者其他教育机构以外的第三人人身损害的,由第三人承担侵权责任;幼儿园、学校或者其他教育机构未尽到管理职责的,承担相应的补充责任。幼儿园、学校或者其他教育机构承担补充责任后,可以向第三人追偿。

(二)《义务教育法》(2018年修正)

第17条　县级人民政府根据需要设置寄宿制学校,保障居住分散的适龄儿童、少年入学接受义务教育。

第24条　学校应当建立、健全安全制度和应急机制,对学生进行安全教育,加强管理,及时消除隐患,预防发生事故。

(三)《保险法》(2015年修正)

第46条　被保险人因第三者的行为而发生死亡、伤残或者疾病等保险事故的,保险人向被保险人或者受益人给付保险金后,不享有向第三者追偿的权利,但被保险人或者受益人仍有权向第三者请求赔偿。

(四)《学生伤害事故处理办法》(2010年修正)

第9条　因下列情形之一造成的学生伤害事故,学校应当依法承担相应的责任：

（一）学校的校舍、场地、其他公共设施，以及学校提供给学生使用的学具、教育教学和生活设施、设备不符合国家规定的标准，或者有明显不安全因素的；

（二）学校的安全保卫、消防、设施设备管理等安全管理制度有明显疏漏，或者管理混乱，存在重大安全隐患，而未及时采取措施的；

（三）学校向学生提供的药品、食品、饮用水等不符合国家或者行业的有关标准、要求的；

（四）学校组织学生参加教育教学活动或者校外活动，未对学生进行相应的安全教育，并未在可预见的范围内采取必要的安全措施的；

（五）学校知道教师或者其他工作人员患有不适宜担任教育教学工作的疾病，但未采取必要措施的；

（六）学校违反有关规定，组织或者安排未成年学生从事不宜未成年人参加的劳动、体育运动或者其他活动的；

（七）学生有特异体质或者特定疾病，不宜参加某种教育教学活动，学校知道或者应当知道，但未予以必要的注意的；

（八）学生在校期间突发疾病或者受到伤害，学校发现，但未根据实际情况及时采取相应措施，导致不良后果加重的；

（九）学校教师或者其他工作人员体罚或者变相体罚学生，或者在履行职责过程中违反工作要求、操作规程、职业道德或者其他有关规定的；

（十）学校教师或者其他工作人员在负有组织、管理未成年学生的职责期间，发现学生行为具有危险性，但未进行必要的管理、告诫或者制止的；

（十一）对未成年学生擅自离校等与学生人身安全直接相关的信息，学校发现或者知道，但未及时告知未成年学生的监护人，导致未成年学生因脱离监护人的保护而发生伤害的；

（十二）学校有未依法履行职责的其他情形的。

第10条　学生或者未成年学生监护人由于过错，有下列情形之一，造成学生伤害事故，应当依法承担相应的责任：

（一）学生违反法律法规的规定，违反社会公共行为准则、学校的规章制度或者纪律，实施按其年龄和认知能力应当知道具有危险或者可能危及他人的行为的；

（二）学生行为具有危险性，学校、教师已经告诫、纠正，但学生不听劝阻、拒不改正的；

（三）学生或者其监护人知道学生有特异体质，或者患有特定疾病，但未告知学校的；

（四）未成年学生的身体状况、行为、情绪等有异常情况，监护人知道或者已被学校告知，但未履行相应监护职责的；

（五）学生或者未成年学生监护人有其他过错的。

第28条　未成年学生对学生伤害事故负有责任的，由其监护人依法承担相应的赔偿责任。

学生的行为侵害学校教师及其他工作人员以及其他组织、个人的合法权益，造成损失的，成年学生或者未成年学生的监护人应当依法予以赔偿。

（五）最高人民法院《关于审理人身损害赔偿案件适用法律若干问题的解释》（2020年修正）

第6条　医疗费根据医疗机构出具的医药费、住院费等收款凭证，结合病历和诊断证明等相关证据确定。赔偿义务人对治疗的必要性和合理性有异议的，应当承担相应的举证责任。

医疗费的赔偿数额，按照一审法庭辩论终结前实际发生的数额确定。器官功能恢复训练所必要的康复费、适当的整容费以及其他后续治疗费，赔偿权利人可以待实际发生后另行起诉。但根据医疗证明或者鉴定意见确定必然发生的费用,可以与已经发生的医疗费一并予以赔偿。

第8条 护理费根据护理人员的收入状况和护理人数、护理期限确定。

护理人员有收入的,参照误工费的规定计算;护理人员没有收入或者雇佣护工的,参照当地护工从事同等级别护理的劳务报酬标准计算。护理人员原则上为一人,但医疗机构或者鉴定机构有明确意见的,可以参照确定护理人员人数。

护理期限应计算至受害人恢复生活自理能力时止。受害人因残疾不能恢复生活自理能力的,可以根据其年龄、健康状况等因素确定合理的护理期限,但最长不超过二十年。

受害人定残后的护理,应当根据其护理依赖程度并结合配制残疾辅助器具的情况确定护理级别。

第9条 交通费根据受害人及其必要的陪护人员因就医或者转院治疗实际发生的费用计算。交通费应当以正式票据为凭;有关凭据应当与就医地点、时间、人数、次数相符合。

案例十五:对公民义务教育阶段受教育权的理解[1]

一、基本案情

《某大学区义务教育阶段学校积分入学办法(修订稿)》(以下简称《某大学区积分入学办法(修订稿)》)规定,市卫生计生部门对申请入学儿童家庭的计划生育信息核验结果分为4类:独生子女积90分,政策内或全面二孩积60分,政策外但已接受处理积30分,政策外未接受处理或数据有误积0分。由于该规定,原告胡某的学位积分为61分,于2019年6月被第二志愿

〔1〕“胡某诉某教育局案”,广东省深圳市盐田区人民法院(2019)粤0308行初2330号行政一审判决书。

S 市某大学区 A 实验学校初中部（以下简称 A 学校）录取，而其第一志愿 B 中学初中部录取积分的要求为 71 分。原告父亲称其购置房产位于 B 中学初中部的招生范围，并已于 2019 年 5 月按被告规定登入报名，如果原告与独生子女同享 90 分，则超过 B 中学初中部 71 分录取线，将被 B 中学初中部录取。原告父亲认为，B 中学初中部教学质量更优秀，原告系原告父亲的第一个子女，实施计划生育行为的主体是原告父母，原告由于“全面二孩 60 分，独生子女 90 分”政策未能被 B 中学初中部录取，独生子女额外加分原则导致二孩家庭第一个孩子在学位竞争过程中受到影响，有违教育公平性原则。据此，原告请求：(1) 要求被告撤销将原告学位分配至 A 学校的行为，重新核定原告的学位积分，调整原告学位到 B 中学初中部；(2) 审查被告出具的《某大学区积分入学办法（修订稿）》中关于“独生子女积 90 分、政策内或全面二孩积 60 分，政策外但已接受处理积 30 分，政策外未接受处理或数据有误积 0 分”的规定；(3) 诉讼费用由被告承担。

被告 S 市某大学区教育局辩称：首先，被告没有实施“将原告分配至 A 学校的行为”，被告主体不适格，请求法院依法驳回原告的起诉。其次，被告制定《某大学区积分入学办法（修订稿）》属其法定职权范围，根据《教育法》《义务教育法》的相关规定，被告具有主管某大学区教育行政管理工作的职权。《义务教育法》及相关法律法规均没有对义务教育入学积分作出具体规定，《某大学区积分入学办法（修订稿）》未与上位法的规定相抵触，也未减损公民的合法权益。被告根据上级文件要求及本辖区的学位状况，规范统一的积分入学政策，恰恰是为了保障适龄儿童、少年公平接受教育，也不存在严重违反制定程序的情形，不存在任何违法和不当之处。最后，原告未失去受教育权，其合法权益并未受到损害。我国宪法及义务教育法保护的是公民的平等受教育权，但并不保证每个公民一定能进入其想要的学校。原告要求的并非平等的受教育权，而是要求被告保障其特定学校学位的优先权，被告并无该项法定义务。原告已经被 A 学校录取,其义务教育权得到了保障,合法权益未受损害,依法应驳回其起诉。

二、法院判决

法院认为,将原告分流至 A 学校的行为不是被告实施的,原告被 A 学校录取的行为是学校作出的,并非被告,原告起诉被告属主体不适格。《某大学区积分入学办法(修订稿)》对独生子女和政策内或全面二孩分别予以 90 分和 60 分积分,是落实《人口与计划生育法》《广东省人口与计划生育条例》对生育独生子女夫妻的相关奖励规定,对其子女入学在同等条件下予以优先照顾,具有明确的上位法依据,也并未违反"受教育者依法享有平等的受教育机会"的原则。原告关于独生子女积分和政策内或全面二孩积分的规定与上位法相抵触的主张不成立,并且《某大学区积分入学办法(修订稿)》履行了相应的批准和发布程序。法院对《某大学区积分入学办法(修订稿)》第 3 条中有关独生子女积分和政策内或全面二孩积分规定的合法性予以确认,该规定可以作为被告安排学位的积分依据。原告符合"政策内或全面二孩"一项,被告依据《某大学区积分入学办法(修订稿)》的规定,验核原告计生积分为 60 分,总积分 61 分,准确无误。依据积分规则将原告分流到第二志愿 A 学校录取的行为合法。

综上,原告要求调整积分并重新分配学位至 B 中学的诉讼请求缺乏事实和法律依据,法院不予支持。依照《行政诉讼法》(2017 年修正)第 69 条之规定,判决如下:驳回原告胡某的诉讼请求;案件受理费人民币 50 元由原告胡某负担。

三、案例评析与理论延伸

义务教育是教育工作的重中之重,党的二十大报告中提出:"加快义务教育优质均衡发展和城乡一体化，优化区域教育资源配置，强化学前教育、特殊教育普惠发展，坚持高中阶段学校多样化发展，完善覆盖全学段学生资助体系。”[1]推动义务教育优质发展，保障适龄儿童的受教育权，必须始终坚持以法治精神推进义务教育发展。上述案件系因原告与其监护人对教育局制定的入学政策及作出的分流行为不满而引发的教育行政纠纷，其中涉及的主要法律问题如下。

（一）我国的义务教育受教育权

受教育权，是公民接受教育的权利和义务，是宪法规定的公民的基本权利，是公民在受教育方面可以作为或者不作为，以及要求他人为其受教育权而作为或不作为的能力和资格。在我国，公民受教育权具有权利义务的双重属性。义务教育受教育权，是公民依法享有国家提供的均等、免费的受教育条件和机会，以获得平等的生存和发展机会的基本权利，是一项基本人权。

《宪法》明确规定了受教育权是公民的一项基本权利。我国现行《宪法》（2018 年修正）第 46 条规定：“中华人民共和国公民有受教育的权利和义务。国家培养青年、少年、儿童在品德、智力、体质等方面全面发展。”我国《教育法》《义务教育法》《未成年人保护法》等相关的法律法规中也规定了义务教育受教育权。《义务教育法》（2018 年修正）第 4 条规定：“凡具有中华人民共和国国籍的适龄儿童、少年，不分性别、民族、种族、家庭财产状况、宗教信仰等，依法享有平等接受义务教育的权利，并履行接受义务教育的义务。”第 5 条第 1 款、第 2 款规定：“各级人民政府及其有关部门应当履行本法规定的各项职责，保障适龄儿童、少年接受义务教育的权利。适龄儿童、少年的父母或者其他法定监护人应当依法保证其按时入学接受并完成义务教育。”故

---

〔1〕 习近平：《高举中国特色社会主义伟大旗帜　为全面建设社会主义现代化国家而团结奋斗——在中国共产党第二十次全国代表大会上的报告》，人民出版社 2002 年版，第 34 页。

而，义务教育受教育权是我国适龄儿童、少年所享有的一项重要的基本权利。

我国义务教育阶段公民受教育权的内容，具体有以下几个方面。第一，我国义务教育受教育权是一种复合权利，[1]即公民有受教育的权利，也有受教育的义务，前者是从公民个人发展来看，后者是从国家和民族的未来出发。故而我国义务教育阶段公民受教育权具有强制性。第二，义务教育受教育权的实现，有以下阶段：从受教育权的起点上看，国家要保障公民入学机会的获得；从受教育权的过程来看，要保障公民在学习阶段的条件和身份；从受教育权的结果来看，要最终达到受教育的目的或目标。这意味着公民在义务教育阶段有入学接受学校教育的权利，国家、社会、家庭和学校应当保护公民的该项权利；国家必须向公民提供学校教育的机会和条件，公民也可以自主选择受教育的机会和形式；公民在义务教育阶段要接受一定的教育，该阶段结束时要达到国家规定的义务教育目标，这是公民受教育义务的体现。第三，公民享有平等的受教育权，其内涵外延包括公民接受义务教育的机会平等和有权享受均衡优质的义务教育条件。但是，接受义务教育的平等机会存在形式意义上的平等和实质意义上的平等。形式意义上的平等即人人都有接受教育的机会，实质意义上的平等意味着公民有权平等选择优质学校就读。我国目前已全面实现公民受教育权的形式意义上的平等，但是，由于区域等因素限制，仍难以满足公民自由择校和均等享有优质教学资源的需求。

（二）我国的义务教育管理体制

我国《义务教育法》（2018 年修正）第 7 条第 1 款规定，义务教育实行国务院领导，省、自治区、直辖市人民政府统筹规划实施，县级人民政府为主管

---

〔1〕 参见申素平、陈梓健：《权利还是义务：义务教育阶段受教育权性质的再解读》，载《北京大学教育评论》2018 年第 2 期。

理的体制。其突出了省级政府的统筹力度和统筹权力，并规定了各级政府对义务教育的管理责任，强调地方负责、分级管理的管理体制。该条第 2 款规定，县级以上人民政府教育行政部门具体负责义务教育实施工作；县级以上人民政府其他有关部门在各自的职责范围内负责义务教育实施工作，该款强调以县为主的义务教育管理体制。

根据《义务教育法》(2018 年修正)第 7 条第 2 款的规定，县级以上人民政府教育行政部门是具体负责义务教育实施工作的职能部门，有权负责本行政辖区内义务教育招生入学工作。故而，上述案例中被告有权负责义务教育新生招生工作的组织和管理工作。该案中被告 S 市某大学区教育局作为辖区内的教育行政部门，也有权具体制定积分入学规则，并根据该规则最终确认适龄儿童的义务教育就读资格，这是其对辖区内的中学新生入学招生进行管理和规范，是其依法行使教育行政管理的体现。并且，其制定的《某大学区积分入学办法(修订稿)》是依据《人口与计划生育法》《广东省人口与计划生育条例》和 S 市教育局发布的《S 市教育局关于义务教育公办学校试行积分入学办法的指导意见》的规定，按照义务教育招生政策规定，结合本区实际，科学合理地设置积分项目、标准和分值，并根据积分情况统一安排学位，与上位法并不抵触。此外，该案对被告是否侵犯公民平等受教育权也存在争议，我国公民在义务教育阶段享有平等的受教育权，这种平等的受教育权指的是受教育的机会平等，是对基本受教育权的保障。我国给予公民平等的受教育机会，但是受教育权的平等，存在年龄、地区、个人能力等方面的限制或差异。故其对本辖区内学生根据其制定的入学办法，依法实施分流，并未使原告失去接受基础义务教育的平等机会，故不应认定为被告侵犯了原告义务教育阶段的平等受教育权。

四、主要法条链接

(一)《宪法》(2018 年修正)

第 46 条　中华人民共和国公民有受教育的权利和义务。

国家培养青年、少年、儿童在品德、智力、体质等方面全面发展。

(二)《教育法》(2021 年修正)

第 14 条　国务院和地方各级人民政府根据分级管理、分工负责的原则，领导和管理教育工作。

中等及中等以下教育在国务院领导下，由地方人民政府管理。

高等教育由国务院和省、自治区、直辖市人民政府管理。

第 19 条　国家实行九年制义务教育制度。

各级人民政府采取各种措施保障适龄儿童、少年就学。

适龄儿童、少年的父母或者其他监护人以及有关社会组织和个人有义务使适龄儿童、少年接受并完成规定年限的义务教育。

(三)《义务教育法》(2018 年修正)

第 4 条　凡具有中华人民共和国国籍的适龄儿童、少年，不分性别、民族、种族、家庭财产状况、宗教信仰等，依法享有平等接受义务教育的权利，并履行接受义务教育的义务。

第 5 条　各级人民政府及其有关部门应当履行本法规定的各项职责，保障适龄儿童、少年接受义务教育的权利。

适龄儿童、少年的父母或者其他法定监护人应当依法保证其按时入学接受并完成义务教育。

依法实施义务教育的学校应当按照规定标准完成教育教学任务，保证教育教学质量。

社会组织和个人应当为适龄儿童、少年接受义务教育创造良好的环境。

第7条　义务教育实行国务院领导，省、自治区、直辖市人民政府统筹规划实施，县级人民政府为主管理的体制。

县级以上人民政府教育行政部门具体负责义务教育实施工作；县级以上人民政府其他有关部门在各自的职责范围内负责义务教育实施工作。

（四）《人口与计划生育法》（2021年修正）

第31条　在国家提倡一对夫妻生育一个子女期间，自愿终身只生育一个子女的夫妻，国家发给《独生子女父母光荣证》。

获得《独生子女父母光荣证》的夫妻，按照国家和省、自治区、直辖市有关规定享受独生子女父母奖励。

法律法规或者规章规定给予获得《独生子女父母光荣证》的夫妻奖励的措施中由其所在单位落实的，有关单位应当执行。

在国家提倡一对夫妻生育一个子女期间，按照规定应当享受计划生育家庭老年人奖励扶助的，继续享受相关奖励扶助，并在老年人福利、养老服务等方面给予必要的优先和照顾。

第四章　高等教育

案例十六：高校对学生作出的处分决定应当程序正当[1]

一、基本案情

原告谭某系某大学音乐学院音乐专业(师范)2009级本科生。其在校期间频繁无故旷课,多门学科考试成绩不合格。谭某大一第一学期的期末考试成绩中仅有"军训和军事理论Ⅰ"科目不合格。大一第二学期开始,谭某无故不参加所修科目的期末考试。其仅参加的"大学语文""乐理与视唱练耳B"等少数科目中仅有"大学语文"考试成绩合格。后虽对部分科目进行补考,但仍有数门课程考试成绩不合格。

2010年8月30日,谭某的班主任张老师打电话告诉谭某父亲,称谭某长期无故旷课并且近10门课程未参加考试,可能会受到严厉惩处。随后,谭某及其父母多次找到学校的相关部门认识错误,希望能够从轻处理。

2010年9月28日,某大学未经过校长会议研究,亦未告知谭某进行陈述和申辩,即作出《关于给予谭某同学退学处理的决定》,内容为:"音乐学院

---

〔1〕 谭某诉某大学不服退学处理决定案,重庆市北碚区人民法院(2011)碚法行初字第14号行政判决书。

音乐学专业（师范）2009级本科学生谭某（学号22200931111××××），该生长期无故旷课已超过60学时，且目前不合格科目达10门。根据学校学籍管理规定，学校决定对谭某同学作退学处理。”

2010年12月10日，某大学将该决定送达谭某，在送达时也未告知谭某享有书面申诉的权利。原告谭某不服，将某大学诉至法院。

二、法院判决

法院认为，法律赋予了学校对严重违反规定学生作出退学处理的权力，但学校应当严格遵循程序规定。教育部颁布的《普通高等学校学生管理规定》规定，对学生作退学处理应当提交校长会议研究决定，且在送达处理决定时应当告知其有申诉的权利。学校在作出行政决定时应当遵循回避和听取对方意见的最低程序性规定。某大学作出退学处理决定前，没有告知谭某进行陈述和申辩，未充分听取谭某的意见，违反了最低限度的程序要求。在对谭某作出退学处理决定之前没有提交校长会议研究决定，作出退学处理决定时也未告知原告谭某享有书面申诉的权利，属程序违法。

重庆市北碚区人民法院于2011年4月12日作出（2011）碚法行初字第14号行政判决：撤销某大学作出的〔2010〕97号《关于给予谭某同学退学处理的决定》；驳回原告谭某的其他诉讼请求。一审判决后，双方当事人均未上诉，该判决已生效。

三、案例评析与理论延伸

程序合法是行政行为的基本要求。根据教育部颁布的《普通高等学校学生管理规定》的规定，学校在作出开除学籍处分决定的过程中，要履行4项核心的程序性义务：（1）保障学生陈述、申辩的权利；（2）开除学籍处分决定应经校长办公会或校长授权的会议研究作出；（3）保障学生申诉的权利；

(4)依法向学生送达。陈述、申辩的权利是指在学校调查学生违纪违法事实的过程中,学生有权陈述其经历、知悉的事实,可以对学校初步认定的事实和提出的初步意见提出质疑、提出减轻或免除自己责任的事实和意见。学校在调查过程中应当询问学生并制作笔录,在调查和送达处理意见时应当告知学生有陈述和申辩的权利。陈述和申辩的权利既可以以口头方式行使,也可以以书面方式行使。开除学籍是严重影响学生权利,剥夺学生受教育权的严苛处罚方式。因此,学校在作出开除学籍的处分决定时应当慎重克制。学院或教务处调查清楚、提出处理意见后应当提交校长办公会研究决定,或者由校长授权的办公会研究决定,避免学校随意作出开除学籍的处分决定。申诉的权利,是指学校自作出正式的开除学籍处分决定后,如果学生对学校的处分决定不服,可以向学校的学生申诉处理委员会提出申诉。只要学生在法定期间提出申诉,学生申诉处理委员会就必须受理,对处分的事实、理由、依据、程序等内容进行复审并作出复审决定送达学生。如果学生对申诉的复审结论不服,还可以向学校所在地省级教育委员会申诉。学校作出开除学籍处分决定后应该告知学生有向学生申诉处理委员会申诉的权利和期限;学校作出申诉复审结论以后应当告知学生有向省级教委申诉的权利和期限。依法向学生送达,是指学校开除学籍的处分决定或拟处分意见告知书、复审结论等书面文件和意见应当向学生本人送达,学生拒绝接受送达的可以留置送达;如果学生已离校的应当邮寄送达;学生难以联系的,可以利用学校网站、新闻媒体等方式公告送达。法院在行政诉讼中的程序合法性审查即围绕上述内容展开。如果学校实质性剥夺了学生上述程序性权利则可能构成严重违法,从而被法院判决撤销开除学籍处分决定。

法律赋予学校对严重违反规定学生作出退学处理的权力,但学校应当严格遵循程序规定。在对学生作出处分或者其他不利决定前,应当告知学生作出决定的事实、理由及依据,并告知学生享有陈述和申辩的权利,并听取学生的陈述和申辩，拟处分决定交校长办公会或者校长授权的专门会议研究决定。学校在作出退学处理（开除学籍）决定前，未实际保障受教育者的陈述权和申辩权，退学处理决定非经校长会议研究决定，属程序违法，退学处理决定依法应予撤销。高等学校学生应当遵守《普通高等学校学生管理规定》及高等学校依法制定的校纪校规。学生在考试过程中存在作弊行为应当受到处理，高等学校也有权依法给予相应的处分。但高等学校对学生的处分应当做到程序正当、证据充分。特别是在对违纪学生作出开除学籍等直接影响受教育权的处分时，更应遵循正当合理的程序规定。

案例中，某大学作出退学处理决定前，没有告知谭某进行陈述和申辩，未充分听取谭某的意见，违反了最低限度的程序要求。在对谭某作出退学处理决定之前没有提交校长会议研究决定，作出退学处理决定时也未告知谭某享有书面申诉的权利，属程序违法。故某大学作出的退学处理决定依法应予撤销；对谭某起诉要求撤销退学处理决定的请求予以支持。谭某要求责令某大学重新作出恢复学籍的请求，于法无据，不予支持。

四、主要法条链接

（一）《教育法》（2021 年修正）

第 29 条　学校及其他教育机构行使下列权利：

（一）按照章程自主管理；

（二）组织实施教育教学活动；

（三）招收学生或者其他受教育者；

（四）对受教育者进行学籍管理，实施奖励或者处分；

（五）对受教育者颁发相应的学业证书；

（六）聘任教师及其他职工，实施奖励或者处分；

（七）管理、使用本单位的设施和经费；

（八）拒绝任何组织和个人对教育教学活动的非法干涉；

（九）法律法规规定的其他权利。

国家保护学校及其他教育机构的合法权益不受侵犯。

（二）《行政诉讼法》（2017 年修正）

第 12 条　人民法院受理公民、法人或者其他组织提起的下列诉讼：

（一）对行政拘留、暂扣或者吊销许可证和执照、责令停产停业、没收违法所得、没收非法财物、罚款、警告等行政处罚不服的；

（二）对限制人身自由或者对财产的查封、扣押、冻结等行政强制措施和行政强制执行不服的；

（三）申请行政许可，行政机关拒绝或者在法定期限内不予答复，或者对行政机关作出的有关行政许可的其他决定不服的；

（四）对行政机关作出的关于确认土地、矿藏、水流、森林、山岭、草原、荒地、滩涂、海域等自然资源的所有权或者使用权的决定不服的；

（五）对征收、征用决定及其补偿决定不服的；

（六）申请行政机关履行保护人身权、财产权等合法权益的法定职责，行政机关拒绝履行或者不予答复的；

（七）认为行政机关侵犯其经营自主权或者农村土地承包经营权、农村土地经营权的；

（八）认为行政机关滥用行政权力排除或者限制竞争的；

（九）认为行政机关违法集资、摊派费用或者违法要求履行其他义务的；

（十）认为行政机关没有依法支付抚恤金、最低生活保障待遇或者社会保险待遇的；

（十一）认为行政机关不依法履行、未按照约定履行或者违法变更、解除政府特许经营协议、土地房屋征收补偿协议等协议的；

（十二）认为行政机关侵犯其他人身权、财产权等合法权益的。

除前款规定外，人民法院受理法律、法规规定可以提起诉讼的其他行政案件。

第 89 条　人民法院审理上诉案件，按照下列情形，分别处理：

（一）原判决、裁定认定事实清楚，适用法律、法规正确的，判决或者裁定驳回上诉，维持原判决、裁定；

（二）原判决、裁定认定事实错误或者适用法律、法规错误的，依法改判、撤销或者变更；

（三）原判决认定基本事实不清、证据不足的，发回原审人民法院重审，或者查清事实后改判；

（四）原判决遗漏当事人或者违法缺席判决等严重违反法定程序的，裁定撤销原判决，发回原审人民法院重审。

原审人民法院对发回重审的案件作出判决后，当事人提起上诉的，第二审人民法院不得再次发回重审。

人民法院审理上诉案件，需要改变原审判决的，应当同时对被诉行政行为作出判决。

（三）最高人民法院《关于执行〈中华人民共和国行政诉讼法〉若干问题的解释》（2000 年，已失效）

第 1 条　公民、法人或者其他组织对具有国家行政职权的机关和组织及其工作人员的行政行为不服，依法提起诉讼的，属于人民法院行政诉讼的受案范围。

公民、法人或者其他组织对下列行为不服提起诉讼的，不属于人民法院行政诉讼的受案范围：

（一）行政诉讼法第十二条规定的行为；

（二）公安、国家安全等机关依照刑事诉讼法的明确授权实施的行为；

（三）调解行为以及法律规定的仲裁行为；

（四）不具有强制力的行政指导行为；

（五）驳回当事人对行政行为提起申诉的重复处理行为；

（六）对公民、法人或者其他组织权利义务不产生实际影响的行为。

（四）《国家赔偿法》（2012年修正）

第2条　国家机关和国家机关工作人员行使职权，有本法规定的侵犯公民、法人和其他组织合法权益的情形，造成损害的，受害人有依照本法取得国家赔偿的权利。

本法规定的赔偿义务机关，应当依照本法及时履行赔偿义务。

（五）《普通高等学校学生管理规定》（2017年修订）

第30条　学生有下列情形之一，学校可予退学处理：

（一）学业成绩未达到学校要求或者在学校规定的学习年限内未完成学业的；

（二）休学、保留学籍期满，在学校规定期限内未提出复学申请或者申请复学经复查不合格的；

（三）根据学校指定医院诊断，患有疾病或者意外伤残不能继续在校学习的；

（四）未经批准连续两周未参加学校规定的教学活动的；

（五）超过学校规定期限未注册而又未履行暂缓注册手续的；

（六）学校规定的不能完成学业、应予退学的其他情形。

学生本人申请退学的，经学校审核同意后，办理退学手续。

第52条　学生有下列情形之一，学校可以给予开除学籍处分：

……

（四）代替他人或者让他人代替自己参加考试、组织作弊、使用通讯设备或其他器材作弊、向他人出售考试试题或答案牟取利益，以及其他严重作弊或扰乱考试秩序行为的……

第54条　学校给予学生处分，应当坚持教育与惩戒相结合，与学生违法、违纪行为的性质和过错的严重程度相适应。学校对学生的处分，应当做到证据充分、依据明确、定性准确、程序正当、处分适当。

第55条　在对学生作出处分或者其他不利决定之前，学校应当告知学生作出决定的事实、理由及依据，并告知学生享有陈述和申辩的权利，听取学生的陈述和申辩。

处理、处分决定以及处分告知书等，应当直接送达学生本人，学生拒绝签收的，可以以留置方式送达；已离校的，可以采取邮寄方式送达；难于联系的，可以利用学校网站、新闻媒体等以公告方式送达。

第56条　对学生作出取消入学资格、取消学籍、退学、开除学籍或者其他涉及学生重大利益的处理或者处分决定的，应当提交校长办公会或者校长授权的专门会议研究决定，并应当事先进行合法性审查。

第60条　学生对学校的处理或者处分决定有异议的，可以在接到学校处理或者处分决定书之日起10日内，向学校学生申诉处理委员会提出书面申诉。

第62条　学生对复查决定有异议的，在接到学校复查决定书之日起15日内，可以向学校所在地省级教育行政部门提出书面申诉。

省级教育行政部门应当在接到学生书面申诉之日起30个工作日内，对申诉人的问题给予处理并作出决定。

案例十七：高校对教师的考核结果的可诉性问题[1]

一、基本案情

2020年1月9日，贵州某大学发布了一个公示，公示是对学校在编在岗

---

〔1〕“潘某某诉贵州某大学案”，贵州省独山县人民法院（2020）黔2726行初25号行政裁定书。

人员的考核结果,被考核人数是65名,其中64名都是合格教师,唯独将潘某某列为不合格教师。公示中对潘某某作为不合格教师的处理没有提出任何事实和法律上的理由,所以公示对潘某某的处理没有事实和法律依据,潘某某特依法提起行政诉讼,请求撤销公示第2条(不合格教师名单:潘某某)。独山县法院认为,对教师师德师风的考核,属于高等学校自主管理的内部行为,不属于行政诉讼的受案范围。根据《教师法》(2009年修正)第39条第1款的规定,对学校或者其他教育机构侵犯其合法权益的,或者对学校或者其他教育机构作出的处理不服的,可以向教育行政部门提出申诉,教育行政部门应当在接到申诉的30日内,作出处理。潘某某可以通过申诉等途径解决。

二、法院判决

潘某某不服贵州某大学考核“不合格”决定案,法院经审理认为,对教师师德师风的考核,属于高等学校自主管理的内部行为,不属于行政诉讼的受案范围。潘某某可以通过申诉等途径解决。

综上,潘某某要求撤销某大学公示的诉讼请求缺乏事实和法律依据,法院不予支持,作出判决驳回潘某某的起诉。

三、案例评析与理论延伸

上述案件系因原告对师德考核不合格提起的行政诉讼,案件主要涉及高校对教师的考核结果的可诉性问题。根据《行政诉讼法》(2017年修正)第12条的规定,人民法院受理公民、法人和其他组织对具体行政行为不服提起的诉讼。第13条又规定:人民法院不受理公民、法人或者其他组织对行政机关工作人员的奖惩、任免等决定不服提起的诉讼。这一规定通常被认为是内部行政行为不属于人民法院行政诉讼受案范围的法律依据。根据这一规定，只有行政机关和法律法规授权组织的外部具体行政行为才是人民法院行政诉讼的受案范围。

高校师德评价相关争议属于内部处理方式不属于行政诉讼救济范围。由于高校内部师德评价权力结构未能理顺，高校对教师进行处理时常出现高校党委的领导决策权、校长办公会的行政管理权、学术委员会的学术自主权和教职工代表大会的民主管理权等多种权力交叉、混合行使的现象。由于这些权力的行使并未明确相应的流程、依据和效力，导致师德评价这一高校治理行为呈现多主体共同实施的特征，而且预先未明确不同层级主体所能作出处理的权限和种类，使处理决策居于高校权力约束的真空地带。当前，对处理后教师的救济不仅方式单一，而且分散在不同规范依据之中。《教师法》(2009 年修正)第 39 条规定了教师对学校侵权行为和处理决定不服的申诉范围，还规定了教育行政部门为申诉的主管机关。但《事业单位人事管理条例》将申诉事项限定为“对涉及本人的考核结果、处分决定”，而且《事业单位工作人员申诉规定》中明确了提起申诉的前置程序——向原处理单位提起复核。在现行的申诉规范依据中，不仅申诉的内容被限缩，而且同时增加了复核这一前置程序，但均未有明确规定诉讼救济的渠道。在司法实践中，取消教师研究生指导资格、考核评定师德不合格等被司法机关认为属于高校内部管理关系，不具备可诉性。

区别内部行政行为与外部行为主要是权利义务标准，行政行为所涉及的权利义务是一个普通公民的权利义务，还是行政机关工作人员所特有的权利义务？如果是行政机关工作人员所特有的权利义务，即为内部行政行为。推而广之，对法人或者其他组织也是一样。同时参照法律适用标准和隶属关系标准：一般而言，外部行政行为适用外部的法律法规，内部行政行为适用内部的规范性文件；不具有隶属关系的是外部行政行为，具有隶属关系的是内部行政行为。上述案件中双方争议的焦点问题在于，被告对教师师德师风的考核是内部行政行为还是外部行政行为，如果是内部行政行为，则不属于人民法院行政诉讼的受案范围；如果是外部行政行为则属于人民法院行政诉讼的受案范围。《高等教育法》（2018 年修正）第 51 条第 2 款规定："高等学校应当对教师、管理人员和教学辅助人员及其他专业技术人员的思想政治表现、职业道德、业务水平和工作实绩进行考核，考核结果作为聘任或者解聘、晋升、奖励或者处分的依据。"对教师的师德考核，属于高等学校自主管理的内部行为，上述案例要求对师德考核不合格的申诉作出回复依法不属于行政诉讼的受案范围。同时，我们也必须明确，虽然师德评价作为高校内部管理行为不具有可诉性，但教师是教育工作的中坚力量，有高质量的教师，才会有高质量的教育，而评价教师队伍素质的第一标准就应该是师德师风。党的二十大报告中也提出"加强师德师风建设，培养高素质教师队伍，弘扬尊师重教社会风尚"。高校必须加强管理，重视师风师德建设，让教师成为学生为学、为事、为人的示范。

四、主要法条链接

（一）《行政诉讼法》（2017 年修正）

第 12 条　人民法院受理公民、法人和其他组织提起的下列诉讼：

（一）对行政拘留、暂扣或者吊销许可证和执照、责令停产停业、没收违法所得、没收非法财物、罚款、警告等行政处罚不服的；

（二）对限制人身自由或者对财产的查封、扣押、冻结等行政强制措施和行政强制执行不服的；

（三）申请行政许可，行政机关拒绝或者在法定期限内不予答复，或者对行政机关作出的有关行政许可的其他决定不服的；

（四）对行政机关作出的关于确认土地、矿藏、水流、森林、山岭、草原、荒地、滩涂、海域等自然资源的所有权或者使用权的决定不服的；

（五）对征收、征用决定及其补偿决定不服的；

（六）申请行政机关履行保护人身权、财产权等合法权益的法定职责，行政机关拒绝履行或者不予答复的；

（七）认为行政机关侵犯其经营自主权或者农村土地承包经营权、农村土地经营权的；

（八）认为行政机关滥用行政权力排除或者限制竞争的；

（九）认为行政机关违法集资、摊派费用或者违法要求履行其他义务的；

（十）认为行政机关没有依法支付抚恤金、最低生活保障待遇或者社会保险待遇的；

（十一）认为行政机关不依法履行、未按照约定履行或者违法变更、解除政府特许经营协议、土地房屋征收补偿协议等协议的；

（十二）认为行政机关侵犯其他人身权、财产权等合法权益的。

除前款规定外，人民法院受理法律、法规规定可以提起诉讼的其他行政案件。

第13条　人民法院不受理公民、法人或者其他组织对下列事项提起的诉讼：

（一）国防、外交等国家行为；

（二）行政法规、规章或者行政机关制定、发布的具有普遍约束力的决定、命令；

（三）行政机关对行政机关工作人员的奖惩、任免等决定；

（四）法律规定由行政机关最终裁决的行政行为。

第49条　提起诉讼应当符合下列条件：

（一）原告是符合本法二十五条规定的公民、法人或者其他组织；

（二）有明确的被告；

（三）有具体的诉讼请求和事实根据；

(四)属于人民法院受案范围和受诉人民法院管辖。

(二)最高人民法院《关于适用〈中华人民共和国行政诉讼法〉的解释》(2018年公布)

第69条　有下列情形之一,已经立案的,应当裁定驳回起诉:

(一)不符合行政诉讼法第四十九条规定的;

(二)超过法定起诉期限且无行政诉讼法第四十八条规定情形的;

(三)错列被告且拒绝变更的;

(四)未按照法律规定由法定代理人、指定代理人、代表人为诉讼行为的;

(五)未按照法律、法规规定先向行政机关申请复议的;

(六)重复起诉的;

(七)撤回起诉后无正当理由再行起诉的;

(八)行政行为对其合法权益明显不产生实际影响的;

(九)诉讼标的已为生效裁判或者调解书所羁束的;

(十)其他不符合法定起诉条件的情形。

(三)《事业单位工作人员处分暂行规定》(已失效)

第23条　对事业单位工作人员的处分,按照以下权限决定:

(一)警告、记过、降低岗位等级或者撤职处分,按照干部人事管理权限,由事业单位或者事业单位主管部门决定。其中,由事业单位决定的,应当报事业单位主管部门备案。

(二)开除处分由事业单位主管部门决定,并报同级事业单位人事综合管理部门备案。

对中央和地方直属事业单位工作人员的处分,按照干部人事管理权限,由本单位或者有关部门决定;其中,由本单位作出开除处分决定的,报同级事业单位人事综合管理部门备案。

第24条　对事业单位工作人员的处分，按照以下程序办理：

（一）对事业单位工作人员违法违纪行为初步调查后，需要进一步查证的，应当按照干部人事管理权限，经事业单位负责人批准或者有关部门同意后立案；

（二）对被调查的事业单位工作人员的违法违纪行为作进一步调查，收集、查证有关证据材料，并形成书面调查报告；

（三）将调查认定的事实及拟给予处分的依据告知被调查的事业单位工作人员，听取其陈述和申辩，并对其所提出的事实、理由和证据进行复核，记录在案。被调查的事业单位工作人员提出的事实、理由和证据成立的，应予采信；

（四）按照处分决定权限，作出对该事业单位工作人员给予处分、免予处分或者撤销案件的决定；

（五）处分决定单位印发处分决定；

（六）将处分决定以书面形式通知受处分事业单位工作人员本人和有关单位，并在一定范围内宣布；

（七）将处分决定存入受处分事业单位工作人员的档案。

处分决定自作出之日起生效。

（四）《中小学教师违反职业道德行为处理办法》（2003年）

第4条　教师有下列行为之一的，视情节轻重分别给予相应处分：

（一）在教育教学活动中有违背党和国家方针政策言行的；

（二）在教育教学活动中遇突发事件时，不履行保护学生人身安全职责的；

（三）在教育教学活动和学生管理、评价中不公平公正对待学生，产生明显负面影响的；

（四）在招生、考试、考核评价、职务评审、教研科研中弄虚作假、营私舞弊的；

（五）体罚学生的和以侮辱、歧视等方式变相体罚学生，造成学生身心伤害的；

（六）对学生实施性骚扰或者与学生发生不正当关系的；

（七）索要或者违反规定收受家长、学生财物的；

（八）组织或者参与针对学生的经营性活动，或者强制学生订购教辅资料、报刊等谋取利益的；

（九）组织、要求学生参加校内外有偿补课，或者组织、参与校外培训机构对学生有偿补课的；

（十）其他严重违反职业道德的行为应当给予相应处分的。

第7条　给予教师处分按照以下权限决定：

（一）警告和记过处分，公办学校教师由所在学校提出建议，学校主管教育部门决定。民办学校教师由所在学校决定，报主管教育部门备案。

（二）降低专业技术职务等级、撤销专业技术职务或者行政职务处分，由教师所在学校提出建议，学校主管教育部门决定并报同级人事部门备案。

（三）开除处分，公办学校教师由所在学校提出建议，学校主管教育部门决定并报同级人事部门备案；民办学校教师或者未纳入人事编制管理的教师由所在学校决定并解除其聘任合同，报主管教育部门备案。

（五）《事业单位工作人员申诉规定》（2014年发布）

第7条　事业单位工作人员对人事处理不服申请复核的，由原处理单位管辖。

第8条　事业单位工作人员对中央和地方直属事业单位作出的复核决定不服提出的申诉，由同级事业单位人事综合管理部门管辖。

事业单位工作人员对中央和地方各部门所属事业单位作出的复核决定不服提出的申诉，由主管部门管辖。

事业单位工作人员对主管部门或者其他有关部门作出的复核决定不服

提出的申诉,由同级事业单位人事综合管理部门管辖。

事业单位工作人员对乡镇党委和人民政府作出的复核决定不服提出的申诉,由县级事业单位人事综合管理部门管辖。

案例十八:学校可以对受到校纪处分的学生不授予学位证书[1]

一、基本案情

原告田某于1994年9月考取某大学,取得本科生的学籍。1996年2月29日,田某在电磁学课程的补考过程中,随身携带写有电磁学公式的纸条。考试中,去上厕所时纸条掉出,被监考教师发现。监考教师虽未发现其有偷看纸条的行为,但还是按照考场纪律,当即停止了田某的考试。被告某大学根据原国家教委关于严肃考场纪律的指示精神,于1994年制定了校发(94)第068号《关于严格考试管理的紧急通知》(以下简称第068号通知)。该通知规定,凡考试作弊的学生一律按退学处理,取消学籍。被告据此于1996年3月5日认定田某的行为属作弊行为,并作出退学处理决定。同年4月10日,被告填发了学籍变动通知,但退学处理决定和变更学籍的通知未直接向田某宣布、送达,也未给田某办理退学手续,田某继续以该校大学生的身份正常参加学习及学校组织的活动。1996年9月,被告为田某补办了学生证,之后每学年均收取田某交纳的教育费,并为田某进行注册、发放大学生补助津贴,安排田某参加大学生毕业实习设计,由其论文指导教师领取学校发放的毕业设计结业费。田某还以该校大学生的名义参加考试,先后取得了大学英语四级、计算机应用水平测试BASIC语言成绩合格证书。被告对原告在该校的4年学习中成绩全部合格,通过毕业实习、毕业设计及论文答辩,获

---

[1] "田某诉北京科技大学案",北京市海淀区人民法院(1998)海行初字第142号行政判决书。

得优秀毕业论文及毕业总成绩为全班第九名的事实无争议。

1998年6月,田某所在院系向被告报送田某所在班级授予学士学位表时,被告有关部门以田某已按退学处理、不具备某大学学籍为由,拒绝为其颁发毕业证书,进而未向教育行政部门呈报田某的毕业派遣资格表。田某所在院系认为,原告符合大学毕业和授予学士学位的条件,但由于当时原告因毕业问题正在与学校交涉,故暂时未在授予学位表中签字,待学籍问题解决后再签字。被告因此未将原告列入授予学士学位资格的名单交该校学位评定委员会审核。因被告的部分教师为田某一事向原国家教委申诉,国家教委高校学生司于1998年5月18日致函被告,认为被告对田某违反考场纪律一事处理过重,建议复查。同年6月10日,被告复查后,仍然坚持原结论。田某认为,自己符合大学毕业生的法定条件,某大学拒绝给其颁发毕业证、学位证是违法的,遂向某市某区人民法院提起行政诉讼。

二、法院判决

某市某区人民法院于1999年2月14日作出(1998)某行初字第00142号行政判决:

(1)某大学在本判决生效之日起30日内向田某颁发大学本科毕业证书;

(2)某大学在本判决生效之日起60日内组织本校有关院、系及学位评定委员会对田某的学士学位资格进行审核;

(3)某大学于本判决生效后30日内履行向当地教育行政部门上报田某毕业派遣的有关手续的职责;

(4)驳回田某的其他诉讼请求。

某大学提出上诉,某市第一中级人民法院于1999年4月26日作出(1999)某行终字第73号行政判决:驳回上诉,维持原判。

三、案例评析与理论延伸

对本案可以从以下角度进行分析,第一,根据我国法律、法规规定,高等学校对受教育者有进行学籍管理、奖励或处分的权力,有代表国家对受教育者颁发学历证书、学位证书的职责。高等学校与受教育者之间属于教育行政管理关系,受教育者对高等学校涉及受教育者基本权利的管理行为不服的,有权提起行政诉讼,高等学校是行政诉讼的适格被告。第二,高等学校依法具有相应的教育自主权,有权制定校纪、校规,并有权对在校学生进行教学管理和违纪处分,但是其制定的校纪、校规和据此进行的教学管理和违纪处分,必须符合法律、法规和规章的规定,必须尊重和保护当事人的合法权益。第三,退学处理决定涉及原告的受教育权利,为充分保障当事人的权益,从正当程序原则出发,被告应将此决定向当事人送达、宣布,允许当事人提出申辩意见。被告既未依此原则处理,也未实际给原告办理注销学籍、迁移户籍、档案等手续。第四,国家实行学历证书制度,被告作为国家批准设立的高等学校,对取得普通高等学校学籍、接受正规教育、学习结束达到一定水平和要求的受教育者,应当为其颁发相应的学业证明,以承认该学生具有的相当学历。原告符合上述高等学校毕业生的条件,被告应当依《教育法》第28条[1]及《普通高等学校学生管理规定》第35条[2]的规定,为原告颁发大学本科毕业证书。第五,国家实行学位制度,学位证书是评价个人学术水平的尺度。被告作为国家授权的高等学校学士学位授予机构,应依法定程序对达到一定学术水平或专业技术水平的人员授予相应的学位,颁发学位证书。依据《学位条例暂行实施办法》(1981年公布)第4条、第5条等规定的颁发学士学位证书的法定程序要求,被告首先应组织有关院系审核

---

〔1〕《教育法》(2021年修正)第29条。

〔2〕《普通高等学校学生管理规定》(2017年修订)第32条。

原告的毕业成绩和毕业鉴定等材料，确定原告是否已较好地掌握本门学科的基础理论、专业知识和基本技能，是否具备从事科学研究工作或担负专门技术工作的初步能力；再决定是否向学位评定委员会提名列入学士学位获得者的名单，学位评定委员会方可依名单审查通过后，由被告对原告授予学士学位。《学位法》亦有类似的规定。

四、主要法条链接

（一）《行政诉讼法》（2017 年修正）

第 12 条　人民法院受理公民、法人或者其他组织提起的下列诉讼：

（一）对行政拘留、暂扣或者吊销许可证和执照、责令停产停业、没收违法所得、没收非法财物、罚款、警告等行政处罚不服的；

（二）对限制人身自由或者对财产的查封、扣押、冻结等行政强制措施和行政强制执行不服的；

（三）申请行政许可，行政机关拒绝或者在法定期限内不予答复，或者对行政机关作出的有关行政许可的其他决定不服的；

（四）对行政机关作出的关于确认土地、矿藏、水流、森林、山岭、草原、荒地、滩涂、海域等自然资源的所有权或者使用权的决定不服的；

（五）对征收、征用决定及其补偿决定不服的；

（六）申请行政机关履行保护人身权、财产权等合法权益的法定职责，行政机关拒绝履行或者不予答复的；

（七）认为行政机关侵犯其经营自主权或者农村土地承包经营权、农村土地经营权的；

（八）认为行政机关滥用行政权力排除或者限制竞争的；

（九）认为行政机关违法集资、摊派费用或者违法要求履行其他义务的；

（十）认为行政机关没有依法支付抚恤金、最低生活保障待遇或者社会

保险待遇的;

(十一)认为行政机关不依法履行、未按照约定履行或者违法变更、解除政府特许经营协议、土地房屋征收补偿协议等协议的;

(十二)认为行政机关侵犯其他人身权、财产权等合法权益的。

除前款规定外,人民法院受理法律、法规规定可以提起诉讼的其他行政案件。

第89条 人民法院审理上诉案件,按照下列情形,分别处理:

(一)原判决、裁定认定事实清楚,适用法律、法规正确的,判决或者裁定驳回上诉,维持原判决、裁定;

(二)原判决、裁定认定事实错误或者适用法律、法规错误的,依法改判、撤销或者变更;

(三)原判决认定基本事实不清、证据不足的,发回原审人民法院重审,或者查清事实后改判;

(四)原判决遗漏当事人或者违法缺席判决等严重违反法定程序的,裁定撤销原判决,发回原审人民法院重审。

原审人民法院对发回重审的案件作出判决后,当事人提起上诉的,第二审人民法院不得再次发回重审。

人民法院审理上诉案件,需要改变原审判决的,应当同时对被诉行政行为作出判决。

(二)最高人民法院《关于执行〈中华人民共和国行政诉讼法〉若干问题的解释》(2000年,已失效)

第39条第1款 公民、法人或者其他组织申请行政机关履行法定职责,行政机关在接到申请之日起60日内不履行的,公民、法人或者其他组织向人民法院提起诉讼,人民法院应当依法受理。法律、法规、规章和其他规范性文件对行政机关履行职责的期限另有规定的,从其规定。

(三)《教育法》(2021 年修正)

第 29 条 学校及其他教育机构行使下列权利:

(一)按照章程自主管理;

(二)组织实施教育教学活动;

(三)招收学生或者其他受教育者;

(四)对受教育者进行学籍管理,实施奖励或者处分;

(五)对受教育者颁发相应的学业证书;

(六)聘任教师及其他职工,实施奖励或者处分;

(七)管理、使用本单位的设施和经费;

(八)拒绝任何组织和个人对教育教学活动的非法干涉;

(九)法律法规规定的其他权利。

国家保护学校及其他教育机构的合法权益不受侵犯。

(四)《学位法》(2024 年实施)

第 24 条 申请学士学位的,由学位评定委员会组织审查,作出是否授予学士学位的决议。

第 29 条 学位授予单位应当根据学位评定委员会授予学士、硕士、博士学位的决议,公布授予学位的人员名单,颁发学位证书,并向省级学位委员会报送学位授予信息。省级学位委员会将本行政区域的学位授予信息报国务院学位委员会备案。

(五)《学位条例》(2004 年修订,已失效)

第 4 条 高等学校本科毕业生,成绩优良,达到下述学术水平者,授予学士学位:

(一)较好地掌握本门学科的基础理论、专门知识和基本技能;

(二)具有从事科学研究工作或担负专门技术工作的初步能力。

第 10 条 学位论文答辩委员会负责审查硕士和博士学位论文、组织答辩，就是否授予硕士学位或博士学位作出决议。决议以不记名投票方式，经全体成员三分之二以上通过，报学位评定委员会。

学位评定委员会负责审查通过学士学位获得者的名单；负责对学位论文答辩委员会报请授予硕士学位或博士学位的决议，作出是否批准的决定。决定以不记名投票方式，经全体成员过半数通过。决定授予硕士学位或博士学位的名单，报国务院学位委员会备案。

第 11 条　学位授予单位，在学位评定委员会作出授予学位的决议后，发给学位获得者相应的学位证书。

（六）《学位条例暂行实施办法》（1981 年公布）

第 3 条　学士学位由国务院授权的高等学校授予。

高等学校本科学生毕业完成教学计划的各项要求，经审核准予毕业，其课程学习和毕业论文（毕业设计或其他毕业实践环节）的成绩，表明已较好地掌握本门学科的基础理论、专门知识和基本技能，并且有从事科学研究工作或担负专门技术工作的初步能力的，授予学士学位。

第 4 条　授予学士学位的高等学校，应当由系逐个审核本科毕业生的成绩和毕业鉴定等材料，对符合本暂行办法第三条及有关规定的，可向学校学位评定委员会提名，列入学士学位获得者的名单。

非授予学士学位的高等学校，对达到学士学术水平的本科毕业生，应当由系向学校提出名单，经学校同意后，由学校就近向本系统、本地区的授予学士学位的高等学校推荐。授予学士学位的高等学校有关的系，对非授予学士学位的高等学校推荐的本科毕业生进行审查考核，认为符合本暂行办法第三条及有关规定的，可向学校学位评定委员会提名，列入学士学位获得者的名单。

第 5 条　学士学位获得者的名单，经授予学士学位的高等学校学位评定委员会审查通过，由授予学士学位的高等学校授予学士学位。

第18条 学位授予单位的学位评定委员会根据国务院批准的授予学位的权限,分别履行以下职责:

(一)审查通过接受申请硕士学位和博士学位的人员名单;

(二)确定硕士学位的考试科目、门数和博士学位基础理论课和专业课的考试范围,审批主考人和论文答辩委员会成员名单;

(三)通过学士学位获得者的名单;

(四)作出授予硕士学位的决定;

(五)审批申请博士学位人员免除部分或全部课程考试的名单;

(六)作出授予博士学位的决定;

(七)通过授予名誉博士学位的人员名单;

(八)作出撤销违反规定而授予学位的决定;

(九)研究和处理授予学位的争议和其他事项。

第25条 学位授予单位可根据本暂行实施办法,制定本单位授予学位的工作细则。

(七)《普通高等学校学生管理规定》(2017年修订)

第30条 学生有下列情形之一,学校可予退学处理:

(一)学业成绩未达到学校要求或者在学校规定的学习年限内未完成学业的;

(二)休学、保留学籍期满,在学校规定期限内未提出复学申请或者申请复学经复查不合格的;

(三)根据学校指定医院诊断,患有疾病或者意外伤残不能继续在校学习的;

(四)未经批准连续两周未参加学校规定的教学活动的;

(五)超过学校规定期限未注册而又未履行暂缓注册手续的;

(六)学校规定的不能完成学业、应予退学的其他情形。学生本人申请退学的,经学校审核同意后,办理退学手续。

第32条 学生在学校规定学习年限内,修完教育教学计划规定内容,成绩合格,达到学校毕业要求的,学校应当准予毕业,并在学生离校前发给毕业证书。

符合学位授予条件的,学位授予单位应当颁发学位证书。学生提前完成教育教学计划规定内容,获得毕业所要求的学分,可以申请提前毕业。学生提前毕业的条件,由学校规定。

案例十九:高校是否有权额外设定条件决定是否授予学位证书[1]

一、基本案情

原告何某系被告某分校2003级通信工程专业的本科毕业生。该分校是独立的事业法人单位,无学士学位授予资格。根据国家对民办高校学士学位授予的相关规定和双方协议约定,被告同意对该分校符合学士学位条件的本科毕业生授予学士学位,并在协议附件载明《某大学某分校授予本科毕业生学士学位实施细则》(以下简称《实施细则》)。其中第2条规定,“凡具有我校学籍的本科毕业生,符合本《实施细则》中授予条件者,均可向被告学位评定委员会申请授予学士学位”,第3条规定,“……达到下述水平和要求,经学术评定委员会审核通过者,可授予学士学位……(三)通过全国大学英语四级统考”。2006年12月,被告作出《关于某分校、文华学院申请学士学位的规定》,规定通过全国大学外语四级考试是非外国语专业学生申请学士学位的必备条件之一。

---

〔1〕“何某诉华中科技大学案”,湖北省武汉市洪山区人民法院(2008)洪行初字第81号行政判决书。

2007年6月30日,何某获得某分校颁发的《普通高等学校毕业证书》,由于其本科学习期间未通过全国英语四级考试,某分校根据上述《实施细则》,未向被告推荐其申请学士学位。8月26日,何某向被告和某分校提出授予工学学士学位的申请。2008年5月21日,某分校作出书面答复,因何某没有通过全国大学英语四级考试,不符合授予条件,被告不能授予其学士学位。

二、法院判决

法院审理认为,被告制定的《实施细则》第3条的规定符合上位法规定。《学位条例》(2004年修订)第4条规定:"高等学校本科毕业生,成绩优良,达到下述学术水平者,授予学士学位:(一)较好地掌握本门学科的基础理论、专门知识和基本技能……"《学位条例暂行实施办法》(1981年公布)第25条规定:"学位授予单位可根据本暂行条例实施办法,制定本单位授予学位的工作细则。"该办法赋予学位授予单位在不违反《学位条例》所规定授予学士学位基本原则的基础上,在学术自治范围内制定学士学位授予标准的权力和职责,某大学在此授权范围内将全国大学英语四级考试成绩与学士学位挂钩,属于学术自治的范畴。高等学校依法行使教学自主权,自行对其所培养的本科生教育质量和学术水平作出具体的规定和要求,是对授予学士学位的标准的细化,并没有违反《学位条例》(2004年修订)第4条和《学位条例暂行实施办法》(1981年公布)第25条的原则性规定。因此,何某因未通过全国大学英语四级考试不符合某大学学士学位的授予条件,被告未向某大学推荐其申请授予学士学位,故某大学并不存在不作为的事实,对何某的诉讼请求不予支持。驳回原告何某要求被告某大学为其颁发工学学士学位的诉讼请求。

三、案例评析与理论延伸

以上案件的争议焦点主要有以下两点。

(一)具有学位授予权的高等学校,有权对学位申请人提出的学位授予申请进行审查并决定是否授予其学位。申请人对高等学校不授予其学位的决定不服提起行政诉讼的,人民法院应当依法受理

上述案件中法院均认为,高校拒绝授予学士学位的行为具有可诉性。根据《学位法》《学位条例》(2004 年修订,已失效)等法律、行政法规的授权,被告具有审查授予普通高校学士学位的法定职权。依据《学位条例暂行实施办法》(1981 年公布)第 4 条第 2 款“非授予学士学位的高等院校,对达到学士学术水平的本科毕业生,应当由系向学校提出名单,经学校同意后,由学校就近向本系统、本地区的授予学士学位的高等院校推荐。授予学士学位的高等院校有关的系,对非授予学士学位的高等院校推荐的本科毕业生进行审查考核,认为符合本暂行办法第三条及有关规定的,可向学校学位评定委员会提名,列入学士学位获得者名单”之规定,以及国家促进民办高校办学政策的相关规定,被告有权按照与民办高校的协议,对于符合本校学士学位授予条件的民办高校本科毕业生经审查合格授予普通高校学士学位。

(二)国家大学英语四级考试成绩是否与学位证书取得挂钩,该问题的实质是高校的自主管理权的范围

1. 我国的学位证书制度

学位是国家或国家授权的教育机构按照国家法律法规规定,基于对学位申请者受教育程度与学术水平是否达到既定标准进行评价,授予学士、硕士和博士的一种学术称号。

《中国大百科全书·教育卷》指出:“学位是评价学术水平的一种尺度。学位的授予建立在严格的科学训练和考核的基础之上。获得学位,不仅是国家给予获得者的一种荣誉和鼓励，而且是获得者学习成绩和学术水平的客观标志。”《学位与研究生教育大辞典》将学位定义为授予个人的一种学术称号或荣誉性称号，表示其受教育的程度或在某一学科领域已达到的水平，或是表彰其在某一领域作出的杰出贡献，是衡量学术水平与教育质量的标志。《教育大辞典》将其定义为：“授予个人的一种终身称号。表明称号获得者曾受教育的水平，或已达到的学力水平。”当前我国《学位法》将学位划定为学士、硕士、博士三级。

《教育法》《高等教育法》中规定，公民通过接受高等教育或者自学，其学业水平达到国家规定的学位标准，可以向学位授予单位申请授予相应的学位。学位授予单位依法对达到一定学术水平或者专业技术水平的人员授予相应的学位，颁发学位证书。《学位法》也规定：凡是拥护中国共产党的领导、拥护社会主义制度，达到相应学业需求、学术水平或者专业水平的公民，都可以按照相关的规定申请相应的学位。同时，对各等级的学位的学术水平要求制定了明晰的标准，其中对学士学位的学术水平规定，高等学校本科毕业生，成绩优良，达到下述学术水平者，授予学士学位，具体包括：(1)较好地掌握本门学科的基础理论、专门知识和基本技能；(2)具有从事科学研究工作或担负专门技术工作的初步能力。

当前，我国的相关法律明确规定了普通高等学校给毕业学生颁发的学位证书所满足的条件，对于符合学士学位授予标准的，应当授予相应学科学士学位。

2. 高校是否有权自行制定学位授予标准

在诉讼中，学生一方往往主张高校进行学位管理的过程是学位授予权运行的过程，学位授予权作为一种行政权力，必须遵守依法行政的要求。依法行政要求行政权力法无规定不可为，“法定”应遵守法律保留原则和法律优先原则，没有法律依据的权力主体不得行权。在学位问题上，只能由法律调整,严格依据法律规定,学校无权制定学位授予标准。校规在法律规定的事项外增设学位授予条件,这是对依法行政的违反。高校在答辩过程中,常以《学位条例暂行实施办法》(1981 年公布)第 25 条的规定为依据,主张学校制定的学位授予标准是结合学校教育目标和办学水平,对上位法律法规的细化,以保证教育质量。制定学位授予工作细则、自主进行学位评定是学术自由的体现,在学位管理活动中高校有权进行自主评价与判断。原被告双方针锋相对,居中裁判的法院在审判实践中已形成统一的立场。关于高校能否制定学位授予标准的问题,法院的立场更倾向学校一方的主张,无一例外地认为高校有权为之。更进一步,原、被告关注高校自定学位授予标准的内容。内容合法与否会直接影响自定的学位授予标准能否作为高校的行为依据,进而会影响案件的发展和判决结果。目前有高校在自定的学位授予标准中将一些具体的学术性事项和非学术性事项规定为获得学位的要求,如不少高校把通过英语等级考试作为获得学位的必要条件。

学生主张高校新增设的学位授予标准无法律依据,规定不符合上位法精神,不能作为高校的行为依据。最高人民法院在“何某诉某大学拒绝授予学位案”中明确认可高校有权制定校规,高校细化学位授予标准是“教育自主权”的内在含义。这表明了司法系统的立场,此后的司法实践也跟随指导案例的指导,认为学校有权设定本校学生获得学位的条件。因此,高等学校依照《学位条例暂行实施办法》的有关规定,在学术自治范围内制定的授予学位的学术水平标准,以及据此标准作出的是否授予学位的决定,人民法院应予支持。

《学位条例暂行实施办法》规定,高校可制定学位授予工作实施细则,但《学位法》《学位条例》(2004 年修正,已失效)及有关法律法规并未明确大学英语四、六级可以作为学位授予的决定性标准。上述案例中法院最终判决学生败诉,体现出司法对高校办学自主权的尊重。各高等学校根据自身的教学水平和实际情况在法定的基本原则范围内确定各自学士学位授予的学术水平衡量标准，是学术自治原则在高等学校办学过程中的具体体现。在符合法律法规规定的学位授予条件的前提下，确定较高的学士学位授予学术标准或适当放宽学士学位授予学术标准，均应由各高等学校根据各自的办学理念、教学实际情况和对学术水平的理想追求自行决定。对学士学位授予的司法审查不能干涉和影响高等学校的学术自治原则，学位授予类行政诉讼案件司法审查的范围应当以合法性审查为基本原则。

目前，全国有很多高等院校均将通过全国大学英语四级考试作为学士学位授予必备的学术水平衡量标准，这一标准并未超出法定的学术水平范围，属于高等院校的学术自治范畴。各高等院校根据自身的教学水平和实际情况，在法定的基本原则范围内确定各自学士学位授予的学术标准，是学术自治原则在高等院校办学过程中的具体体现，坚持确定较高的学士学位授予学术标准抑或适当放宽学士学位授予学术标准均应由各高等院校根据各自的办学理念、教学实际情况和对学术水平的理想追求自行决定，对学士学位授予的司法审查不能干涉和影响高等院校的学术自治原则，学位授予类行政诉讼案件司法审查的深度和广度应当以合法性审查为基本原则。因此，高等学校在法定授权范围内将通过全国大学英语四级考试作为授予学士学位的条件，并据此作出是否授予学士学位决定，这是高等学校学术自治范围内的事项，人民法院应当仅进行合法性审查，对符合法律规定的，应当予以支持。对教育行政案件的司法审查注意尊重高校的学术自治，有利于促进高校依法进行学校管理，不断提升教育水平。

四、主要法条链接

（一）《教育法》（2021 年修正）

第 23 条　国家实行学位制度。

学位授予单位依法对达到一定学术水平或者专业技术水平的人员授予相应的学位，颁发学位证书。

（二）《高等教育法》（2018年修正）

第22条　国家实行学位制度。学位分为学士、硕士和博士。

公民通过接受高等教育或者自学，其学业水平达到国家规定的学位标准，可以向学位授予单位申请授予相应的学位。

（三）《普通高等学校学生管理规定》（2017年修订）

第32条　学生在学校规定学习年限内，修完教育教学计划规定内容，成绩合格，达到学校毕业要求的，学校应当准予毕业，并在学生离校前发给毕业证书。

符合学位授予条件的，学位授予单位应当颁发学位证书。

学生提前完成教育教学计划规定内容，获得毕业所要求的学分，可以申请提前毕业。学生提前毕业的条件，由学校规定。

第33条　学生在学校规定学习年限内，修完教育教学计划规定内容，但未达到学校毕业要求的，学校可以准予结业，发给结业证书。

结业后是否可以补考、重修或者补作毕业设计、论文、答辩，以及是否颁发毕业证书、学位证书，由学校规定。合格后颁发的毕业证书、学位证书，毕业时间、获得学位时间按发证日期填写。

对退学学生，学校应当发给肄业证书或者写实性学习证明。

第67条　学校应当根据本规定制定或修改学校的学生管理规定或者纪律处分规定，报主管教育行政部门备案（中央部委属校同时抄送所在地省级教育行政部门），并及时向学生公布。

省级教育行政部门根据本规定，指导、检查和监督本地区高等学校的学生管理工作。

（四）《学位法》（2025年实施）

第2条　国家实行学位制度。学位分为学士、硕士、博士，包括学术学位、专业学位等类型，按照学科门类、专业学位类别等授予。

第4条 拥护中国共产党的领导、拥护社会主义制度的中国公民，在高等学校、科学研究机构学习或者通过国家规定的其他方式接受教育，达到相应学业要求、学术水平或者专业水平的，可以依照本法规定申请相应学位。

第19条 接受本科教育，通过规定的课程考核或者修满相应学分，通过毕业论文或者毕业设计等毕业环节审查，表明学位申请人达到下列水平的，授予学士学位：

（一）在本学科或者专业领域较好地掌握基础理论、专门知识和基本技能；

（二）具有从事学术研究或者承担专业实践工作的初步能力。

（五）《学位条例》（2004年修订，已失效）

第3条 学位分学士、硕士、博士三级。

第4条 高等学校本科毕业生，成绩优良，达到下述学术水平者，授予学士学位：

（一）较好地掌握本门学科的基础理论、专门知识和基本技能；

（二）具有从事科学研究工作或担负专门技术工作的初步能力。

（六）《学位条例暂行实施办法》（1981年公布）

第3条 学士学位由国务院授权的高等学校授予。

高等学校本科学生完成教学计划的各项要求，经审核准予毕业，其课程学习和毕业论文（毕业设计或其他毕业实践环节）的成绩，表明确已较好地掌握本门学科的基础理论、专门知识和基本技能，并且有从事科学研究工作或担负专门技术工作的初步能力的，授予学士学位。

第25条 学位授予单位可根据本暂行实施办法，制定本单位授予学位的工作细则。

案例二十：考试作弊是否应被开除学籍[1]

一、基本案情

原告李某系被告山东某大学护理学院护理学本科2014级3班学生，在参加2015年4月17日《正常人体解剖学02》补考考试时携带与考试内容相关的小抄作弊被监考老师发现。监考老师将原告的行为记入山东某大学考试记录表中。同年5月13日护理学院作出“关于张某1等同学补重考作弊的处理意见”。同年5月19日山东某大学教务处向原告李某作出学生处分告知书，内容为：“护理学院护理学本科14级3班李某同学：你在2015年4月17日《正常人体解剖学》考试中携带小抄作弊，根据《国家教育考试违规处理办法》（2012年修正）第2章第6条和《山东中医药大学考试工作管理规定》（校教字〔2010〕45号）第8章第27条规定，学校拟对你做出留校察看处分。若你对处理有异议，在接到本告知书之日起5个工作日内，可以向学校主管部门提出书面申诉。……学生有权利在接到学校处分决定起3个月内，向当地人民法院提出行政申诉。学生在申诉期内未提出申诉的，视为放弃权利。特此告知。”为此，李某向辅导员老师写了检讨书，表达了其对作弊行为的深刻认识。同年6月5日山东某大学教务处作出校教字〔2015〕4号“山东某大学关于张某等11名学生考试违纪、作弊的处理决定”：……李某……如果以上学生对处理决定有异议，可以在接到本决定之日起5个工作日内，向学校学生申诉处理委员会提出书面申请，逾期不予受理。”处理决定作出后，李某所在班级辅导员张某2将决定内容告诉了李某，并告知受到处分将拿不到学位证书；同时也告知要好好学习，拿到学校奖学金，按照学校规定

〔1〕“李某诉山东某大学开除学籍案”，山东省济南市中级人民法院（2019）鲁01行终245号行政判决书。

有可能申请撤销处分。2018 年 6 月 15 日,原告向学位评定委员会写了认错书。同年 6 月 21 日,山东某大学向李某颁发了毕业证书。因原告未获得学士学位证书,起诉至法院。

二、法院判决

李某诉山东某大学开除学籍案:经审理,一审法院认为:本案中原告的诉讼请求有二:(1)依法判决被告履行职责作出对原告授予学士学位的决定;(2)对山东某大学校教字〔2015〕4 号处罚决定的合法性进行审查,予以撤销。一审法院认为,针对李某的诉讼请求(1),依据《学位条例》、《普通高等学校学生管理规定》及山东某大学的相关规定,李某存在该校规定的不授予学位情形,且该校的相关规定合法。故法院不予支持。针对诉讼请求二,此行政决定已超出法定的起诉期限,对该项请求予以驳回。

李某就一审法院认定事实不清,适用法律错误提起上诉。

二审法院认为:一审法院认定事实清楚,适用法律正确,程序合法,本院予以维持。上诉人的上诉理由不能成立,本院不予支持。

三、案例评析与理论延伸

本案是关于在校学生不服学校对其考试作弊行为给予处分决定的诉讼案件。其争议焦点是被告作出的关于给予李某同学开除学籍处分的决定是否符合事实及是否具有法律依据。

(一)我国教育立法中有关考试作弊的规定

对考生来说,考试作弊是指考生违背考试公平、公正原则,以不正当手段获得或者试图获得试题答案、考试成绩的行为。《国家教育考试违规处理办法》(2012 年修正)第 6 条将“考试作弊”定义为,“考生违背考试公平、公正原则,在考试过程中有下列行为之一的,应当认定为考试作弊”,

其中“在答卷上填写与本人身份不符的姓名、考号等信息的”，应当认定为考试作弊。

（二）学校对考试作弊行为的学生给予开除学籍处分是否具有法律依据

考试是人才选拔的重要途径，维护考试公平事关社会公平正义。为了维护考试秩序，严肃考试纪律，有关部门还出台了相应的法律规定规范对国家教育考试中作弊行为的处理。《教育法》规定了学校对受教育者有进行学籍管理、实施奖励或者处分等权利。在普通高等学校的学生管理行为中，对于奖励或处分制度，《普通高等学校学生管理规定》（2017 年修正）的有关内容规定得更为具体，其中对学生的纪律处分，要求学校给予学生处分，与学生违法、违纪行为的性质和过错的严重程度相适应。对学生在考试中的作弊行为，第 52 条第 4 款明确规定，“学生有下列情形之一，学校可以给予开除学籍处分……（四）代替他人或者让他人代替自己参加考试、组织作弊、使用通讯设备或其他器材作弊、向他人出售考试试题或答案牟取利益，以及其他严重作弊或扰乱考试秩序行为的……”同时，要求学校应当根据本规定制定或修改学校的学生管理规定或者纪律处分规定。此外，教育部办公厅（2003）教电 504 号教育部办公厅《关于采取切实有效措施坚决刹住高等学校考试作弊歪风的紧急通知》第 4 条规定，对于充当“枪手”替他人考试和雇佣“枪手”替考的作弊者，应开除学籍。

当前司法实践中，法院在高校自定的学位授予标准能否作为行为依据的审理上，未形成统一的审查标准，对学术性标准和非学术标准采取不同的审查立场。对于学校制定的学术性标准，法院充分尊重学术自治，对学术评判坚持司法谦抑原则，认可高校自定的学位授予标准符合法律法规和其他相关文件精神，可以作为高校行为的依据。对于学校非学术性标准，法院的审判标准不一致，存在“类似案例不同判决”的现象。这一规定符合上位法的有关规定和精神，不存在冲突之处。李某的行为严重违反法律法规及学校管理制度，据此，学校对李某作出开除学籍的处分决定，与其行为性质和过错相适应，适用法律正确，开除学籍的决定并无不当之处。

四、主要法条链接

（一）《行政处罚法》（2021年修正）

第44条　行政机关在作出行政处罚决定之前，应当告知当事人拟作出的行政处罚内容及事实、理由、依据，并告知当事人依法享有的陈述、申辩、要求听证等权利。

第61条　行政处罚决定书应当在宣告后当场交付当事人；当事人不在场的，行政机关应当在七日内依照《中华人民共和国民事诉讼法》的有关规定，将行政处罚决定书送达当事人。

当事人同意并签订确认书的，行政机关可以采用传真、电子邮件等方式，将行政处罚决定书等送达当事人。

（二）《教育法》（2021年修正）

第29条第1款　学校及其他教育机构行使下列权利：

（一）按照章程自主管理；

（二）组织实施教育教学活动；

（三）招收学生或者其他受教育者；

（四）对受教育者进行学籍管理，实施奖励或者处分；

（五）对受教育者颁发相应的学业证书；

（六）聘任教师及其他职工，实施奖励或者处分；

（七）管理、使用本单位的设施和经费；

（八）拒绝任何组织和个人对教育教学活动的非法干涉；

（九）法律法规规定的其他权利。

(三)《学位条例》(2004 年修正,已失效)

第 2 条　凡是拥护中国共产党的领导、拥护社会主义制度,具有一定学术水平的公民,都可以按照本条例的规定申请相应的学位。

(四)《国家教育考试违规处理办法》(2012 年修正)

第 6 条　考生违背考试公平、公正原则,在考试过程中有下列行为之一的,应当认定为考试作弊:

(一)携带与考试内容相关的材料或者存储有与考试内容相关资料的电子设备参加考试的;

(二)抄袭或者协助他人抄袭试题答案或者与考试内容相关的资料的;

(三)抢夺、窃取他人试卷、答卷或者胁迫他人为自己抄袭提供方便的;

(四)携带具有发送或者接收信息功能的设备的;

(五)由他人冒名代替参加考试的;

(六)故意销毁试卷、答卷或者考试材料的;

(七)在答卷上填写与本人身份不符的姓名、考号等信息的;

(八)传、接物品或者交换试卷、答卷、草稿纸的;

(九)其他以不正当手段获得或者试图获得试题答案、考试成绩的行为。

(五)《普通高等学校学生管理规定》(2017 年修订)

第 20 条　学校应当开展学生诚信教育,以适当方式记录学生学业、学术、品行等方面的诚信信息,建立对失信行为的约束和惩戒机制;对有严重失信行为的,可以规定给予相应的纪律处分,对违背学术诚信的,可以对其获得学位及学术称号、荣誉等作出限制。

第 57 条　除开除学籍处分以外,给予学生处分一般应当设置 6 到 12 个月期限,到期按学校规定程序予以解除。解除处分后,学生获得表彰、奖励及其他权益,不再受原处分的影响。

第 67 条　学校应当根据本规定制定或修改学校的学生管理规定或者纪

律处分规定,报主管教育行政部门备案(中央部委属校同时抄报所在地省级教育行政部门),并及时向学生公布。

省级教育行政部门根据本规定,指导、检查和监督本地区高等学校的学生管理工作。

第五章　民办教育

案例二十一：民办中学行使自主招生权的程序要求[1]

一、基本案情

原告山川中学系具有高中全日制教育办学资格的民办学校，2017 年 7 月 5 日，被告 Y 市教育局向山川中学下达《Y 市教育局关于下达 2017 年高中阶段招生计划的通知》，该计划中确定山川中学 2017 年招生计划人数为 304 人。山川中学 2017 年度实际招收学生 580 人，超出上述计划 276 人。2017 年 9 月 13 日，被告 Y 市教育局向山川中学下达《关于山川中学超计划招生的整改通知》，责令山川中学在 2017 年 10 月 31 日前完成超计划招收的 276 人的退学和退费工作。

2018 年 3 月 26 日，Y 市教育局对山川中学超计划招收的 276 人未进行清退的行为立案调查，2018 年 3 月 29 日，Y 市教育局向山川中学下达《教育行政处罚告知书》，认为山川中学超计划招收学生 304 人，违反了《教育法》（2015 年修正）第 76 条的规定，拟对山川中学作出停止 2018 年招生的行政处罚。2018 年 4 月 4 日，Y 市教育局向山川中学下达《教育行政处罚听证通

---

〔1〕 宁夏回族自治区银川市中级人民法院行政判决书，(2019) 宁 01 行终 52 号。

知书》。2018 年 4 月 8 日，Y 市教育局召开了行政处罚听证会，山川中学提交了听证答辩意见。2018 年 4 月 15 日，Y 市教育局向山川中学公证送达《教育行政处罚决定书》。山川中学不服于 2018 年 5 月 28 日向被告 Y 市人民政府申请行政复议，被告 Y 市人民政府于 2018 年 6 月 13 日受理了山川中学的行政复议申请。2018 年 7 月 26 日，被告 Y 市人民政府作出《行政复议决定书》，维持被告 Y 市教育局作出的《行政处罚决定书》。山川中学不服，提起诉讼，请求依法判令撤销被告 Y 市教育局作出的《行政处罚决定书》，撤销被告 Y 市人民政府作出的《行政复议决定书》。

山川中学诉称，(1)根据《教育法》(2015 年修正)第 76 条的规定，只有在学校或者其他教育机构违反国家有关规定招生的前提下，相关行政部门才能对相关教育主体作出行政处罚。但 Y 市教育局在其作出的《行政处罚决定书》中并未列明山川中学具体违反了哪一条“国家规定”。山川中学在向 Y 市教育局申请信息公开后才得知，作出行政处罚的依据是教育部办公厅《关于做好 2017 年高中阶段学校招生工作的通知》和省教育厅《关于下达 2017 年全省高中阶段招生计划的通知》。因 Y 市教育局没有载明据以作出行政处罚的法律依据，故其作出行政处罚的行为属适用法律错误，依法应当予以撤销。(2)《教育法》(2015 年修正)第 76 条属于准用性规则，该条款的内容本身没有规定具体的行为模式，需要援引或参照其他相应内容的规定才可适用，不能单独作为行政处罚的依据。省教育厅制定的招生文件不属于国家规定，Y 市教育局不能据此制定、审批上诉人自主招生的计划和方案。虽然《教育法》(2015 年修正)第 14 条、第 15 条和《民办教育促进法》(2018 年修正)第 8 条赋予县级以上地方各级人民政府教育行政部门主管本行政区域内的教育工作的权力，但并没有授予地方教育行政主管机关制定、审批民办高中学校招生计划和招生方案的权力，更没有授予地方教育行政主管机关依据《教育法》(2015 年修正)第 76 条进行行政处罚的权力。根据

《中华人民共和国立法法》(2015年修正)(以下简称《立法法》)第92条的规定,当同一机关制定的法律,特别规定与一般规定不一致的,适用特别规定。《民办教育促进法》作为《教育法》的特别法,对于招生行为的法律适用问题,应当以《民办教育促进法实施条例》(2004年修订)第31条、第38条的规定为准。根据国务院《关于鼓励社会力量兴办教育促进民办教育健康发展的若干意见》(2016年发布)第17条的规定,社会声誉好、教学质量高、就业有保障的民办高等职业学校,可在核定的办学规模内自主确定招生范围和年度招生计划。中等以下层次民办学校可以按照国家有关规定,在核定的办学规模内,与当地公办学校同期面向社会自主招生。可见,教育主管部门的职权仅是为民办学校在其办学规模内自主确定的招生范围、标准和方式进行备案。

Y市教育局辩称:其下发的《2017年高中阶段招生计划的通知》中,上诉人2017年招生计划为304人。上诉人明知下达的招生计划人数,仍实际招生580人,超计划招生276人。Y市教育局依据《教育法》(2015年修正)第76条的规定作出处罚决定,认定事实清楚,适用法律正确,程序合法。

二、法院判决

法院判决驳回山川中学的诉讼请求。

三、案例评析与理论延伸

本案中,Y市教育局是否有权对山川中学作出行政处罚。

根据《教育法》(2021年修正)第14条第2款的规定,中等及中等以下教育在国务院领导下,由地方人民政府管理。根据《教育法》(2021年修正)第15条和《民办教育促进法》(2018年修正)第8条的规定,Y市教育局作为Y市教育工作的行政管理部门,享有对其行政区域内教育工作违法行为进行处罚的法定职权。

山川中学未经批准新增高一招收计划是否符合法律规定。

根据国务院在 2014 年 5 月发布《关于加快发展现代职业教育的决定》，在目标任务中提出结构规模更加合理的要求，即总体保持中等职业学校和普通高中招生规模大体相当。国务院发布的意见和决定，是为了贯彻和实施国家关于教育方面的法律和政策而制定的规范性文件，应当属于国家有关规定的范畴。省教育厅作为省人民政府的教育行政管理部门，下发省教育厅《关于下达 2017 年全省高中阶段招生计划的通知》，对全省中等普通教育和中等职业教育的招生人数进行有计划地确定，符合《教育法》(2021 年修正)第 14 条的规定，即“中等及中等以下教育在国务院领导下，由地方人民政府管理”，是对 2017 年度全省中等普通教育和中等职业教育工作的指导意见。Y 市教育局下发的《关于下达 2017 年高中阶段招生计划的通知》，属于根据省教育厅下发通知的内容，贯彻和实施国家关于教育方面的法律和政策，对辖区内各县市招生人数的进一步分解落实，并非自主确定招生计划。山川中学作为高中全日制教育办学资格的民办学校，应当按照《民办教育促进法》的规定，遵守法律、法规，贯彻国家的教育方针，根据已经审批核定的办学规模和备案的招生简章进行招生并开展教学。同时，《民办教育促进法》(2018 年修正)第 5 条规定，民办学校与公办学校具有同等的法律地位，国家保障民办学校的办学自主权。国务院于 2016 年 12 月 29 日发布《关于鼓励社会力量兴办教育促进民办教育健康发展的若干意见》，其中第 17 条明确提出，“中等以下层次民办学校按照国家有关规定，在核定的办学规模内，与当地公办学校同期面向社会自主招生”；第 21 条提出，“民办学校要诚实守信、规范办学。办学条件应符合国家和地方规定的设置标准和有关要求，在校生数要控制在审批机关核定的办学规模内”。山川中学在新增高一招生计划未获教育行政部门批准的情形下，直接自主增加招生人数，违反了上述国家关于招收学生的规定。

Y 市教育局作出的行政处罚是否符合法律规定。

Y 市教育局依据《教育法》(2015 年修正)第 76 条的规定,对山川中学作出责令停止 2018 年招生的行政处罚,山川中学认为该行政处罚侵犯了其作为民办学校的招生自主权。关于民办学校的办学自主权及招生自主权问题,《民办教育促进法实施条例》(2021 年修订)第 31 条第 1 款规定:"实施学前教育、学历教育的民办学校享有与同级同类公办学校同等的招生权,可以在审批机关核定的办学规模内,自主确定招生的标准和方式,与公办学校同期招生。实施义务教育的民办学校应当在审批机关管辖的区域内招生,纳入审批机关所在地统一管理。实施普通高中教育的民办学校应当主要在学校所在设区的市范围内招生,符合省、自治区、直辖市人民政府教育行政部门有关规定的可以跨区域招生。招收接受高等学历教育学生的应当遵守国家有关规定。县级以上地方人民政府教育行政部门、人力资源社会保障行政部门应当为外地的民办学校在本地招生提供平等待遇,不得设置跨区域招生障碍实行地区封锁。民办学校招收学生应当遵守招生规则,维护招生秩序,公开公平公正录取学生。实施义务教育的民办学校不得组织或者变相组织学科知识类入学考试,不得提前招生。民办学校招收境外学生,按照国家有关规定执行。"《民办教育促进法》(2018 年修正)第 5 条规定,"民办学校与公办学校具有同等的法律地位,国家保障民办学校的办学自主权……";《教育法》(2021 年修正)第 14 条规定:"中等及中等以下教育在国务院领导下,由地方人民政府管理。"根据上述法律规定,非营利性质的民办高中学校,在教育行政主管部门核定的办学规模内,享有与同级同类公办学校同等的招生权,可以自主确定招生的范围、标准和方式,应当主要在学校所在设区的市范围内招生,符合省、自治区、直辖市人民政府教育行政部门有关规定的可以跨区域招生。教育行政主管部门不得对民办学校跨区域招生设置障碍，但其在校生人数要控制在审批机关核定的办学规模内。

山川中学提出的“根据《民办教育促进法》(2018 年修正)第 5 条规定，民办学校享有办学自主权，国务院《关于鼓励社会力量兴办教育促进民办教育健康发展的若干意见》(2016 年发布)也规定民办学校可自主招生，所以学校有权自主确定招生人数，教育部门无权干涉”的意见，属于对上述法律条文和国务院规定的理解上存在错误认识。《民办教育促进法》(2018 年修正)第 61 条规定，“民办学校在教育活动中违反教育法、教师法规定的，依照教育法、教师法的有关规定给予处罚”；《教育法》(2021 年修正)第 76 条规定，“学校或者其他教育机构违反国家有关规定招收学生的，由教育行政部门或者其他有关行政部门责令退回招收的学生，退还所收费用；对学校、其他教育机构给予警告，可以处违法所得五倍以下罚款；情节严重的，责令停止相关招生资格一年以上三年以下，直至撤销招生资格、吊销办学许可证；对直接负责的主管人员和其他直接责任人员，依法给予处分；构成犯罪的，依法追究刑事责任”。Y 市教育局根据调查核实的事实，依据《教育法》(2021 年修正)第 76 条的规定，对山川中学作出的行政处罚，事实清楚，证据充分，程序合法，适用法律正确。

山川中学作为高中全日制教育办学资格的民办学校，应当按照《民办教育促进法》及其实施条例的要求，遵守法律、法规和国家有关规定，贯彻国家的教育方针政策，根据已经审批核定的办学规模和备案的招生简章进行招生并开展教学。山川中学在新增高一招生计划未获教育行政部门批准的情形下，直接自主增加招生人数，Y 市教育局对其作出停止 2018 年招生的行政处罚决定，符合法律、法规规定。

四、主要法条链接

(一)《教育法》(2021 年修正)

第 14 条　国务院和地方各级人民政府根据分级管理、分工负责的原则，领导和管理教育工作。

中等及中等以下教育在国务院领导下，由地方人民政府管理。

高等教育由国务院和省、自治区、直辖市人民政府管理。

第15条 国务院教育行政部门主管全国教育工作，统筹规划、协调管理全国的教育事业。

县级以上地方各级人民政府教育行政部门主管本行政区域内的教育工作。

县级以上各级人民政府其他有关部门在各自的职责范围内，负责有关的教育工作。

第76条 学校或者其他教育机构违反国家有关规定招收学生的，由教育行政部门或者其他有关行政部门责令退回招收的学生，退还所收费用；对学校、其他教育机构给予警告，可以处违法所得五倍以下罚款；情节严重的，责令停止相关招生资格一年以上三年以下，直至撤销招生资格、吊销办学许可证；对直接负责的主管人员和其他直接责任人员，依法给予处分；构成犯罪的，依法追究刑事责任。

（二）《民办教育促进法》（2018年修正）

第5条 民办学校与公办学校具有同等的法律地位，国家保障民办学校的办学自主权。

国家保障民办学校举办者、校长、教职工和受教育者的合法权益。

第8条 县级以上地方各级人民政府教育行政部门主管本行政区域内的民办教育工作。

县级以上地方各级人民政府人力资源社会保障行政部门及其他有关部门在各自的职责范围内，分别负责有关的民办教育工作。

第61条 民办学校在教育活动中违反教育法、教师法规定的，依照教育法、教师法的有关规定给予处罚。

(三)《民办教育促进法实施条例》(2021 年修订)

第 31 条　实施学前教育、学历教育的民办学校享有与同级同类公办学校同等的招生权,可以在审批机关核定的办学规模内,自主确定招生的标准和方式,与公办学校同期招生。

实施义务教育的民办学校应当在审批机关管辖的区域内招生,纳入审批机关所在地统一管理。实施普通高中教育的民办学校应当主要在学校所在设区的市范围内招生,符合省、自治区、直辖市人民政府教育行政部门有关规定的可以跨区域招生。招收接受高等学历教育学生的应当遵守国家有关规定。

县级以上地方人民政府教育行政部门、人力资源社会保障行政部门应当为外地的民办学校在本地招生提供平等待遇,不得设置跨区域招生障碍实行地区封锁。

民办学校招收学生应当遵守招生规则,维护招生秩序,公开公平公正录取学生。实施义务教育的民办学校不得组织或者变相组织学科知识类入学考试,不得提前招生。

民办学校招收境外学生,按照国家有关规定执行。

(四)国务院《关于鼓励社会力量兴办教育促进民办教育健康发展的若干意见》(2016 年发布)

第 17 条　保障依法自主办学。扩大民办高等学校和中等职业学校专业设置自主权,鼓励学校根据国家战略需求和区域产业发展需要,依法依规设置和调整学科专业。民办中小学校在完成国家规定课程前提下,可自主开展教育教学活动。支持民办学校参与考试招生制度改革。社会声誉好、教学质量高、就业有保障的民办高等职业学校,可在核定的办学规模内自主确定招生范围和年度招生计划。中等以下层次民办学校按照国家有关规定,在核定的办学规模内,与当地公办学校同期面向社会自主招生。各地不得对民办学校跨区域招生设置障碍。

第21条　规范学校办学行为。民办学校要诚实守信、规范办学。办学条件应符合国家和地方规定的设置标准和有关要求，在校生数要控制在审批机关核定的办学规模内。要按照国家和地方有关规定做好宣传、招生工作，招生简章和广告须经审批机关备案。具有举办学历教育资格的民办学校，应按国家有关规定做好学籍管理工作，对招收的学历教育学生，学习期满成绩合格的颁发毕业证书，未达到学历教育要求的发给结业证书或者其他学业证书；对符合学位授予条件的学生，颁发相应的学位证书。各类民办学校对招收的非学历教育学生，发给结业证书或者培训合格证书。

案例二十二：幼儿园股东知情权的行使方式[1]

一、基本案情

管道幼儿园成立于2002年7月31日，性质为民办非企业（法人）单位，注册资金为145万元。顾某原系管道幼儿园的老师。2002年8月8日，管道幼儿园向顾某出具了《股东出资证明书》，载明"幼儿园于2002年7月31日经X市Q区民政局核发民办非企业单位登记证书（法人），民证字第002号，开办资金145万元，股东顾某于2002年8月8日向本园出资叁万伍仟伍佰贰拾元，占幼儿园开办资金2.88%"。2018年1月3日，顾某向管道幼儿园及法定代表人邮寄了《行使知情权通知书》一份，载明："本人顾某，是管道幼儿园的原始投资人，出资占比2.88%，幼儿园为我出具了股东出资证明。根据法律规定和法理要求，我应当依法享有对幼儿园经营管理及财务状况的知情权及重大经营事项的决策权，但一直以来幼儿园未能保障我的知情权和决策权，法定代表人也一直拒绝配合。为此，本人特书面通知幼儿园，

[1] 江苏省徐州市中级人民法院民事判决书，(2018)苏03民终7191号。

要求:在收到本通知后 7 日内完整提供自 2002 年至今的财务账簿(会计账簿)、财务会计报告(包括资产负债表、损益表、现金流量表、财务情况说明书、利润分配表等)供我查阅、复制,望法定代表人依法予以配合。特此通知。"

其后管道幼儿园向顾某发送了《关于要求行使知情权的回复》,答复称因负责财务的股东轮休,请顾某于 2018 年 3 月 9 日到管道幼儿园一次性查询相关的财务账簿和报告,并要求不得提出与行使知情权无关的要求,更不得影响管道幼儿园的正常工作秩序。

顾某收到该回复后认为,该回复未加盖公章,且管道幼儿园提出的可以查阅相关材料的时间距顾某提出要求的时间过长,认为系管道幼儿园在故意拖延时间,侵害其股东知情权,遂提起诉讼,请求判令管道幼儿园提供自 2002 年至今的财务账簿(会计账簿)、财务会计报告(包括资产负债表、损益表、现金流量表、财务情况说明书、利润分配表等)供顾某查阅、复制。

管道幼儿园认为其是民办教育机构,并非《公司法》中的股份有限公司或有限责任公司,也不是《合伙企业法》中的合伙企业。《公司法》(2018 年修正)第 1 条规定:"为了规范公司的组织和行为,保护公司、股东和债权人的合法权益,维护社会经济秩序,促进社会主义市场经济的发展,制定本法。"第 2 条规定:"本法所称公司是指依照本法在中国境内设立的有限责任公司和股份有限公司。"《合伙企业法》(2006 年修正)第 1 条规定:"为了规范合伙企业的行为,保护合伙企业及其合伙人、债权人的合法权益,维护社会经济秩序,促进社会主义市场经济的发展,制定本法。"第 2 条第 1 款规定:"本法所称合伙企业,是指自然人、法人和其他组织依照本法在中国境内设立的普通合伙企业和有限合伙企业。"从以上规定可以看出,上述两部法律对其适用范围有明确规定,管道幼儿园不属于适用的范围。而且,即使是《公司法》,因为公司的性质分为有限责任公司和股份有限公司,对股东的知情权保护的范围也是不同的,比如,后者的股东对公司的账簿并不享有查阅权。本案应当严格适用《民办教育促进法》的相关规定。《民办教育促进法》(2016 年修正)第 39 条规定,民办学校资产的使用和财务管理受审批机关和其他有关部门的监督。民办学校应当在每个会计年度结束时制作财务会计报告,委托会计师事务所依法进行审计,并公布审计结果。第 22 条规定:"学校理事会或者董事会行使下列职权……(四)筹集办学经费,审核预算、决算……"上述规定是法律对民办学校出资人资产和知情权保护的具体规定,即由董事会或类似机构审核学校的预算和决算,学校向出资人公布经审计的财务报告结果,法律并未规定出资人可以查阅、复制财务报告、可以查阅财务账册。《民办教育促进法》对出资人知情权的保护,并没有参照《公司法》股东知情权进行相应的规定,说明立法机构对公司和民办教育学校有着不同的考虑,因此设计了不同的制度。本案不能参照引用《公司法》及《合伙企业法》的相关规定来评价顾某是否享有知情权。

二、法院判决

(1)管道幼儿园应当提供自 2002 年 7 月 31 日成立至判决生效日止的财务会计报告(包括但不限于资产负债表、损益表、现金流量表、财务状况说明表、利润分配表)供顾某查阅、复制;(2)管道幼儿园于判决生效之日起 10 日内提供自 2002 年 7 月 31 日成立至判决生效日止的会计账簿供顾某查阅。

三、案例评析与理论延伸

本案中,顾某作为管道幼儿园的举办者是否有权利查阅和复制管道幼儿园自 2002 年 7 月 31 日成立至案发日的财务会计报告和财务会计账簿。

《公司法》(2023 年修订)第 2 条规定:"本法所称公司,是指依照本法在中国境内设立的有限责任公司和股份有限公司。"《合伙企业法》(2006 年修正)第2条第1款规定:“本法所称合伙企业,是指自然人、法人和其他组织依照本法在中国境内设立的普通合伙企业和有限合伙企业。”管道幼儿园作为民办学校属于民办非法人单位,与公办学校具有同等的法律地位,是社会主义教育事业的重要组成部分但并非公司企业,因此本案不能参照引用《公司法》及《合伙企业法》的相关规定评价顾某是否享有知情权。本案案由的性质应为知情权纠纷,而非公司企业所发生的股东知情权纠纷,不宜直接将《公司法》作为裁判依据。从知情权纠纷性质上的共通表现来讲,在其他法律(如《民办教育促进法》)缺乏具体规定的情况下,是否可参照《公司法》的相关规定予以类推处理具体问题?

笔者认为,民办学校在设立模式、组织机构、自治规则等方面与公司规制具有相似性,其与举办者的关系本质上类同于公司与股东的关系,知情权尤其是关于学校财务会计账簿及财务会计报告知情权的行使不仅是学校举办者了解学校经营情况、参与学校重要决策、选择管理人的重要基础,更是保障自身合理回报的必要前提,且《民办教育促进法》(2018年修正)第5条亦明确规定要保障民办学校举办者、校长、教职工和受教育者的合法权益,所谓合法权益是指符合法律规定的权利和利益。举办者的合法权益应当包括知情权。故顾某诉请保护的知情权应当被支持。

本案中顾某如何行使作为管道幼儿园举办者的知情权。

首先,管道幼儿园作为民办学校本身应具有相关章程规定,若管道幼儿园章程中约定了举办者查阅财务会计报告及财务会计账簿的方式,则顾某应按照约定的方式行使知情权。但本案中双方均不能向法院提供管道幼儿园的章程。其次,《民办教育促进法》或其他法律中并未有民办非企业单位出资人行使知情权具体方式的明文规定,但根据《民办教育促进法》的相关规定,民办学校应当在每个会计年度结束时制作财务会计报告,委托会计师事务所依法进行审计,并公布审计结果。由此可知,举办者或其代表有权通过理事会或董事会对学校的资产和财务进行管理、审核，财务会计报告和会计账簿等资料恰好是记录和反映学校资产与财务管理等内容的重要载体，故顾某可以通过对会计报告和会计账簿等资料的查看行使其合法知情权。

四、主要法条链接

（一）《民办教育促进法》（2018年修正）

第5条　民办学校与公办学校具有同等的法律地位，国家保障民办学校的办学自主权。

国家保障民办学校举办者、校长、教职工和受教育者的合法权益。

第20条　民办学校应当设立学校理事会、董事会或者其他形式的决策机构并建立相应的监督机制。

民办学校的举办者根据学校章程规定的权限和程序参与学校的办学和管理。

第21条　学校理事会或者董事会由举办者或者其代表、校长、教职工代表等人员组成。其中三分之一以上的理事或者董事应当具有五年以上教育教学经验。

学校理事会或者董事会由五人以上组成，设理事长或者董事长一人。理事长、理事或者董事长、董事名单报审批机关备案。

第22条　学校理事会或者董事会行使下列职权：

（一）聘任和解聘校长；

（二）修改学校章程和制定学校的规章制度；

（三）制定发展规划，批准年度工作计划；

（四）筹集办学经费，审核预算、决算；

（五）决定教职工的编制定额和工资标准；

（六）决定学校的分立、合并、终止；

（七）决定其他重大事项。

其他形式决策机构的职权参照本条规定执行。

第25条　民办学校校长负责学校的教育教学和行政管理工作，行使下列职权：

（一）执行学校理事会、董事会或者其他形式决策机构的决定；

（二）实施发展规划，拟订年度工作计划、财务预算和学校规章制度；

（三）聘任和解聘学校工作人员，实施奖惩；

（四）组织教育教学、科学研究活动，保证教育教学质量；

（五）负责学校日常管理工作；

（六）学校理事会、董事会或者其他形式决策机构的其他授权。

第39条　民办学校资产的使用和财务管理受审批机关和其他有关部门的监督。

民办学校应当在每个会计年度结束时制作财务会计报告，委托会计师事务所依法进行审计，并公布审计结果。

（二）《公司法》（2023年修订）

第2条　本法所称公司，是指依照本法在中华人民共和国境内设立的有限责任公司和股份有限公司。

（三）《合伙企业法》（2006年修订）

第2条　本法所称合伙企业，是指自然人、法人和其他组织依照本法在中国境内设立的普通合伙企业和有限合伙企业。

普通合伙企业由普通合伙人组成，合伙人对合伙企业债务承担无限连带责任。本法对普通合伙人承担责任的形式有特别规定的，从其规定。

有限合伙企业由普通合伙人和有限合伙人组成，普通合伙人对合伙企业债务承担无限连带责任，有限合伙人以其认缴的出资额为限对合伙企业债务承担责任。

案例二十三：举办者变更登记的行政行为的性质认定[1]

一、基本案情

2003年3月10日，S县人民政府与陈某某签订《关于S县人民政府与陈某某筹建H省S县第三中学的协议》。协议约定，S县第三中学是公办民助单位，由双方联合投资。2012年4月9日，陈某某经S县人民政府批准和原告周某某签订《关于S县第三中学整体转让协议书》。2012年5月20日，S县人民政府和S县第三中学签订《H省S县第三中学管理权限转移协议》，以周某某为代表的董事会接管了S县第三中学。

S县第三中学成立后，被告Z市教育体育局先后4次为其颁发了办学许可证。第一次办学许可证的举办者是“陈某某”（该办学许可证被告没有提供）。第二次办学许可证的举办者变更为“周某某”，有效期限从2010年5月1日至2018年5月1日。2016年11月23日，被告给其颁发了第三个民办学校办学许可证，该办学许可证上面除举办者变更为“王某某、周某某”外，名称、地址、学校类型、办学内容、主管部门及有效期限均未变化，只是在许可证年度检查情况一栏中标注有“2016年11月23日变更举办者、校长及2016年度合格”字样，在该字样上面加盖有Z市教育体育局的相关印章。后因原告周某某与何某某等人发生股权纠纷，在办学许可期限到期前，S县教育体育局于2018年4月26日以“S县第三中学办学许可证即将于2018年4月30日到期，按照H省教育厅及Z市教育局的要求，应于2018年4月30日前到审批机关换发办学许可证，但由于H省高级人民法院（2017）生效的豫民再某号民事判决，已判决周某某与何某某等人签订的股权转让协议有效，

---

〔1〕 河南省周口市中级人民法院行政判决书，（2020）豫16行终91号。

而学校举办者为争夺管理权互不相让,为确保学校稳定及教学的正常开展,S县教育体育局成立工作组进驻并接管了学校,学校举办者已退出学校管理工作”为由向被告提出延期换发S县第三中学办学许可证的报告,对该延期报告,被告没有出具书面答复意见。庭审时,被告提出,被告当时已口头同意准许S县第三中学延期换发办学许可证。

2019年5月28日,被告作出《关于对S县第三中学换发办学许可证的督办函》,指出“S县第三中学学校章程中举办者不清晰、举办者投资数额和投资比例未载明等原因,Z市教育体育局无法受理S县第三中学的换证申请,要求S县人民政府在2019年7月1日前将S县第三中学存在的问题予以办结,并将办结情况函告Z市教育体育局,避免影响S县第三中学换发办学许可证”。

2019年6月11日,S县教育体育局组织自称是举办者身份的王某某、何某某、胡某某、王某及周某某的委托代理人刘某某,召开S县第三中学换证协调会,与会人员均同意必须换发新的办学许可证,但周某某的委托代理人不同意新的办学许可证举办者一栏中写“王某某等”。2019年10月8日,S县教育体育局向被告Z市教育体育局提出《关于S县第三中学换发办学许可证的请示》,认为何某某、胡某某、王某某、周某某及王某等与会人员已达成一致意见,同意在办学许可证上注明举办者为“王某某等”,S县第三中学已具备换发新办学许可证的条件,建议为S县第三中学换发新证。同日,S县第三中学以申请人“王某某等”(申请书上面加盖有S县第三中学印章),向被告提出换证申请,同时向被告提供了以下材料:(1)举办者为“周某某、王某某”的原办学许可证;(2)S县人民政府和S县第三中学签订的改制协议书;(3)消防合格证明;(4)建设用地规划许可证;(5)换发许可证会议纪要;(6)王某某的基本情况及学校资金、资产情况;(7)学校章程及成员信息;(8)学校审计报告等材料。2019年10月16日,被告作出《关于S县第三中学换发办学许可证的批复》,同意 S 县第三中学换发办学许可证,举办者为“王某某等”。同日,被告在 S 县第三中学举办者为“王某某等”的换证申报表的审批机关审批意见一栏中填写“同意换证”,并加盖有 Z 市教育局行政审批专用章。至此,被告为 S 县第三中学换发了第四份办学许可证,该办学许可证与第三份办学许可证上面填写的许可证号、名称、地址、校长姓名、学校类型、办学内容及主管部门完全相同。不同的是:(1)举办者由“周某某、王某某”变成了“王某某等”;(2)有效期限变更为“从 2019 年 10 月 16 日至 2022 年 5 月 1 日”。

原告周某某主张其系 S 县第三中学的法定代表人、学校的举办者。S 县第三中学的民办学校办学许可证到期后,需换发新证,但被告在换发新证时,违法变更了举办者,将办学许可证上面的举办者由“周某某、王某某”变更为“王某某等”,被告在行政过程中剥夺了原告享有的陈述、申辩及听证的权利,程序严重违法,其行为已侵犯了原告的合法权益;被告变更举办者不但超越职权,而且事实不清。故原告提起行政诉讼,要求(1)判令撤销被告 2019 年 10 月 16 日将第三人 S 县民办学校办学许可证中的举办者由“周某某、王某某”变更为“王某某等”的行政行为;(2)撤销被告 2019 年 10 月 16 日作出的《关于 S 县第三中学换发办学许可证的批复》。

被告 Z 市教育体育局辩称,被告享有换发办学许可证的法定职权。被告为 S 县第三中学换发办学许可证的行为不是新的行政许可行为,而是原行政许可的延续,即换发新的许可证,不存在原告所称的听证程序。被告在为 S 县第三中学换发办学许可证时充分考虑了投资人之间的纠纷,采取的是不介入、不评论的态度,投资人之间的投资权益由投资人协商或经法院依法解决,解决后,通过相关程序申请变更。被告在 S 县第三中学的办学许可证上面将举办者登记为“王某某等”的行为没有侵犯原告的权益,而是保护了所有投资人的合法权益,办学许可证到期后,如不进行换发,该校将无法招生。被告的换证行为事实清楚、程序合法。

二、法院判决

法院判决撤销被告Z市教育体育局2019年10月16日将S县第三中学办学许可证中的举办者由“周某某、王某某”变更为“王某某等”的行政许可行为；撤销被告Z市教育体育局2019年10月16日作出的《关于S县第三中学换发办学许可证的批复》。

三、案例评析与理论延伸

（一）本案中，关于被告为S县第三中学换发办学许可证时，将举办者“周某某、王某某”变更为“王某某等”的行为是对原行政许可行为的延续还是对原行政许可行为进行了变更

《行政许可法》（2019年修正）第50条第1款规定：“被许可人需要延续依法取得的行政许可的有效期限的，应当在该行政许可有效期限届满三十日前向作出行政许可决定的行政机关申请。但是，法律、法规、规章另有规定的，依照其规定。”

《行政许可法》（2019年修正）第49条规定：“被许可人要求变更行政许可事项的，应当向作出行政许可决定的行政机关提出申请；符合法定条件、标准的，行政机关应当依法办理变更手续。”由此可见，行政许可的变更，是指行政机关根据被许可人的请求，对许可事项的具体内容在许可被批准后加以变更的行为。而延续只是对行政许可有效期限的延长，不涉及对行政许可内容的改变。

本案中，因王某某、何某某、胡某某、王某及周某某之间的股权纠纷，5人均主张自己是举办者身份，各方无法达成一致，无法正常开展换证工作，后为正常开展教学工作，在被告的督促下，S县第三中学才以“王某某等”为举

办者向被告提出换发许可证申请。虽 S 县第三中学向被告提出的申请书字面上显示,其提出的是换发办学许可证申请,但与之前的办学许可证上的举办者“周某某、王某某”相比新的办学许可证举办者仅体现“王某某等”字样,实质上是申请被告对办学许可事项的具体内容(举办者)加以变更的行为。被告在受理 S 县第三中学的申请后,应当根据其申请的实质请求,按照举办者变更的程序进行审查。

民办学校举办者的变更需经过法定程序予以完成,《民办教育促进法》(2018 年修正)第 54 条规定:“民办学校举办者的变更,须由举办者提出,在进行财务清算后,经学校理事会或者董事会同意,报审批机关核准。”被告在 S 县第三中学没有进行财务清算的情况下,按照 S 县第三中学的申请将举办者由“周某某、王某某”变更为“王某某等”,直接将周某某剔除举办者名单的行为违反了上述法律的规定。

(二)关于被告作出的《关于 S 县第三中学换发办学许可证的批复》,事实是否清楚、是否侵犯原告周某某的合法权益问题

从事实方面而言,确定 S 县第三中学的举办者是谁属于 S 县第三中学内部的股权纠纷,应由其通过司法程序解决,由司法机关判断谁符合学校举办者的特征,被告作为行政机关超出自身的职权范围,对此进行判断,显属不妥。

从程序方面而言,《行政许可法》(2019 年修订)第 36 条规定:“行政机关对行政许可申请进行审查时,发现行政许可事项直接关系他人重大利益的,应当告知该利害关系人。申请人、利害关系人有权进行陈述和申辩。行政机关应当听取申请人、利害关系人的意见。”《行政许可法》(2019 年修订)第 47 条第 1 款规定:“行政许可直接涉及申请人与他人之间重大利益关系的,行政机关在作出行政许可决定前,应当告知申请人、利害关系人享有要求听证的权利;申请人、利害关系人在被告知听证权利之日起五日内提出听证申请的，行政机关应当在二十日内组织听证。”学校举办者的变更是一种行政许可行为，应按照《行政许可法》《民办教育促进法》的规定程序办理，由举办者提出申请，审批机关依法核准，而不是上下级行政机关的请示与批复形式。本案被告是根据S县教育体育局的请示作出的同意举办者由“周某某、王某某”变更为“王某某等”的批复，该批复与原告周某某有利害关系，周某某有权提起行政诉讼。由于被告在作出被诉批复前并未按照上述规定告知周某某享有陈述申辩的权利，也未召开听证会听取周某某的意见，直接作出同意举办者由“周某某、王某某”变更为“王某某等”的批复实属程序违法，实质性侵害了周某某的合法权益。

综上，被告作出的同意举办者由“周某某、王某某”变更为“王某某等”的批复及审核批准举办者由“周某某、王某某”变更为“王某某等”的行为，认定事实不清、程序违法，依法应予以撤销。

四、主要法条链接

（一）《行政许可法》（2019年修订）

第36条　行政机关对行政许可申请进行审查时，发现行政许可事项直接关系他人重大利益的，应当告知该利害关系人。申请人、利害关系人有权进行陈述和申辩。行政机关应当听取申请人、利害关系人的意见。

第47条第1款　行政许可直接涉及申请人与他人之间重大利益关系的，行政机关在作出行政许可决定前，应当告知申请人、利害关系人享有要求听证的权利；申请人、利害关系人在被告知听证权利之日起五日内提出听证申请的，行政机关应当在二十日内组织听证。

第49条　被许可人要求变更行政许可事项的，应当向作出行政许可决定的行政机关提出申请；符合法定条件、标准的，行政机关应当依法办理变更手续。

第50条 被许可人需要延续依法取得的行政许可的有效期的，应当在该行政许可有效期届满三十日前向作出行政许可决定的行政机关提出申请。但是，法律、法规、规章另有规定的，依照其规定。

行政机关应当根据被许可人的申请，在该行政许可有效期届满前作出是否准予延续的决定；逾期未作决定的，视为准予延续。

（二）《民办教育促进法》（2018年修正）

第54条 民办学校举办者的变更，须由举办者提出，在进行财务清算后，经学校理事会或者董事会同意，报审批机关核准。

案例二十四：民办教育培训机构教育培训合同的效力认定[1]

一、基本案情

ADS公司成立于2017年9月6日，系有限责任公司，经营范围为文化艺术咨询、资料翻译服务、会展服务、企业文化信息咨询、留学咨询、国际语言考试咨询、留学考试咨询、商务信息咨询（依法须经批准的项目，经相关部门批准后方可开展经营活动）。S市G区教育体育和文化旅游委员会于2019年9月26日出具《情况说明》，明确ADS公司未在该部门申办过办学许可证。

2018年7月26日，沈某作为丁某某、沈某某（受教育方、乙方）的法定监护人与ADS公司（教育方、甲方）签订《艾迪逊留学雅思VIP课程一对二辅导合同》，其中约定：为提高乙方的英语听说读写能力，确保至2019年6月底前乙方能在雅思语言测试中达到目标分5.5分，双方达成本协议；甲方向乙方提供雅思全程课程辅导200课时（1课时=1小时），同时附赠200课时助

[1] 江苏省苏州市中级人民法院民事判决书，（2020）苏05民终851号。

教课程，甲方的课时费为450元/人，材料费800元/人，课时费总费用为18万元，材料费总费用为1600元；乙方在签署合同后24小时内支付课时费6万元，2018年12月1日前支付课时费6万元，2019年3月1日前支付课时费6万元。合同签订后，甲方即应为乙方建立包括辅导记录、学生作业完成反馈、授课计划、学生测试卷等内容在内的文本档案，并根据对乙方的测试和咨询，制定一个切实可行的辅导方案和择师标准；甲方负责培训、指导、管理授课教师，乙方需配合授课教师完成授课，每次授课前，甲方授课教师检查上次给乙方布置的作业，并将完成情况记录在教案中，甲方需综合乙方存在的问题适时优化调整授课计划、师资安排和辅导内容；每次授课前乙方必须按约定对要辅导的课程进行预习，并作简单预习笔记，由授课教师检查，授课教师留给乙方的作业，乙方要及时完成，乙方须使用甲方配备的辅导资料。合同中还约定了其他事项。

上述合同签订后，ADS公司陆续为丁某某、沈某某安排了雅思课程及助教课程的一对二培训。至2019年2月，双方因合同中约定的剩余课时费的支付事宜未能协商一致而产生纠纷。后ADS公司因“擅自变更登记注册事项”被S市G区市场监督管理局责令限期整改，已暂停营业。

2018年7月30日、12月12日，沈某先后为丁某某、沈某某两人向ADS公司支付课时费合计12万元，于2018年8月1日为丁某某、沈某某向ADS公司支付课程材料费1600元。丁某某、沈某某提供的雅思成绩单显示，两人在2019年6月的雅思考试成绩均低于5.5分。关于案涉辅导合同的实际履行情况，丁某某、沈某某自认，ADS公司已实际完成了96课时的雅思课程及96课时的助教课程。

丁某某、沈某某向一审法院起诉，请求判令丁某某、沈某某与ADS公司之间于2018年7月26日签订的《艾迪逊留学雅思VIP课程一对二辅导合同》无效；ADS公司立即返还丁某某、沈某某课程费12万元；ADS公司立即返还丁某某、沈某某课程材料费1600元;ADS公司赔偿丁某某、沈某某利息损失。

一审法院认为,从丁某某、沈某某与ADS公司签订的《艾迪逊留学雅思VIP课程一对二辅导合同》及ADS公司实际提供的授课内容来看,ADS公司在合同项下所从事的工作显然属于语言类文化教育的范畴,应当按照《民办教育促进法》(2018年修正)第12条的规定先行取得教育行政部门颁发的办学许可证。本案中,ADS公司在未取得办学许可证的情况下,擅自从事外语类教育培训,并与丁某某、沈某某签订《艾迪逊留学雅思VIP课程一对二辅导合同》,属于原《合同法》第52条[1]规定的违反法律、行政法规的强制性规定而无效的合同。

关于《艾迪逊留学雅思VIP课程一对二辅导合同》的效力问题。一审法院认为,结合《民办教育促进法》(2018年修正)第2条、第12条、第18条、第64条的规定内容可知,我国实行严格的教育行业准入行政许可制度,并非任何组织或单位均可开设民办学校或从事文化教育,其立法目的在于保障教育活动有序进行,保护教育活动参与人的合法权益,促进教育事业的健康发展,其保护的法益类型涉及公序良俗,故《民办教育促进法》(2018年修正)第12条的规定应为效力性强制性规定。ADS公司在未取得办学许可证的情况下开展教育培训活动,并非单纯的超范围经营问题,而且还违反了法律的效力性强制性规定。据此,丁某某、沈某某与ADS公司签订的《艾迪逊留学雅思VIP课程一对二辅导合同》应依法认定为无效合同。合同无效后,因该合同取得的财产,应当予以返还;不能返还或者没有必要返还的,应当折价补偿。综合考虑案涉教育培训本身的特殊性、ADS公司已实际提供的工作量、双方的过错程度及损失等因素,一审法院酌定ADS公司应返还丁某某、沈某某7万元。

---

[1]《民法典》第153条第1款。

一审法院依照原《合同法》第52条[1]、第58条[2],《民办教育促进法》(2018年修正)第12条、第65条第1款,最高人民法院《关于适用〈中华人民共和国合同法〉若干问题的解释(二)》(已失效)第14条[3]的规定,判决确认丁某某、沈某某与ADS公司于2018年7月26日签订的《艾迪逊留学雅思VIP课程一对二辅导合同》无效;作为过错一方的ADS公司应当对对方所受到的损失进行折价补偿,于判决发生法律效力之日起10日内返还丁某某、沈某某7万元。

ADS公司不服一审判决,提出上诉,请求撤销一审判决,改判驳回丁某某、沈某某的全部诉讼请求。事实和理由为:案涉合同应当认定为有效合同。《民办教育促进法》(2018年修正)于2018年12月29日施行,案涉合同签订在前,不应适用该法第12条认定合同无效。上述法律第12条并非效力性强制性规定,不影响合同效力。

丁某某、沈某某辩称:一审法院认定合同无效正确。《民办教育促进法》(2018年修正)第12条并非2018年新修正的内容,不存在溯及既往的问题。民办教育属于特殊教育,实行严格的行政许可准入,应当先取得办学许可证,才能从事相关的经营。

二、法院判决

二审法院认定ADS公司的上诉请求部分成立。依照原《民法总则》(2017)第153条第1款,[4]《民办教育促进法》(2018年修正)第12条、第18条、第65条,《民事诉讼法》(2017年修正)第170条第2款[5]的规定,改

[1] 《民法典》第153条第1款。

[2] 《民法典》第157条。

[3] 尽管相关司法解释已废止,当时的裁判理由和判决结论符合现行有关规定。

[4] 《民法典》第153条。

[5] 《民事诉讼法》(2023年修正)第177条第2款。

判确认丁某某、沈某某与 ADS 公司于 2018 年 7 月 26 日签订的《艾迪逊留学雅思 VIP 课程一对二辅导合同》有效，于 2019 年 9 月 18 日解除。

三、案例评析与理论延伸

本案的焦点为：《艾迪逊留学雅思 VIP 课程一对二辅导合同》是否因违反法律、行政法规的强制性规定而无效？

依据《民办教育促进法》（2016 年修正）第 12 条、第 18 条、第 65 条的规定，举办实施文化教育以及以职业技能为主的民办学校及其他民办教育机构，应经相关政府部门审批并颁发办学许可证。本案中，ADS 公司未取得办学许可证，从事语言类文化特殊教育活动，违反了上述强制性规定。《民办教育促进法》（2016 年修正）第 12 条、第 18 条、第 65 条并不是该法 2018 年修正时增加的条款，ADS 公司上诉主张一审法院适用上述条款违反法不溯及既往的原则，依据不足。

原《民法总则》第 153 条第 1 款[1]规定，违反法律、行政法规的强制性规定的民事法律行为无效，但是该强制性规定不导致该民事法律行为无效的除外。强制性规定分为两种：一种为效力性强制性规定，另一种为管理性强制性规定，根据最高人民法院《关于适用〈中华人民共和国合同法〉若干问题的解释（二）》（已失效）第 14 条的规定，[2]只有违反效力性强制性规定才会导致合同无效。

正确识别效力性强制性规定与管理性强制性规定一直是司法实践中的难题，正确理解、识别效力性强制性规定与管理性强制性规定，不仅关系民商事合同的效力维护，而且还会影响市场交易的安全与稳定。人民法院应当根据法律法规的意旨，权衡相互冲突的权益，综合认定《民办教育促进法》

---

〔1〕《民法典》第 153 条第 1 款。

〔2〕尽管相关司法解释已废止，当时的裁判理由和判决结论符合现行有关规定。

(2018 年修正)第 12 条属于效力性强制性规定还是管理性强制规定。

首先,这一规定的制定目的是要求民事主体在取得的相应许可的范围内从事教育活动,并不在于直接禁止签订培训合同的法律行为。其次,2016 年修正的《民办教育促进法》亦将在工商行政管理部门登记注册的经营性的民办培训机构从事的教育活动纳入《民办教育促进法》调整的范围之内。因不同的调整对象涉及的被保护的法益存在不同,其相应的立法目的亦不完全相同。

判断某项规定属于效力性强制性规定还是管理性强制规定非常重要的一方面在于违反该规定的行为是否严重侵害国家、集体和社会公共利益,是否需要国家权力对当事人的意思自治行为予以干预。具体到本案而言,ADS 公司为丁某某、沈某某提供雅思语言测试能力的培训并收取费用系经营性的商业行为,不属于国家限制经营、特许经营以及法律、行政法规禁止经营的范围。这与学历教育、与学校文化教育课程相关的文化教育活动所涉及的国家基本教育制度、教学秩序存在不同。本案所涉的该类无证办学行为,一方面,没有侵犯教育活动参与人的合法权益;另一方面,该行为也未严重侵害国家、集体和社会公共利益,不需要国家权力对当事人的意思自治行为予以干预。最后,从法益衡量的角度来看,《民办教育促进法》的相关规定仅适用于合同一方主体,保护教育活动参与人的合法权益的立法目的可以通过《民办教育促进法》规定的行政处罚制度以及合同违约制度实现,在合同内容亦已经部分履行的情形下,而且相关行政机关已经对 ADS 公司作出行政处罚,该公司亦停止经营,如果仍然认定合同行为无效将极大损害交易安全。综上所述,本案中《民办教育促进法》(2016 年修正)第 12 条的规定系管理性强制性规定,不影响案涉合同的效力,《艾迪逊留学雅思 VIP 课程一对二辅导合同》系双方当事人的真实意思表示,合同应属有效。

本案中,虽然丁某某、沈某某未向法院主张解除合同,但一审、二审法院均把合同效力作为焦点问题进行审理，二审法院从提高诉讼效率、节约诉讼资源的角度出发，驳回合同无效的诉讼请求，改判合同解除，并不影响当事人实体及诉讼权利，且本案中丁某某、沈某某主张 ADS 公司返还其已经支付的课程费用包含解除合同的意思。合同解除后，尚未履行的，终止履行；已经履行的，根据履行情况和合同性质，当事人可以要求恢复原状、采取其他补救措施，并有权要求在合理范围内赔偿损失。综合考虑合同履行的情况、ADS 公司违约过错，一审法院酌定 ADS 公司返还丁某某、沈某某 7 万元，并无不当。

四、主要法条链接

（一）《民办教育促进法》（2018 年修正）

第 2 条　国家机构以外的社会组织或者个人，利用非国家财政性经费，面向社会举办学校及其他教育机构的活动，适用本法。本法未作规定的，依照教育法和其他有关教育法律执行。

第 12 条　举办实施学历教育、学前教育、自学考试助学及其他文化教育的民办学校，由县级以上人民政府教育行政部门按照国家规定的权限审批；举办实施以职业技能为主的职业资格培训、职业技能培训的民办学校，由县级以上人民政府人力资源社会保障行政部门按照国家规定的权限审批，并抄送同级教育行政部门备案。

第 18 条　审批机关对批准正式设立的民办学校发给办学许可证。

审批机关对不批准正式设立的，应当说明理由。

第 64 条　违反国家有关规定擅自举办民办学校的，由所在地县级以上地方人民政府教育行政部门或者人力资源社会保障行政部门会同同级公安、民政或者市场监督管理等有关部门责令停止办学、退还所收费用，并对举办者处违法所得一倍以上五倍以下罚款；构成违反治安管理行为的，由公安机关依法给予治安管理处罚;构成犯罪的,依法追究刑事责任。

第65条 本法所称的民办学校包括依法举办的其他民办教育机构。

本法所称的校长包括其他民办教育机构的主要行政负责人。

(二)《民法典》(2020年发布)

第153条 违反法律、行政法规的强制性规定的民事法律行为无效。但是,该强制性规定不导致该民事法律行为无效的除外。

违背公序良俗的民事法律行为无效。

第157条 民事法律行为无效、被撤销或者确定不发生效力后,行为人因该行为取得的财产,应当予以返还;不能返还或者没有必要返还的,应当折价补偿。有过错的一方应当赔偿对方由此所受到的损失;各方都有过错的,应当各自承担相应的责任。法律另有规定的,依照其规定。

第508条 本编对合同的效力没有规定的,适用本法第一编第六章的有关规定。

(三)《民事诉讼法》(2023年修正)

第177条 第二审人民法院对上诉案件,经过审理,按照下列情形,分别处理:

(一)原判决、裁定认定事实清楚,适用法律正确的,以判决、裁定方式驳回上诉,维持原判决、裁定;

(二)原判决、裁定认定事实错误或者适用法律错误的,以判决、裁定方式依法改判、撤销或者变更;

(三)原判决认定基本事实不清的,裁定撤销原判决,发回原审人民法院重审,或者查清事实后改判;

(四)原判决遗漏当事人或者违法缺席判决等严重违反法定程序的,裁定撤销原判决,发回原审人民法院重审。

原审人民法院对发回重审的案件作出判决后,当事人提起上诉的,第二审人民法院不得再次发回重审。

案例二十五：幼儿园未获审批《代理经营协议》效力的认定[1]

一、基本案情

2017 年 5 月 3 日，张某某与王某某签订《幼儿园代理经营协议书》，该协议书载明："甲方：王某某，乙方：张某某，甲乙双方根据《合同法》及有关法规，本着互惠互利的原则，经甲乙双方共同协商，甲方将秦庄幼儿园（含私立小学）委托给乙方代理经营。就幼儿园代理经营事宜达成协议如下：(1)甲方自愿将自己位于 Y 县 F 镇秦庄幼儿园给乙方代理经营。(2)代理经营期限自 2017 年 5 月 3 日起，至 2023 年 12 月 31 日止……(5)代理经营利润：乙方在 2017 年 5 月 3 日起一次性向甲方支付代理经营利润共计人民币 13.2 万元。上述费用包括乙方代甲方偿还张某某担保的贷款 3 万元，支付现有教师 3～6 月 4 个月的工资 7.32 万元，4～6 月 3 个月的生活费、水电费约 2 万元，幼儿园书费欠款 8000 元，共计为拾叁万壹仟贰佰元（13.12 万元）。(6)自签订协议书之日起，幼儿园所产生的一切新费用（包括更换、维修办公用具、教学设施等）由乙方自行承担……(10)本协议自甲乙双方签字之日起生效。本协议生效之后，甲乙双方应认真履行协议，在代理经营期内，任何一方不得擅自解除协议，若任何一方擅自解除协议，都必须承担违约责任。"王某某声称，张某某未垫付贷款、教师工资、生活费、水电费、书费 13.2 万元，双方发生纠纷。2016 年 12 月 8 日，F 镇中心小学下发整改通知书，要求幼儿园于 2016 年 12 月 16 日以前整改到位。2018 年 8 月 1 日，F 镇人民政府下发取缔通知，将幼儿园取缔。F 镇实验幼儿园于 2019 年 1 月 20 日由秦庄中

[1] 河南省新乡市中级人民法院民事判决书，(2020)豫 07 民终 1170 号。

心小学接管。

其后,张某某向一审法院起诉,请求判令张某某与王某某签订的《幼儿园代理经营协议书》无效;王某某及秦庄中心小学连带返还张某某为王某某代付的贷款及垫付的各项款项合计153,773.5元。

一审法院认为,《民办教育促进法》(2018年修正)第12条规定:"举办实施学历教育、学前教育、自学考试助学及其他文化教育的民办学校,由县级以上人民政府教育行政部门按照国家规定的权限审批……"第64条规定:"违反国家有关规定擅自举办民办学校的,由所在地县级以上地方人民政府教育行政部门或者人力资源社会保障行政部门会同同级公安、民政或者市场监督管理等有关部门责令停止办学、退还所收费用,并对举办者处违法所得一倍以上五倍以下罚款;构成违反治安管理行为的,由公安机关依法给予治安管理处罚;构成犯罪的,依法追究刑事责任。"原《合同法》第52条[1]规定:"有下列情形之一的,合同无效……(五)违反法律、行政法规的强制性规定。"最高人民法院《关于适用〈中华人民共和国合同法〉若干问题的解释(二)》(已失效)第14条[2]规定:"合同法第五十二条第五项规定的'强制性规定',是指效力性强制性规定。"本案中,张某某主张确认双方签订的《幼儿园代理经营协议书》无效,称因幼儿园无证经营,被政府认定为非法办学并予以取缔,其行为违反《民办教育促进法》(2018年修正)第12条的法律强制性规范,双方签订的协议书系无效合同,但该规定的执行主体是教育行政部门,而非司法机关,属于典型的管理规范,而非原《合同法》意义上的效力性强制性规范。根据原《合同法》第52条第5项[3]、最高人民法院《关于适用〈中华人民共和国合同法〉若干问题的解释(二)》(已失效)第14

[1] 《民法典》第153条第1款。

[2] 尽管相关司法解释已废止,当时的裁判理由和判决结论符合现行有关规定。

[3] 《民法典》第153条第1款。

条的规定,违反法律、行政法规的效力性强制性规定的合同无效。双方签订的《幼儿园代理经营协议书》中幼儿园违反的法律、行政法规系管理性规范,而非法律、行政法规的效力性强制性规范,故张某某主张该协议书无效于法无据;案涉幼儿园于2018年8月1日被依法取缔,导致双方之间签订协议书的目的不能实现,符合原《合同法》第94条[1]合同解除形式,故一审法院确认双方在2017年5月3日签订的《幼儿园代理经营协议书》于2018年8月1日解除。张某某称为王某某垫付贷款、教师工资、生活费、水电费、书费共计13.2万元,王某某不予认可,张某某未提交有效证据证明实际垫付该款项;另张某某主张在经营幼儿园期间为王某某垫付借款、工程款及图书费等共计21,773.5元,张某某虽提交账本、工资表及证明两份,但该部分款项双方在协议中未明确约定,王某某亦不予认可,且在协议书中明确约定自签订协议书之日起,幼儿园所产生的一切新费用由张某某自行负担;一审法院依照最高人民法院《关于适用〈中华人民共和国民事诉讼法〉的解释》(2014年通过,已失效)第90条规定:"当事人对自己提出的诉讼请求所依据的事实或者反驳对方诉讼请求所依据的事实,应当提供证据加以证明,但法律另有规定的除外。在作出判决前,当事人未能提供证据或者证据不足以证明其事实主张的,由负有举证证明责任的当事人承担不利的后果。"《民办教育促进法》(2018年修正)第12条、第64条、原《合同法》第52条[2]第94条[3]最高人民法院《关于适用〈中华人民共和国合同法〉若干问题的解释(二)》(已失效)第14条[4]之规定,判决确认张某某与王某某2017年5月3日签订的《幼儿园代理经营协议书》于2018年8月1日解除;驳回张某某的其他诉讼请求。

---

[1] 《民法典》第563条第1款第1项。

[2] 《民法典》第153条第1款。

[3] 《民法典》第563条第1款第1项。

[4] 尽管相关司法解释已废止,当时的裁判理由和判决结论符合现行有关规定。

张某某不服一审判决，提出上诉，请求撤销一审判决，依法改判支持上诉人的原诉讼请求。其事实和理由：(1)一审法院认定事实不清，判决错误。一审法院对上诉人张某某主张的2017年5月3日签订的《幼儿园代理经营协议书》中，已经由上诉人垫付的13.2万元的款项没有证据不予认定是完全错误的。本案中，该协议系双方的真实意思表示，且上诉人从签订合同后，也经营了一段时间，协议上款项的约定，是合同双方经过核对，计算得出的具体数字，说明在签订合同时，对上诉人的垫付支出是双方均认可的，也是真实的。如果上诉人没有完成以上垫付，被上诉人王某某不可能让上诉人经营幼儿园。上诉人接手经营该学校后，又出现人来催要前期被上诉人欠下的有关款项，上诉人立即与被上诉人沟通，后在被上诉人的许诺下支付给他人，该款有收款人书写的收据为证，且注明是什么时间的款项，一审法院均没有认定，损害了上诉人的权益。事实上，涉案学校被贴封条并被催腾空教学楼物品，被上诉人就一直不露面，也不与上诉人协商如何解决，2018年9月5日，上诉人没办法准备清理教学楼物品时，被上诉人的哥哥带了十几个人阻止搬动任何物品，后上诉人报案，公安机关让其维持原状，等待法院解决。就连因为上诉人害怕当时学校库存有面粉和装满的两罐液化气发生损坏和危险，上诉人想拉回处理，也被门岗告知学校已被第三人换了新锁，不允许上诉人进入而无果。(2)一审法院适用法律错误。上诉人与被上诉人签订的协议案涉学校应为国家公办学校，上诉人与被上诉人签订和合同履行过程中，被告知其为非法办学，应予取缔，故本案应依据《教育法》的规定，而不应根据《民办教育促进法》(2018年修正)第11条规定认定双方所签合同不违反国家强制性规定，而《教育法》和《义务教育法》均规定了国家公办学校办学的强制性规定条件。一审法院对该案的合同效力认定违反法律规定。上诉人与被上诉人所签订的合同严重损害了国家、集体和个人的利益，完全符合无效合同的特征。

被上诉人王某某辩称,《民办教育促进法》是《教育法》的下位法,主要规定办学活动中的实体性问题,案涉学校不是公办学校,一审法院适用法律并无不妥,应当依法维持一审判决。

二、法院判决

二审法院维持一审民事判决第一项,即确认张某某与王某某 2017 年 5 月 3 日签订的《幼儿园代理经营协议书》于 2018 年 8 月 1 日解除;变更一审民事判决第二项为:王某某返还张某某垫付的费用 8 万元。

三、案例评析与理论延伸

本案中,关于案涉幼儿园代理经营协议书的性质及效力的问题,具体分析如下。

(1)根据双方协议约定,王某某委托张某某代理经营秦庄幼儿园,经营期限为 6 年 7 个月,张某某在经营期间自主经营,向王某某交纳代理经营利润 13.2 万元后可对幼儿园现有的附属物及设施等进行支配,协议期满或终止后,除张某某自行出资添置的设施、设备外,应将幼儿园现有的附属物、设施等完整交还给王某某。从以上约定可以看出,双方合同的标的物系幼儿园一定期间内的经营权,并不包括固定设施,张某某签订合同的目的在于使用幼儿园场地及附属设施,并取得该期间代理经营幼儿园的权利,王某某签订合同的目的系一次性收取该期间的代理经营利润。因《民事案件案由规定》中并未对该种类型的合同予以明确,属于无名合同,可以参照原《合同法》的一般规定适用于本案。

(2)张某某主张案涉协议因违反法律、法规强制性规定,损害社会公共利益而无效,主要理由为案涉秦庄幼儿园未按规定取得行政许可,系王某某违法办校且被行政机关依法取缔。首先,《幼儿园管理条例》(1989 年发布)

第 11 条规定:“国家实行幼儿园登记注册制度,未经登记注册,任何单位和个人不得举办幼儿园。”《教育法》(2021 年修正)第 28 条规定:“学校及其他教育机构的设立、变更和终止,应当按照国家有关规定办理审核、批准、注册或者备案手续。”《民法典》(2022 年)第 502 条第 2 款规定:“依照法律、行政法规的规定,合同应当办理批准等手续的,依照其规定。……”可见,法律、行政法规规定应当办理、登记等手续生效的,依照其规定。上述规定将幼儿园的开办、变更行为明确作为应当进行行政审批的对象,故幼儿园经营权的设立和变更均属于《民法典》所规定的法律、行政法规规定应当办理、登记等手续生效的情形,该审批是经营权设立、变更行为的生效要件,而案涉协议的标的即因经营权设立、变更所产生的权利义务关系,故行政审批应当为协议的生效条件。案涉协议签订时,秦庄幼儿园并未按照法定程序进行登记注册,被上诉人王某某自始未取得经营权,故案涉协议的法定生效条件尚未成就,协议应当认定为未生效。另外因案涉协议不存在《民法典》规定的无效情形,未经行政审批并不属于法定无效事由,故张某某主张协议无效没有依据。

其次,未生效的合同不同于无效的合同,无效合同自始至终对当事人没有约束力,而未生效的合同作为已经成立的合同对当事人双方具有约束力,受到法律保护。本案中因王某某未获得经营权,案涉合同不具备履行的可能性,应依法予以解除,根据《民法典》(2020 年发布)第 566 条第 1 款的规定:“合同解除后,尚未履行的,终止履行;已经履行的,根据履行情况和合同性质,当事人可以要求恢复原状、采取其他补救措施,并有权要求赔偿损失。”该案中,张某某已实际经营案涉秦庄幼儿园,付出了相应的成本,故张某某有权要求王某某赔偿其损失。

四、主要法条链接

(一)《民办教育促进法》(2018 年修正)

第 12 条　举办实施学历教育、学前教育、自学考试助学及其他文化教育的民办学校，由县级以上人民政府教育行政部门按照国家规定的权限审批；举办实施以职业技能为主的职业资格培训、职业技能培训的民办学校，由县级以上人民政府人力资源社会保障行政部门按照国家规定的权限审批，并抄送同级教育行政部门备案。

第64条　违反国家有关规定擅自举办民办学校的，由所在地县级以上地方人民政府教育行政部门或者人力资源社会保障行政部门会同同级公安、民政或者市场监督管理等有关部门责令停止办学、退还所收费用，并对举办者处违法所得一倍以上五倍以下罚款；构成违反治安管理行为的，由公安机关依法给予治安管理处罚；构成犯罪的，依法追究刑事责任。

（二）《民法典》

第153条　违反法律、行政法规的强制性规定的民事法律行为无效。但是，该强制性规定不导致该民事法律行为无效的除外。

违背公序良俗的民事法律行为无效。

第502条　依法成立的合同，自成立时生效，但是法律另有规定或者当事人另有约定的除外。

依照法律、行政法规的规定，合同应当办理批准等手续的，依照其规定。未办理批准等手续影响合同生效的，不影响合同中履行报批等义务条款以及相关条款的效力。应当办理申请批准等手续的当事人未履行义务的，对方可以请求其承担违反该义务的责任。

依照法律、行政法规的规定，合同的变更、转让、解除等情形应当办理批准等手续的，适用前款规定。

第566条　合同解除后，尚未履行的，终止履行；已经履行的，根据履行情况和合同性质，当事人可以请求恢复原状或者采取其他补救措施，并有权请求赔偿损失。

合同因违约解除的，解除权人可以请求违约方承担违约责任，但是当事人另有约定的除外。

主合同解除后,担保人对债务人应当承担的民事责任仍应当承担担保责任,但是担保合同另有约定的除外。

(三)最高人民法院《关于适用〈中华人民共和国民事诉讼法〉的解释》(2022年修正)

第90条　当事人对自己提出的诉讼请求所依据的事实或者反驳对方诉讼请求所依据的事实,应当提供证据加以证明,但法律另有规定的除外。

在作出判决前,当事人未能提供证据或者证据不足以证明其事实主张的,由负有举证证明责任的当事人承担不利的后果。

(四)《幼儿园管理条例》(1998年发布)

第11条　国家实行幼儿园登记注册制度,未经登记注册,任何单位和个人不得举办幼儿园。

(五)《教育法》(2021年修正)

第28条　学校及其他教育机构的设立、变更和终止,应当按照国家有关规定办理审核、批准、注册或者备案手续。

(六)《民办教育促进法》(2018年修正)

第12条　举办实施学历教育、学前教育、自学考试助学及其他文化教育的民办学校,由县级以上人民政府教育行政部门按照国家规定的权限审批;举办实施以职业技能为主的职业资格培训、职业技能培训的民办学校,由县级以上人民政府人力资源社会保障行政部门按照国家规定的权限审批,并抄送同级教育行政部门备案。

第64条　违反国家有关规定擅自举办民办学校的,由所在地县级以上地方人民政府教育行政部门或者人力资源社会保障行政部门会同同级公安、民政或者市场监督管理等有关部门责令停止办学、退还所收费用,并对举办者处违法所得一倍以上五倍以下罚款;构成违反治安管理行为的,由公安机关依法给予治安管理处罚；构成犯罪的，依法追究刑事责任。

案例二十六：担任民办学校法定代表人的法律要求[1]

一、基本案情

2000年7月6日，时任北宁师范学校附属小学校长的原告田某与北宁市教育委员会签订北宁花园小学委托办学协议书，该协议书载明，北宁市教育委员会委托原告田某创办北宁花园小学并聘任原告田某为北宁花园小学校长。学校按照“学校国有，校长承办，经费自筹，办学自主，政府支持”的运行机制运行。后来该校定名为北宁乔山学校。2004年12月27日，北宁乔山学校更名为北宁乔山小学。2007年4月27日，原告田某被检察院以涉嫌挪用资金罪依法批捕，后被判刑。2007年5月8日，被告北宁市教育局下发关于终止委托田某办学协议解聘其乔山小学校长职务的通知。第三人北宁乔山小学因原负责人田某被判刑入狱后，学校一直处于管理体制未理顺、组织机构不健全、规章制度不完善、实质上无法定代表人的状态，严重影响学校的日常秩序和正常发展。2017年11月10日，被告北宁市教育局作出关于重新选举产生北宁乔山小学理事会的决定。2017年11月13日，第三人北宁乔山小学召开第二届理事会成立大会，选举产生理事会成员田某某、王某某、曹某某、关某某等。2017年11月15日，北宁乔山小学理事会召开会议，会议罢免北宁乔山小学原董事长田某的职务，会议选举产生北宁乔山小学第二届理事会理事长、副理事长，会议审议通过了北宁乔山小学章程。2017年11月15日，第三人北宁乔山小学向主管单位被告北宁市教育局提交了申请变更法定代表人和修订章程的请示。2017年11月17日第三人北

---

〔1〕 济宁市任城区人民法院行政判决书，(2018)鲁0811行初7号。

宁乔山小学向被告北宁市民政局提交了《北宁乔山小学法定代表人变更登记申请书》。2017 年 11 月 23 日，被告北宁市教育局向被告北宁市民政局出具《关于申请撤换田某北宁乔山小学法定代表人的函》。2017 年 11 月 24 日，被告北宁市教育局在《民办非企业单位变更登记申请表》《民办非企业单位章程核准表》上业务主管单位审查意见中加盖了公章。2017 年 11 月 26 日，被告北宁市民政局在《民办非企业单位变更登记申请表》《民办非企业单位章程核准表》上登记管理机关审批意见中加盖了公章，同意变更登记北宁乔山小学法定代表人及章程，并于同日为第三人北宁乔山小学颁发了《民办非企业单位登记证书》。

原告田某认为，被告北宁市民政局、被告北宁市教育局侵犯了其合法权益，于 2018 年 1 月 18 日向法院提起诉讼，请求依法确认被告北宁市民政局于 2017 年 11 月 26 日作出的准予北宁乔山小学法定代表人、章程变更登记的行政行为违法并予以撤销；判令被告北宁市民政局依法更正 2017 年 11 月 26 日颁发的《民办非企业单位登记证书》中对北宁乔山小学法定代表人的错误记载。

原告田某诉称，北宁乔山小学系民办非企业单位，在被告的档案登记中明确记载原告田某为北宁乔山小学的法定代表人、举办者。2017 年 11 月 26 日，被告在原告不知情的情况下，非法变更了北宁乔山小学法定代表人及章程的登记，并于同日颁发了《民办非企业单位登记证书》，该证书中对北宁乔山小学法定代表人作了变更。经查询，被告作出该变更登记行为的依据系第三人申请、决定等文件。依据《民办教育促进法》《民办教育促进法实施条例》等规定，国家保障民办学校的办学自主权，民办学校章程由举办者指定，学校董事会或理事会成员由举办者推选。第三人既非北宁乔山小学的举办者，也非举办者推选或授权，无权决定、申请变更北宁乔山小学的法定代表人、章程等。被告依据第三人非法的申请、决定即作出变更登记，无法律依据和事实依据，违反法定程序，依法应予撤销，对《民办非企业单位登记证书》中的法定代表人依法应予更正。

被告北宁市民政局辩称，(1)被告北宁市民政局在2017年11月26日为北宁乔山小学变更登记法定代表人、章程的行政行为，符合法律规定。《民办非企业单位登记管理暂行条例》(1998年发布)第15条规定："民办非企业单位的登记事项需要变更的，应当自业务主管单位审查同意之日起30日内，向登记管理机关申请变更登记。民办非企业单位修改章程，应当自业务主管单位审查同意之日起30日内，报登记管理机关核准。"北宁乔山小学申请变更登记法定代表人、修改章程是法律赋予的权利，北宁乔山小学变更登记法定代表人、修改章程并经过主管部门的同意，其主管部门依据《教育类民办非企业单位登记办法》(试行)(2001年发布)第7条、《民办非企业单位登记暂行办法》(2010年修订)第11条规定，向被告北宁市民政局提交了变更法定代表人、章程的材料，被告依职权为北宁乔山小学变更登记事项符合法律规定。(2)原告在诉状中称，"被告作出变更登记行为的依据系第三人申请、决定的文件"，不是事实。被告作出变更登记行为的依据，是北宁乔山小学业务主管部门根据北宁乔山小学的申请和北宁乔山小学理事会作出的决议，在申请变更登记表上加盖了公章并致函被告北宁市民政局同意变更，被告依法作出的变更登记。原告在诉状中的陈述不是事实。

被告北宁市教育局辩称，(1)被告北宁市教育局不是作出涉案具体行政行为的行政机关，登记前的审查行为并不是对外产生效力的具体行政行为，未对原告田某的合法权益产生实际影响，不是本案的适格诉讼主体。涉案具体行政行为是对北宁乔山小学作出的变更事项进行的登记行为，该行为的作出主体是登记管理机关并不是被告北宁市教育局。北宁市教育局对北宁乔山小学的申请作出的审查行为与涉案具体行为并不是同一行为，而是由不同行政主体履行的不同的监管职责。根据《行政诉讼法》《民办非企业单位登记管理暂行条例》的相关规定，被告北宁市教育局认为，行政诉讼法是一种权利损害法律救济，提起行政诉讼的前提是存在被诉行政行为侵犯原告合法权益的可能。被诉行政行为需具备效力性特征，即要求行政行为直接对外发生法律效力。因此本案中，被告北宁市教育局没有行使变更登记的行政行为，而变更登记前的审查不产生行政登记许可的法律效力，也不会对任何行政相对人产生明显的实际影响，不涉及对原告实体权益的处置，不具有行政法上的可诉性。因被告北宁市教育局既不是具体行政行为的作出主体，且对北宁乔山小学作出的一系列涉案行政行为也不是由被告北宁市教育局与北宁市民政局共同作出的，被告北宁市教育局并不是本案适格的诉讼主体。(2)涉案具体行政行为作出时，原告田某早已丧失担任北宁乔山小学的法定代表人的资格，不是涉案具体行政行为的利害关系人，无权对涉案的具体行政行为提起诉讼。原告田某是教育主管部门聘请的管理人，以公职人员身份受聘履行管理职责。原《社会力量办学条例》第 21 条第 4 款〔1〕规定："国家现职工作人员不得兼任教育机构的董事；但是，因特殊需要，经县级以上人民政府或者其有关部门委派的除外。"教育主管部门聘请原告以公职身份担任负责人，其负有保证国有资产保值增值的责任。原告不是作为普通公民按照当时的规定举办学校，而是被告北宁市教育局聘请的管理人员，否则其作为公职人员不能兼任教育机构的董事，更不能担任北宁乔山小学的法定代表人。原告田某对北宁乔山小学没有任何投资，对北宁乔山小学的资产没有任何财产权利。北宁乔山小学的资产及运营资金来自国有资产、招生收费以及社会捐赠等，原告并未出资。《民办教育促进法实施条例》(2004 年发布)第 5 条第 2 款〔2〕规定："国家的资助、向学生收取的费用和民办学校的借款、接受的捐赠财产，是学校资产，不属于民办学校

〔1〕 该条例现已被《民办教育促进法》所废止，但现有规定不影响当时的判决。
〔2〕 已被修改，但现有规定不影响当时的裁判结果。

举办者的出资。”同时,《民办教育促进法实施条例》(2004 年发布)第 8 条第 1 款[1]规定:“民办学校的举办者应当按时、足额履行出资义务。”因原告田某并未对北宁乔山小学出资,只是学校的管理者,不是法律意义上的举办人,故其对学校的资产不享有任何财产权利。原告自接受刑事处罚之日就已经丧失在北宁乔山小学的任职资格。原告曾为北宁乔山小学的法定代表人,职务为校长。但原告因挪用资金罪被批捕、判刑,至涉案具体行政行为作出之日,原告田某已丧失教师资格、任职小学校长资格和公职人员身份,其挪用办学经费的事实也未被生效法律文书改变,故原告田某自受到刑事处罚之日起就已不具备在北宁乔山小学任职的资格。《民办教育促进法》(2018 年修正)第 23 条规定:“民办学校的法定代表人由理事长、董事长或者校长担任”。根据《民办教育促进法》(2018 年修正)第 24 条规定:“民办学校参照同级同类公办学校校长任职的条件聘任校长,年龄可以适当放宽。”《教师法》(2009 年修正)第 14 条规定:“受到剥夺政治权利或者故意犯罪受到有期徒刑以上刑事处罚的,不能取得教师资格;已经取得教师资格的,丧失教师资格。”综上,被告北宁市教育局认为原告田某对北宁乔山小学的资产不享有任何财产权利,更不具备担任法定代表人、校长的资格,所以,原告田某与涉案具体行政行为已无利害关系,无权提起行政诉讼。(3)被告北宁市教育局作为北宁乔山小学的业务主管单位有权对北宁乔山小学进行监督、指导,并依法行使法定权力。《民办非企业单位登记管理暂行条例》(1998 年发布)第 20 条规定:“业务主管单位履行下列监督管理职责:(一)负责民办非企业单位成立、变更、注销登记前的审查;(二)监督、指导民办非企业单位遵守宪法、法律、法规和国家政策,按照章程开展活动……”因原告田某丧失任职资格且北宁乔山小学董事会长期没有履行职责,故不能变更法定代表人,导致北宁乔山小学不能正常办理有关手续,进而不能开展正常的教学活

[1] 《民办教育促进法实施条例》(2021 年修订)第 10 条第 1 款。

动。学校办学收费许可证、学校食堂卫生许可证等办学所必需的证照陆续到期,登记年审不能进行,已经严重影响了学校正常教学工作的开展。作为业务主管单位,被告北宁市教育局有权对其进行监督、指导,以保证北宁乔山小学合法合规地开展教学工作。北宁乔山小学根据自身情况,按照有关法律法规进行整改,完善组织机构、变更法定代表人的行为符合有关规定。被告北宁市教育局作为业务主管单位,对北宁乔山小学提交的变更登记材料进行依法审查,审查行为亦合法有效。

二、法院判决

法院判决驳回原告田某的诉讼请求。

三、案例评析与理论延伸

(一)本案中被告北宁市教育局主体是否适格

《民办非企业单位登记证书》虽系登记机关被告北宁市民政局颁发,但变更登记必须经过业务主管部门被告北宁市教育局审查同意才能办理。被告北宁市教育局的审查程序是变更登记办理证书的必备前置条件,本案中被告北宁市教育局、被告北宁市民政局共同实施了涉案行政行为,故被告北宁市教育局是适格的主体。

(二)本案中原告田某主体是否适格

《行政诉讼法》(2017 年修正)第 12 条规定:“人民法院受理公民、法人或者其他组织提起的下列诉讼……(十二)认为行政机关侵犯其他人身权、财产权等合法权益的。”本案原告田某系第三人北宁乔山小学的原法定代表人,涉案行政争议与其有利害关系,其是适格的主体。

（三）本案被告北宁市民政局于2017年11月26日作出的准予北宁乔山小学法定代表人、章程变更登记与被告北宁市民政局于2017年11月26日颁发的《民办非企业单位登记证书》中对北宁乔山小学法定代表人的记载是否合法有效

原告田某主张其是北宁乔山学校的举办人，但北宁乔山小学的资产主要来自国有资产，原告田某个人没有出资举办学校，其并非学校的实际举办人。原告田某作为公职人员，被原北宁市教育委员会聘用为国有民营学校校长，原告只是负责对举办学校的管理，而且原告由于挪用资金罪被批捕，《民办教育促进法实施条例》（2021年修订）第25条第1款规定："民办学校理事会、董事会或者其他形式决策机构的负责人应当具有中华人民共和国国籍，具有政治权利和完全民事行为能力，在中国境内定居，品行良好，无故意犯罪记录或者教育领域不良从业记录。"其不符合举办人的条件。

《教师法》（2009年修正）第14条规定："受到剥夺政治权利或者故意犯罪受到有期徒刑以上刑事处罚的，不能取得教师资格；已经取得教师资格的，丧失教师资格。"本案中，原告田某原为北宁师范学校附属小学校长，系公职人员身份。在其任职期间，被告北宁市教育局（原北宁市教育委员会）聘任原告田某为北宁花园小学（后来定名为北宁乔山学校）校长，系学校的管理者。原告田某被判处刑罚，丧失教师资格。因此，被告北宁市教育局终止委托田某办学协议并解聘其北宁乔山小学校长职务。至此，原告田某已不具备北宁乔山小学董事长法定代表人的资格。在此期间，该学校董事会长期未履行职责，一直处于管理体制未理顺、组织机构不健全、规章制度不完善状态，严重影响了学校的日常秩序和正常发展。在此状态下，被告北宁市教育局作为教育主管机关根据《民办教育促进法》（2018年修正）第7条第1款"国务院教育行政部门负责全国民办教育工作的统筹规划、综合协调和宏观管理"的规定，有权作出关于重新选举产生北宁乔山小学理事会的决定。在被告北宁市教育局的监督指导下，第三人北宁乔山小学召开理事会成立大会，民主选举产生理事会成员，成立理事会，符合法律规定。北宁乔山小学理事会有权依据《民办教育促进法》(2018 年修正) 第 22 条的规定召开会议，罢免北宁乔山小学原董事长田某的职务，审议修订北宁乔山小学章程。第三人北宁乔山小学申请变更登记法定代表人和章程，被告北宁市教育局依法审查，被告北宁市民政局同意变更登记，被告北宁市民政局为第三人北宁乔山小学颁发《民办非企业单位登记证书》，符合法律规定。被告北宁市民政局作出准予第三人北宁乔山小学法定代表人、章程变更登记以及颁发的《民办非企业单位登记证书》的行政行为，理由充分，程序合法，适用法律、法规正确，应当予以支持。

四、主要法条链接

(一)《民办教育促进法》(2018 年修正)

第 7 条　国务院教育行政部门负责全国民办教育工作的统筹规划、综合协调和宏观管理。

国务院人力资源社会保障行政部门及其他有关部门在国务院规定的职责范围内分别负责有关的民办教育工作。

第 22 条　学校理事会或者董事会行使下列职权：

(一) 聘任和解聘校长；

(二) 修改学校章程和制定学校的规章制度；

(三) 制定发展规划，批准年度工作计划；

(四) 筹集办学经费，审核预算、决算；

(五) 决定教职工的编制定额和工资标准；

(六) 决定学校的分立、合并、终止；

(七) 决定其他重大事项。

其他形式决策机构的职权参照本条规定执行。

第23条 民办学校的法定代表人由理事长、董事长或者校长担任。

(二)《民办教育促进法实施条例》(2021年修订)

第25条 民办学校理事会、董事会或者其他形式决策机构的负责人应当具有中华人民共和国国籍,具有政治权利和完全民事行为能力,在中国境内定居,品行良好,无故意犯罪记录或者教育领域不良从业记录。

民办学校法定代表人应当由民办学校决策机构负责人或者校长担任。

(三)《教师法》(2009年修正)

第14条 受到剥夺政治权利或者故意犯罪受到有期徒刑以上刑事处罚的,不能取得教师资格;已经取得教师资格的,丧失教师资格。

第六章 职业与成人教育

案例二十七：实习期间学生发生事故的民事责任认定[1]

一、基本案情

孔某某原为旅游学校的学生。旅游学校安排包括孔某某在内的学生在2017年10月19日至2018年5月20日到某宾馆处实习，并签订了《顶岗实习协议书》，其中约定，孔某某的实习津贴为每月2000元，由某宾馆按孔某某实际工作天数计发，孔某某享受某宾馆的实习生福利待遇等。2017年10月25日，孔某某在独立操作压面机时发生右手受伤的事故。孔某某于2018年5月4日委托某大学法医鉴定中心按职工工伤伤残评定标准对其伤残等级进行鉴定，该鉴定中心的鉴定意见为：孔某某伤残等级评定为职工工伤七级伤残，属部分劳动能力丧失。

孔某某向法院起诉请求：(1)某宾馆、旅游学校赔偿孔某某残疾赔偿金、医疗费、护理费、营养费、伙食补助费、精神损害抚慰金、误工费、交通费、鉴定费、律师费；(2)诉讼费由某宾馆、旅游学校共同承担。

旅游学校的辩称意见。首先，学校对孔某某已经尽到了教育机构管理

---

〔1〕 广东省广州市中级人民法院民事判决书，(2020)粤01民终8850号。

和教育义务,学校有完备的学校顶岗实习制度和安全培训。在本次事故发生后,学校也尽到了事后的跟踪及事后的处理、协助的义务。事故发生的主要原因是某宾馆没有尽到安全管理义务,而学校不在现场,也无法在现场,某宾馆在顶岗实习期间没有为孔某某购买保险,是导致孔某某所遭受的损失无法得到足额理赔补偿的原因。其次,旅游学校已经按照约定为学生购买了保险,学校在本次事故中不存在任何过错。如果判决旅游学校承担责任,对旅游学校不公平。

旅游学校为证明其已尽到教育和管理义务,提交了以下证据:(1)教师在某宾馆的巡点记录,拟证明孔某某在某宾馆实习期间,其实习班主任进行了巡点,跟进、保障孔某某实习期间的工作、生活安全;(2)照片,拟证明旅游学校的领导、班主任对孔某某发生意外伤害后,在第一时间到医院探望孔某某;(3)《学生实习管理重大问题报告流程》《学生实习应急管理预案》《顶岗实习管理工作指引》,拟证明其制定了系列的学生实习管理制度,有完善的管理体系,已尽到学生实习管理职责;(4)《临时实习巡点记录汇总表》《顶岗实习班班主任会议纪要》,拟证明其在日常教学工作中要求顶岗实习班的班主任进行教学巡点,并多次召开会议布置,落实教育和管理义务;(5)PPT《家校联动学以致用》、PPT《欢迎参加家长会》,拟证明其召开家长会,与学生家长进行沟通学生实习的情况;(6)PPT《实习动员》、PPT《实习那些事儿》,拟证明其多次以各种形式向学生提供岗前安全教育;(7)《学生实习责任保险单》,拟证明其履行了为学生购买实习责任保险的义务。

某宾馆的辩称意见。顶岗实习是职业学校教学任务的延伸,孔某某与某宾馆之间不存在劳动关系,不符合《劳动能力鉴定职工工伤与职业病致残等级》规定的适用范围。本案是生命权、健康权、身体权纠纷,保险合同条款对鉴定适用标准的约定与本案属于不同的法律关系,在本案中不具有约束力。《劳动能力鉴定职工工伤与职业病致残等级》第 1 条明确规定,“本标准适用于职工在职业活动中因工负伤和因职业病致残程度的鉴定”，即该标准的适用前提是孔某某与某宾馆存在劳动关系。事故发生时，孔某某为旅游学校学生，到某宾馆处是进行顶岗实习。顶岗实习的目的在于让在校生能在正式从业前有一个平台将在学校中学习的知识与实践相结合，以期毕业后能够更好就业。故顶岗实习的目的仍是学习，只是学习的方式是与实践相结合，其仍是为了提升学生的实践经验与素质，而非为了取得劳动对价。孔某某到某宾馆处顶岗实习是基于孔某某、某宾馆、旅游学校三方的合意，其目的是让孔某某完成既定课程，并非基于孔某某、某宾馆双方为建立劳动关系的目的而形成的合意。某宾馆作为孔某某的顶岗实习单位，对孔某某实习期间的技术指导，要求孔某某遵守某宾馆的管理制度，这种管理权的产生系基于孔某某实习场所在某宾馆处的客观情形，其并不会改变孔某某在校学生的身份，也不会影响学校基于孔某某学生身份而对其的管理权。孔某某在顶岗实习后旅游学校还要对其实习成绩作出评定，其实习成绩是否及格将作为孔某某是否能取得毕业资格的前提条件，故孔某某顶岗实习是其学业的组成部分。孔某某在案涉事故发生时，尚未获得相应的就业资格，不属于劳动法范畴的劳动者，不符合“职工工伤伤残评定标准”的适用范围。旅游学校为孔某某投保的《职业学校学生实习责任保险单》相关保险条款约定按照“工标”确定孔某某的伤残等级，该保险条款约束的是保险人与旅游学校，且本案是生命权、身体权、健康权纠纷，相关保险赔偿争议不属于本案审理的范畴，孔某某要求适用保险条款约定的标准主张赔偿，不符合法律规定。

二、法院判决

法院认定，关于孔某某主张的各项赔偿项目应予支持的如下：医疗费、住院伙食补助费、护理费、营养费、交通费、鉴定费、残疾赔偿金、精神损害赔偿金。法院判决某宾馆对孔某某的损害后果承担80%的赔偿责任,剩余20%的赔偿责任由旅游学校承担。

三、案例评析与理论延伸

(一)本案中关于孔某某的伤残评定标准如何确定

原告孔某某主张使用“职工工伤评定标准”确定孔某某的伤残等级,劳动部于1996年10月1日颁布试行的原《企业职工工伤保险试行办法》第61条规定:“到参加工伤保险的企业实习的大中专院校、技工学校、职业高中学生发生伤亡事故的,可以参照本办法的有关待遇标准,由当地工伤保险经办机构发给一次性待遇。”但随着《工伤保险条例》于2004年1月1日起施行,原《企业职工工伤保险试行办法》(1996年发布)已失效,而新的《工伤保险条例》并未继承上述实习生伤亡事故可以参照工伤认定及处理的规定。这种立法上的重大变化,充分说明可以获得工伤保险赔偿的主体只能是与用人单位建立劳动关系或事实劳动关系的劳动者。

根据《劳动法》等相关法律规定,判定实习生与用人单位之间是否成立劳动关系,关键看二者是否符合劳动关系的本质特征。劳动关系的本质特征为:第一,双方都符合我国法律、法规规定的劳动主体资格;第二,双方形成管理与被管理的隶属关系,劳动者接受用人单位的管理,遵守用人单位的规章制度;第三,双方形成有偿劳动,劳动者享受用人单位的工资待遇等。实习生与用人单位之间是否成立劳动关系,还应根据实习人员的身份情况、实习是否为学校教学计划的组成部分、实习的最终目的、用人单位支付工资报酬情况、用人单位对实习人员的隶属管理情况等进行综合认定。结合本案情形认定,第一,孔某某作为在校学生,其身份关系隶属于学校,不符合我国法律、法规规定的劳动主体资格。第二,孔某某作为实习生虽需要服从用人单位的管理,但其对实习单位不具有依附性,实习生离开用人单位并不构成违约,用人单位要求其离开也无须对其补偿,孔某某不必遵守某宾馆关于辞职的各项规章制度。第三,实习生的劳动通常没有对价或仅获得少量补偿性报酬,某宾馆每月支付给孔某某顶岗实习的报酬低于同地区相同岗位正式员工的工资水平,且该报酬实际由某宾馆与旅游学校、孔某某按照实习的具体项目进行具体约定,显然不是劳动关系意义上的工资。第四,孔某某作为实习生参加实习的目的主要是积累实践经验,而不是像普通劳动者一样将劳动作为自己谋生的基本手段。其参加实习是学校教学计划的一部分,是学习过程的延伸,并不是完全意义上的劳动者。因此,孔某某作为实习生不属于工伤保险赔偿的受偿主体,相应地,实习的学生在实习期间受到伤害不能享受工伤保险待遇,只能按照民事侵权纠纷处理。按照一般人身损害赔偿标准进行认定,于法有据。

(二)本案中如何确定和分配赔偿责任

根据教育部等五部门共同制定的《职业学校学生实习管理规定》的相关规定,职业学校应当选择合法经营、管理规范、实习设备完备、符合安全生产法律法规要求的实习单位安排学生实习。在确定实习单位前,职业学校应进行实地考察评估并形成书面报告,考察内容应包括:单位资质、诚信状况、管理水平、实习岗位性质和内容、工作时间、工作环境、生活环境以及健康保障、安全防护等方面。职业学校和实习单位应当分别选派经验丰富、业务素质好、责任心强、安全防范意识高的实习指导老师和专门人员全程指导、共同管理学生实习;不得安排学生从事高空、井下、放射性、有毒、易燃易爆以及其他具有较高安全风险的实习。本案中,事发当日,孔某某独自操作压面机时,旁边并无相关人员陪同、指导。案涉事故发生时,孔某某未满 18 周岁,其作为中等职业学校在校学生,在与旅游学校、某宾馆签订《顶岗实习协议书》后到某宾馆实习。由于孔某某是基于实习到某宾馆进行与其所学知识内容相关的实际操作,其与某宾馆之间既不存在劳动关系,也没有建立实质意义上劳动者与用人单位之间的身份隶属关系和雇佣关系，孔某某在实习过程中受到的伤害应按照一般民事侵权纠纷处理。原《侵权责任法》第39条[1]规定："限制民事行为能力人在学校或者其他教育机构学习、生活期间受到人身损害，学校或者其他教育机构未尽到教育、管理职责的，应当承担责任。"如果本案发生于2021年1月1日后，根据《民法典》(2020年发布)第1200条"限制民事行为能力人在学校或者其他教育机构学习、生活期间受到人身损害，学校或者其他教育机构未尽到教育、管理职责的，应当承担侵权责任"之规定，本案例的分析结论亦相同。

对孔某某在操作危险工作设备时所受的伤害，各方承担责任分析如下：首先，孔某某作为实习生，技能尚处于学习阶段，劳动报酬也区别于某宾馆的正常员工。因此，对孔某某在劳动过程中的谨慎注意义务不能过于苛求。孔某某事发当日在没有指导人员陪同的情况下出现的操作不当尚不足以构成重大过失，相较某宾馆、旅游学校对风险防范所应承担的义务，孔某某的一般过失不能减轻某宾馆及旅游学校所应承担的赔偿责任。其次，某宾馆作为实习单位，是实习生劳动工具的提供者和工作内容的指挥者和孔某某实习期间的直接管理人，其对实习生负有日常管理、保护之责，应尽到必要的安全保障义务。由于某宾馆提供的压面机有一定的危险性，孔某某在实习期间操作机器却未安排人员在旁指导，某宾馆对孔某某受伤存在过错。因此，综合考量某宾馆与孔某某之间劳动所创造经济利益的归属、支配与被支配的地位、某宾馆应当承担的劳动保护以及劳动风险控制与防范的职责和义务，某宾馆应当对本案孔某某所受到的损害承担主要赔偿责任。最后，旅游学校作为孔某某实习期间的间接管理人，虽无法直接支配孔某某的工作，但其作为职业教育机构应当清楚学生参加实习工作的内容及可能的危险性，可以通过对学生的安全教育以及与企业沟通协商，积极控制和防范风

[1] 《民法典》第1200条。

险。本案中，旅游学校在选任实习单位方面不存在过错，但其虽有向学生提供岗前安全教育及在学生实习期间进行巡点，在孔某某进入实习单位后，未加强对学生的必要管理，未针对实习学生所从事的具体操作履行进一步的安全注意事项强调义务，负有疏于管理的责任，同时亦未对实习单位尽到应有的督促义务，故旅游学校对孔某某受伤的损害结果也存在一定的过错，应当承担次要责任。

四、主要法条链接

《民法典》

第1200条　限制民事行为能力人在学校或者其他教育机构学习、生活期间受到人身损害，学校或者其他教育机构未尽到教育、管理职责的，应当承担侵权责任。

第1201条　无民事行为能力人或者限制民事行为能力人在幼儿园、学校或者其他教育机构学习、生活期间，受到幼儿园、学校或者其他教育机构以外的第三人人身损害的，由第三人承担侵权责任；幼儿园、学校或者其他教育机构未尽到管理职责的，承担相应的补充责任。幼儿园、学校或者其他教育机构承担补充责任后，可以向第三人追偿。

案例二十八：高等专科学校作出退学决定的程序要求[1]

一、基本案情

房某系某市幼儿师范高等专科学校2010年9月录取的五年制高职学生，就读于该校学前教育专业2010级3班。2010～2011学年第一学期，房

---

〔1〕 江苏省苏州市中级人民法院行政判决书，(2017)苏05行终472号。

某经补考有 7 门科目(语文、数学、政治、生物、英语、化学、乐理)不及格,第二学期经补考无科目不及格。由于该学年的成绩太低,2011 年 8 月 30 日,房某与学校签订试读协议,约定随班试读一年,一年后如学年成绩合格则继续升级学习。2011 ~2012 学年第一学期,房某经补考有 2 门科目(英语、卫生学)不及格,第二学期经补考有 5 门科目(数学、英语、政治、乐理、地理)不及格,被学校作留级处理。2012 年 9 月 14 日,房某与学校签订协议试读一学期,一学期后如成绩合格则继续升级学习。2012 年年底,房某入伍参军,学校为其保留学籍。2014 年年底,房某返校,后进入 2013 级 9 班学习。2014 ~2015 学年第一学期,房某期末考试多门不及格,考虑其参军因素,学校将所有成绩均计为合格;第二学期,房某补考后 1 门(英语)不及格。2015 ~2016 学年,房某经补考累计有 4 门科目(英语、心理学、教育学、琴法)不及格。2016 年 9 月 21 日,某市幼儿师范高等专科学校召开校长办公会,经讨论认为,根据房某 2015 ~2016 学年成绩(4 门不及格)及其留级经历,按照《某省教育学院分院学生管理暂行规定》第 35 条、第 37 条的规定,决定对其作退学处理。次日,某市幼儿师范高等专科学校将该处理决定口头通知房某。同年 11 月 3 日,房某及其家长向某市幼儿师范高等专科学校提出申诉称,因房某二年级时应征入伍、学习脱节,导致三年级(2015 ~2016 学年)4 门科目不及格,恳请学校网开一面给予求学机会。2016 年 11 月 18 日,某市幼儿师范高等专科学校申诉委员会召开全体会议讨论房某的申诉问题,同年 11 月 21 日作出书面答复,认为退学决定符合规定,学校已对房某进行了充分照顾,同时告知房某,应其家长要求口头劝退时未寄出书面决定,申诉期间已将书面退学决定寄出。房某不服某市幼儿师范高等专科学校的答复,于 2016 年 11 月 30 日向某省教育厅申诉称,受入伍参军的影响,学业成绩不理想,但个别成绩不及格尚未达到退学条件,要求撤销某市幼儿师范高等专科学校作出的〔2016〕15 号关于房某同学的退学决定。同年 12 月 29

日,某省教育厅书面答复认为,某市幼儿师范高等专科学校作出的退学决定认定事实清楚,定性准确,处分适当,对房某的申诉请求不予支持。房某仍不服,向法院提起行政诉讼,要求撤销该退学决定。

经原审法院查明,根据某省教育厅教发〔2005〕127 号文件,某市幼儿师范高等专科学校的业务管理归某省教育学院,同时增挂某省教育学院某市学前教育分院校牌,举办 5 年制高等师范教育,学生毕业后颁发某省教育学院的毕业文凭。2016 年 4 月 15 日,经某市机构编制委员会办公室批复,某市高等幼儿师范学校更名为某市幼儿师范高等专科学校,即本案被告。某市幼儿师范高等专科学校每学期对学生采用考试成绩与总评成绩相结合的考核方式,一般以总评成绩作为合格与否的评判标准,若学生经过补考且成绩合格,则视为该学期成绩合格。经审理,原审法院判决驳回了房某的诉讼请求。判决后,房某不服,提出上诉。

房某上诉称,(1)被上诉人作出退学决定没有法律依据。首先,原审法院认定被上诉人作为专科层次的普通高等学校,依法享有自主管理的权限,具有对学生进行包括退学在内的学籍管理权,这明显系适用法律错误。上诉人系 5 年一贯制的学生,前 3 年为中专,后 2 年为大专,在被上诉人作出劝退时为中专,因此,原审法院认定被上诉人为专科层次的学校,系认定事实错误。其次,一审法院参照《普通高等学校学生管理规定》系适用法律错误,在被上诉人作出劝退决定时,上诉人系中专层次的学生,不应适用《普通高等学校学生管理规定》,而应参照适用《中等职业学校学生学籍管理办法》。最后,《中等职业学生学籍管理办法》(2010 年发布)第 2 条规定:“本办法适用于中等职业学历教育学生的学籍管理,‘3 +2’分段五年制高等职业教育学生前三年学籍管理依照本办法执行。”《中等职业学生学籍管理办法》(2010 年发布)中没有只能留级两次的规定。(2)《普通高等学校学生管理规定》(2005 年修订)第 28 条规定:“对学生的退学处理,由校长会议研究决定。对退学的学生,由学校出具退学决定书并送交本人,同时报学校所在地省级教育行政部门备案。”本案中,首先,退学决定没有经过校长会议研究决定,被上诉人提交法庭的《关于房某情况的说明》是事后补办的。其次,校长会议研究应作出“退学决定书”,而被上诉人作出的是《关于房某同学退学的处理决定》,其性质定为处理书,明显系定性错误。再次,被上诉人作出《关于房某同学退学的处理决定》并没有送交本人。送交本人是法律的强制性规定,违反此规定属于严重的程序性错误,不以是否实际影响了当事人的知情权为标准。最后,被上诉人没有报省级某省教育厅备案。另外,《普通高等学校学生管理规定》还规定了退学后核发“退学证明”等义务,被上诉人并没有履行自己的义务。综上,被上诉人无论在事实层面,还是在法律适用方面及程序方面均存在严重错误,原审法院却认定被上诉人作出劝退决定事实清楚,适用法律正确,程序合法,显系事实认定不清,适用法律错误,请求依法改判,支持上诉人的请求。

被上诉人某市幼儿师范高等专科学校辩称,首先,上诉人房某在校期间曾与学校签订过两次试读协议,并留级一次,学校鉴于其参军经历,已在其返校当年将其该学期成绩计为合格,但房某仍然无法完成学校规定的学业任务,学校按照规定对其作出退学决定事实清楚、证据充分。其次,退学决定系经校长办公会研究作出的,并依法送达上诉人。此外,该退学决定也经学校申诉委员会审议后得到了维持,退学决定程序合法。请求人民法院驳回上诉,维持原判。

二审法院经审理查明的事实与原审法院查明的事实一致。

二、法院判决

原审法院认定,经对被诉行政行为进行全面审查,某市幼儿师范高等专科学校作出的幼字〔2016〕15 号退学决定事实清楚,适用法律正确,程序合法，房某要求撤销该退学决定的诉请，缺乏事实和法律依据，不予支持。依照《行政诉讼法》（2014 年修正）第 69 条之规定："行政行为证据确凿，适用法律、法规正确，符合法定程序的，或者原告申请被告履行法定职责或者给付义务理由不成立的，人民法院判决驳回原告的诉讼请求。"判决驳回房某的诉讼请求。

二审法院认定原审法院将《普通高等学校学生管理规定》的相关规定作为退学决定依据，理由欠妥，但处理结果正确。据此，依照《行政诉讼法》（2014 年修正）第 86 条规定："人民法院对上诉案件，应当组成合议庭，开庭审理。经过阅卷、调查和询问当事人，对没有提出新的事实、证据或者理由，合议庭认为不需要开庭审理的，也可以不开庭审理。"第 89 条第 1 款第 1 项规定："人民法院审理上诉案件，按照下列情形，分别处理：（一）原判决、裁定认定事实清楚，适用法律、法规正确的，判决或者裁定驳回上诉，维持原判决、裁定。"判决驳回上诉，维持原判。

三、案例评析与理论延伸

本案中，某市幼儿师范高等专科学校作为举办 5 年制高等师范教育的普通高等学校，属于国家法律授权的组织，符合《教育法》（2021 年修正）第 29 条第 1 款第 4 项的规定，学校及其他教育机构有权按照章程自主管理；有权对受教育者进行学籍管理，实施奖励或者处分，其对学生作出退学决定属履行法律规定的学籍管理职责，系本案适格被告。

关于本案某市幼儿师范高等专科学校作出的幼字〔2016〕15 号《关于房某同学退学的决定》是否合法的问题。

原审法院认为，在事实审查方面，2011 ~ 2012 学年，房某因多门科目不及格被留级一次；2015 ~ 2016 学年，其经补考累计有 4 门科目不及格。对于留级事实，房某未予否认，但提出 2015 ~ 2016 学年的琴法课不及格缺乏试卷材料证明。经查，上述琴法课采用现场弹奏的实践考核方式，并无书面试卷，故房某的异议不能成立。法律适用方面，首先，某市幼儿师范高等专科学校作为专科层次的普通高等学校，依法享有自主管理的权限，有权对学生进行入学、考核、毕业、休学、退学等学籍管理。其次，参照《普通高等学校学生管理规定》（2017 年修订）第 30 条的规定，“学生有下列情形之一，学校可予退学处理：（一）学业成绩未达到学校要求或者在学校规定的学习年限内未完成学业的……”因房某系某市幼儿师范高等专科学校招录的学生，该批次学生的业务管理归某省教育学院，按照《某省教育学院分院学生管理暂行规定》第 35 条的规定，学生在同一学年内累计不及格课程（经补考后）两门以上（含两门）但不足五门，应予留级，学生在校期间只准留级一次，超过者令其退学；第 37 条规定：“学生留级、休学次数超过规定的，应予退学。”故房某 2015 ~ 2016 学年已达到学校留级条件，鉴于其已被留级一次，某市幼儿师范高等专科学校对其作出退学处理，符合规定。

在程序方面，《普通高等学校学生管理规定》（2017 年修订）第 55 条规定：“在对学生作出处分或者其他不利决定之前，学校应当告知学生作出决定的事实、理由及依据，并告知学生享有陈述和申辩的权利，听取学生的陈述和申辩。处理、处分决定以及处分告知书等，应当直接送达学生本人，学生拒绝签收的，可以以留置方式送达；已离校的，可以采取邮寄方式送达；难于联系的，可以利用学校网站、新闻媒体等以公告方式送达。”第 56 条规定：“对学生作出取消入学资格、取消学籍、退学、开除学籍或者其他涉及学生重大利益的处理或者处分决定的，应当提交校长办公会或者校长授权的专门会议研究决定，并应当事先进行合法性审查。”另根据第 55 条、第 60 条、第 61 条、第 62 条、第 63 条、第 64 条的规定，学生对退学处理有异议的，有向学校学生申诉处理委员会和学校所在地省级教育行政部门提出书面申诉的权利。本案中，某市幼儿师范高等专科学校经校长办公会讨论对房某作出退学决定，其后又召开申诉委员会全体会议，对房某申诉问题进行讨论并予以书面答复，符合规定程序。房某认为，某市幼儿师范高等专科学校向其父亲邮寄了退学决定书，对其本人仅口头宣布退学，违反了法定程序。参照《普通高等学校学生管理规定》，某市幼儿师范高等专科学校上述关于退学决定的送达方式虽不尽规范，但并未损害房某的知情权，且通过后续申诉程序充分保障了原告的陈述、申辩权，并不足以影响被诉退学决定的合法性。

二审法院认为，根据《教育法》的相关规定，学校及其他教育机构有权按照章程自主管理，有权对受教育者进行学籍管理，实施奖励或者处分。本案中，某市幼儿师范高等专科学校对学生学籍管理依据的是《某省教育学院分院学生管理暂行规定》(《某市高等幼儿师范学校学生管理规定》)。《某省教育学院分院学生管理暂行规定》第 35 条规定，学生在同一学年内累计不及格课程(经补考后)两门以上(含两门)但不足五门，应予留级，学生在校期间只准留级一次，超过者令其退学；第 37 条第 2 项规定，学生留级、休学次数超过规定的，应予退学。房某第三学年不及格课程为四门，结合其已有留级经历，某市幼儿师范高等专科学校对其作出退学决定并注销其学籍，符合以上规定。关于房某提出的其应当按照中等职业学校学生身份接受管理的上诉理由，二审法院认为，依据某省教育厅《关于进一步加强五年制高等职业教育规范管理促进科学发展的若干意见》(教职〔2010〕2 号)的规定，5 年制高等职业学校学生前 3 年的学籍应当按照中等职业学校学生学籍予以管理，《某省中等职业学校学生学籍管理规定》第 46 条对学校退学决定的适用情形作了详细规定，某市幼儿师范高等专科学校依据《某省教育学院分院学生管理暂行规定》第 37 条的规定，认为房某留级、休学次数超过规定，予以退学。以上规定并不与《某省中等职业学校学生学籍管理规定》第 46 条有关退学的规定相冲突，学校据此作出退学决定内容适当。此外，该退学决定在送达程序上虽不够规范，但并未损害上诉人房某的合法权益，其陈述申辩权已通过学校学生申述处理委员会和某省教育厅的申诉处理程序得到相应保障。

由本案的裁判理由可知,虽然学校及其他教育机构依法有权按照章程自主管理,有权对受教育者进行学籍管理,实施奖励或者处分。但是,学校自行制定的校规校纪应当符合法律、法规、规章以及教育行政主管部门发布的行政规范性文件,不得与之相抵触。

四、主要法条链接

(一)《教育法》(2021 年修正)

第 29 条 学校及其他教育机构行使下列权利:

(一)按照章程自主管理;

(二)组织实施教育教学活动;

(三)招收学生或者其他受教育者;

(四)对受教育者进行学籍管理,实施奖励或者处分;

(五)对受教育者颁发相应的学业证书;

(六)聘任教师及其他职工,实施奖励或者处分;

(七)管理、使用本单位的设施和经费;

(八)拒绝任何组织和个人对教育教学活动的非法干涉;

(九)法律、法规规定的其他权利。

国家保护学校及其他教育机构的合法权益不受侵犯。

(二)《普通高等学校学生管理规定》(2017 年修订)

第 55 条 在对学生作出处分或者其他不利决定之前,学校应当告知学生作出决定的事实、理由及依据,并告知学生享有陈述和申辩的权利,听取学生的陈述和申辩。

处理、处分决定以及处分告知书等,应当直接送达学生本人,学生拒绝签收的,可以以留置方式送达;已离校的,可以采取邮寄方式送达;难于联系的,可以利用学校网站、新闻媒体等以公告方式送达。

第56条 对学生作出取消入学资格、取消学籍、退学、开除学籍或者其他涉及学生重大利益的处理或者处分决定的,应当提交校长办公会或者校长授权的专门会议研究决定,并应当事先进行合法性审查。

第60条 学生对学校的处理或者处分决定有异议的,可以在接到学校处理或者处分决定书之日起10日内,向学校学生申诉处理委员会提出书面申诉。

第61条 学生申诉处理委员会对学生提出的申诉进行复查,并在接到书面申诉之日起15日内作出复查结论并告知申诉人。情况复杂不能在规定限期内作出结论的,经学校负责人批准,可延长15日。学生申诉处理委员会认为必要的,可以建议学校暂缓执行有关决定。

学生申诉处理委员会经复查,认为做出处理或者处分的事实、依据、程序等存在不当,可以作出建议撤销或变更的复查意见,要求相关职能部门予以研究,重新提交校长办公会或者专门会议作出决定。

第62条 学生对复查决定有异议的,在接到学校复查决定书之日起15日内,可以向学校所在地省级教育行政部门提出书面申诉。

省级教育行政部门应当在接到学生书面申诉之日起30个工作日内,对申诉人的问题给予处理并作出决定。

第63条 省级教育行政部门在处理因对学校处理或者处分决定不服提起的学生申诉时,应当听取学生和学校的意见,并可根据需要进行必要的调查。根据审查结论,区别不同情况,分别作出下列处理:

(一)事实清楚、依据明确、定性准确、程序正当、处分适当的,予以维持;

(二)认定事实不存在,或者学校超越职权、违反上位法规定作出决定的,责令学校予以撤销;

（三）认定事实清楚，但认定情节有误、定性不准确，或者适用依据有错误的，责令学校变更或者重新作出决定；

（四）认定事实不清、证据不足，或者违反本规定以及学校规定的程序和权限的，责令学校重新作出决定。

第64条 自处理、处分或者复查决定书送达之日起，学生在申诉期内未提出申诉的视为放弃申诉，学校或者省级教育行政部门不再受理其提出的申诉。

处理、处分或者复查决定书未告知学生申诉期限的，申诉期限自学生知道或者应当知道处理或者处分决定之日起计算，但最长不得超过6个月。

案例二十九：学生在校学习生活期间范围的认定[1]

一、基本案情

靳某的父母（本案原告）向法院起诉请求：某市职业技术学院（本案被告）向两原告赔偿医疗费、护理费、伙食补助费、死亡赔偿金、丧葬费、误工费、交通费、精神损失费等共计1,216,784.5元。事实与理由：两名原告之子靳某（已故）于2018年7月21日被电子商务专业录取。2018年8月，靳某进校学习，被告实行封闭式管理。2018年10月17日，原告突然得知靳某在某市发生交通事故死亡。两名原告将孩子送至被告处学习，被告因未尽到教育、管理、保护职责，擅自让学生离校，且在学生已经离校的情况下，也未及时通知两名原告，致使两名原告之子因脱离监护而在校外发生交通事故死亡。

经法院审理查明，2018年7月，靳某被某市职业技术学院录取，成为该学校的寄宿学生。2018年9月1日，靳某以“家里有急事”为由向学校递交

[1] 山东省青岛市中级人民法院民事判决书，（2020）鲁02民终6177号。

请假条,要求请假2天(2018年9月1日16时至9月3日16时),学校予以批准;靳某在请假条中的学生电话处手写电话号码“1776339××××”,在“家长电话”处手写电话号码“1756915××××”;在请假条下方打印有:“请抄写:在外注意安全,出现一切事故,与学校无关,责任自负。”靳某按要求在该栏进行了抄写。靳某的父母向法院声称“家长电话”处手写的电话号码并非他们使用的电话号码。关于对在校学生的管理方式,某市职业技术学院向法院提交说明称:学生上课、实习等要进行考勤,因故不能参加者必须请假,凡未请假或超过假期者以旷课论;学生周一至周五上课时间必须在校按时上课,因故需离校的,必须办理请假手续,节假日、周末必须按规定时间离校和返校;事假须持有关证明,对请事假者应从严掌握,学生请假1天以上3天以内者,由分管团委副书记批准。2018年10月17日0时2分许,靳某未取得机动车驾驶证、饮酒后驾驶无牌二轮摩托车沿某市福海路由东向西行驶至福海路贵琪商务宾馆门口处,与正在掉头的案外人孙某驾驶的小型轿车相撞,致靳某受伤,车某、靳某后经医院抢救无效死亡。某市公安局交通警察支队东港大队出具道路交通事故认定书,认定双方负事故的同等责任。对靳某驾驶的二轮摩托车的车主,经法院询问,原告称:经公安机关调查,车主是张某,其并非原告的亲属,原告也不认识这个人。经法院询问,原告确认本次交通事故已由孙某(通过保险理赔)赔偿535,381.75元,包含死亡赔偿金、被扶养人生活费、精神损害抚慰金、医疗费等。对2018年9月1日之后是否联系过靳某,以及在2018年9月1日至发生事故之间是否有亲属曾经将靳某送回被告处,经一审法院询问,原告称:联系过,原告给靳某打过电话,原告让靳某回沂水老家,靳某没去,具体时间不是10月2日就是10月3日;其间过了农历八月十五,阳历9月13日的第二天原告见过靳某,原告把靳某送到了前往学校的朋友车上,后来原告问过车主,车主称确实把靳某送到了被告学校门口。此后,原告没有跟靳某联系过。对于原告要求被告赔偿的事实和法律依据，原告称：靳某自2018年8月到被告处就求学，直至2018年10月18日发生交通事故，靳某一直在被告处上学，而且被告实行封闭军事化管理，靳某作为一个未成年人，被告对其负有管理保护的义务，但其在靳某请假之后未通知原告的情况下，即将靳某准予请假导致事故的发生，被告作为一个教育机构，在管理教育方面存在严重的失职行为，被告应予以赔偿。

被告答辩称，靳某因请假后未返校，违反学院规定，于2018年10月8日被开除学籍，交通事故发生在靳某被开除学籍之后，事故发生地点是原告的住所地（经百度地图查询，事故地点距离原告住所地只有一公里），原告声称不知靳某回家的说法不成立，原告作为监护人，应对靳某履行教育、管理和监护责任；靳某发生交通事故时即将年满17周岁，有能力对自己行为的危险性和行为后果进行评估和预知，却在饮酒后无证驾驶无号牌机动车上路行驶，造成悲剧的发生，其本人应承担责任；被告已尽到安全教育及管理的责任，在靳某入学后，被告多次组织包括靳某在内的所有学生学习《学生手册》，要求学生遵守交通规则等相关安全知识。

二、法院判决

基于已查明的案件事实，综合考虑被告的过错程度、原告已获得交通事故赔偿、被告应承担的补充赔偿责任及过失相抵原则，法院酌情确定由被告赔偿原告4万元。

三、案例评析与理论延伸

本案系教育机构责任纠纷，被告作为教育机构，属于原《侵权责任法》[1]规定的特殊责任主体，应适用原《侵权责任法》第3章[2]关于责任主

〔1〕 现规定于《民法典》。
〔2〕 现规定于《民法典》第7编第3章。

体的特殊规定;学校对学生履行的是教育、管理义务,并不存在监护义务。靳某作为在读寄宿制学生,其死亡时未满18周岁,属于限制行为能力人;靳某系因校外交通事故受到伤害,故应排除适用原《侵权责任法》第39条[1]关于因校内因素受到人身损害的规定。

综上,本案能否适用原《侵权责任法》第40条[2]的规定,决定了被告应否承担侵权责任。

原《侵权责任法》第40条规定:"无民事行为能力人或者限制民事行为能力人在幼儿园、学校或者其他教育机构学习、生活期间,受到幼儿园、学校或者其他教育机构以外的人员人身损害的,由侵权人承担侵权责任;幼儿园、学校或者其他教育机构未尽到管理职责的,承担相应的补充责任。"以下,将结合已查明的案件事实、围绕该条法律规定的构成要件予以详细分析。

(一)"在校学习、生活期间"的具体范围

一般而言,本条规定的"在校学习、生活期间",是指未成年学生在学校监督管理之下的学习期间,以及在教育、教学活动有关的其他时间内。从时间上看,应当是从学生进入学校之时起到离开学校之时止的整个期间;从空间上看,不仅包括在学校校园内,还应包括在学校组织的校外活动的场所和经过的路途;从被侵权人的范围看,不仅包括限制行为能力人,还包括无行为能力人。本案的实际情况是,从时间上看,靳某在请假2天后一直未到校报到,数天后在校外发生交通事故身亡;从侵权范围上看,靳某为16岁在校学生,符合"限制行为能力人"这一身份条件;从空间上看,靳某其身处校外,且并非参加学校组织的活动,已经脱离了学校的监督、管理,似不属于"在校学习、生活期间"。在此类特殊情形下,学校在学生离开校园、脱离学校监管

---

〔1〕《民法典》第1200条。

〔2〕《民法典》第1201条。

的过程中，对学校是否存在过错进行分析，应综合考量学校是否尽到管理职责、学生脱离监督的原因等因素，针对不同个案对“在校学习、生活期间”进行认定，进而确定学校应否承担侵权责任。

具体到本案：(1)靳某于2018年9月1日以“家里有急事”为由向被告递交请假条，要求请假2日，被告予以批准，被告在批准靳某请假前既未询问靳某父母的意见，亦未事后通知其父母；被告在与靳某亲属的电话通话中称其曾联系过靳某父母即本案原告，但事实上未曾有效联系本案原告；据此，虽然靳某脱离学校监管其自身是主因，但被告未向靳某父母核实请假理由、未有效通知靳某父母其已离校的事实，管理上存在疏漏，具有一定过错。(2)靳某以家里有急事为由请假后，未按期回校报到，在1个多月后发生交通事故身亡。无证据显示被告曾与靳某父母取得联系，存在一定的过错。据此，从时间和空间上看，靳某发生交通事故时本应在校正常学习、生活，但由于其故意编造事由离校，且被告未尽到合理的管理职责，导致靳某请假后长时间脱离学校和家长的监管，在此期间靳某因交通事故身亡，对此被告存在一定的过错，应承担一定的侵权责任。

(二)“相应补充责任”及过错程度的判断

首先，“相应”是指与过错程度相当的侵权责任。本案中，导致靳某死亡的主因在于交通事故，即交通事故与靳某的死亡之间存在直接的因果关系，从责任主体的角度，交通事故双方应根据各自的不法行为承担责任；而被告作为教育机构，其未尽到相应管理职责，该消极不作为行为使得本可以避免的损害后果没有避免，其应在过错范围内承担相应的侵权责任。其次，“补充责任”意指对于侵权责任的承担主体来说存在先后顺位的区别，即直接侵权人为第一顺位的责任承担主体，教育机构作为第二顺位、承担与其过错程度相当的部分责任，而非替代责任、完全赔偿责任。本案中，原告自认机动车驾驶人一方已经根据责任认定通过保险理赔足额赔偿原告死亡赔偿金、被扶养人生活费、精神损害抚慰金、医疗费等共计535,381.75元,在认定被告应承担的补充赔偿责任时应充分考虑这一情节,即做适当补充性赔偿即可,而不必考虑未足额赔偿情况下的利益衡平问题。

(三)过失相抵的适用

1. 受害人的过失

靳某作为已接受职业教育的限制行为能力人,具备一定的行为能力,但其编造事由请假,且长期不回校学习,自身过错明显;靳某未取得机动车驾驶证,酒后驾驶无牌车辆导致交通事故并负同等责任,明显存在过错;靳某在请假条中故意书写了错误的家长电话号码,为今后被告与其家长沟通埋下了隐患。

2. 学校的安全教育、提醒、告诫

当今社会,教育机构主观和客观上都非常重视安全教育,被告印有学生手册,在提醒在校学生方面能够起到一定作用;被告在请假条中要求请假学生照抄“在外注意安全,出现一切事故,与学校无关,责任自负”的内容,虽然原告认为被告在推卸责任,但不可否认的是,此行为确实起到提醒请假学生应注意安全的作用。

3. 监护人的过失

靳某虽在被告处进行寄宿式学习,此期间作为家长的两名原告依然对其负有关心、慰藉责任,不意味着就可以对靳某不管不问,完全将未成年人的教育交由教育机构的做法是不可取的。对未成年人进行精神上慰藉、生活上关心是监护人的法定义务。本案中,从靳某离校到其发生交通事故,其间经过中秋节和“十一”长假,原告称“9月13日的第二天”见过靳某并曾在10月2日、10月3日给靳某打过电话。仅从以上表现分析,很难证明两名原告已尽到了必要的监护责任。

综上,侵权责任构成包括:过错、违法行为、因果关系、损害事实。最高人民法院《关于审理人身损害赔偿案件适用法律若干问题的解释》(2003 年发布)第 7 条[1]规定:“对未成年人依法负有教育、管理、保护义务的学校、幼儿园或者其他教育机构,未尽职责范围内的相关义务致使未成年人遭受人身损害,或者未成年人致他人人身损害的,应当承担与其过错相应的赔偿责任。”具体到本案,靳某虽系未成年人,但在发生事故时年近 16 周岁,具备一定的认知和判断能力,对其未取得机动车驾驶证且饮酒后驾驶二轮摩托车的危险行为的后果能够预见并避免却因故而未能预见并避免,导致车毁人亡的损害后果,按照自己行为自己负责的原则,该责任应主要由其自己承担。被告作为教育机构,对未成年人靳某依法负有教育、管理、保护义务。被告已发现和知道靳某多日未归校等与该学生人身安全直接相关的信息,但未及时告知靳某的监护人,导致靳某因脱离原告的保护和监管而发生伤害,属于被告违反对未成年学生教育、管理、保护等法定义务的情形,被告应当承担与其过错相应的赔偿责任,该责任系一般过错责任并非监护责任。原告作为靳某的监护人,对靳某负有抚养、教育和保护义务,平时应加强对靳某的管理教育,使其养成良好的习惯,做一名遵纪守法的学生;对靳某人身损害的后果,原告亦有过错,也应承担相应的责任。综合考虑,靳某对其违法驾驶机动车存在的危险后果应当具备一定的认知和判断能力而知道不可为却为之、被告的过错相对靳某发生交通事故的因果关系的原因力较低、靳某饮酒后无证驾驶机动车违反法定义务的行为与原告的平时管教养成存在一定关联性、损害后果等因素,法院酌定被告赔偿的数额是适当的。

如本案发生于 2021 年 1 月 1 日后,则根据《民法典》(2020 年发布)第 1200 条“限制民事行为能力人在学校或者其他教育机构学习、生活期间受到人身损害,学校或者其他教育机构未尽到教育、管理职责的,应当承担侵权责任”以及第 1201 条“无民事行为能力人或者限制民事行为能力人在幼儿

---

〔1〕《民法典》第 1199 条、第 1200 条。

园、学校或者其他教育机构学习、生活期间，受到幼儿园、学校或者其他教育机构以外的第三人人身损害的，由第三人承担侵权责任；幼儿园、学校或者其他教育机构未尽到管理职责的，承担相应的补充责任。幼儿园、学校或者其他教育机构承担补充责任后，可以向第三人追偿”之规定，本案例分析结论亦相同。

四、主要法条链接

《民法典》

第1200条　限制民事行为能力人在学校或者其他教育机构学习、生活期间受到人身损害，学校或者其他教育机构未尽到教育、管理职责的，应当承担侵权责任。

第1201条　无民事行为能力人或者限制民事行为能力人在幼儿园、学校或者其他教育机构学习、生活期间，受到幼儿园、学校或者其他教育机构以外的第三人人身损害的，由第三人承担侵权责任；幼儿园、学校或者其他教育机构未尽到管理职责的，承担相应的补充责任。幼儿园、学校或者其他教育机构承担补充责任后，可以向第三人追偿。

案例三十：校企联合办学不得违反法律和行政法规强制性规定〔1〕

一、基本案情

技师学院（本案原告）的举办单位为某市人力资源和社会保障局，后者为事业单位法人，业务范围包括：培训具有一定基础理论知识和熟悉操作技能的技术技能型人才，开展适应区域经济发展需要的职业教育培训，开展职

〔1〕　江苏省南京市中级人民法院民事判决书，(2020)苏01民终480号。

业技能技术教育社会培训;技师学院具有教育培训资质。淘大公司(本案被告)成立于2015年5月11日,经营范围包括:教育软件开发、销售;职业技能培训等(依法须经批准的项目,经相关部门批准后方可开展经营活动);淘大公司不具有教育培训资质。

2015年7月28日,技师学院(甲方)和淘大公司(乙方)签订《联合办学合作协议》,就开展互联网新型人才培养合作事宜达成以下协议,协议部分内容为:(1)由甲乙双方挂牌设立"技师学院互联网学院"及"教学实训基地"。对外宣传信息中使用共建学院名称……甲方向乙方提供所有招生宣传资料。(2)甲方负责统一给学员颁发国家教育部门认可的学历证书及技能证书,同时负责招生监管工作、学生的公共基础培养、学生的学历报考及辅导及日常在校管理工作。乙方负责招生工作、学生的专业技能培养、学生的实习就业工作……(3)公共基础教学由甲方负责;专业基础教学由甲乙双方共同参与进行。乙方负责技能教学方面。(4)技能培养费:伍仟捌佰圆/学年/生……,技能培养费由乙方收取,其中甲方占比20%,乙方占比80%。

合同签订后,技师学院和淘大公司开始了合作。淘大公司投入人员进行招生,同时淘大公司招募教师进行教学。2016年年底,淘大公司由于不能发放教学人员工资和缴纳社保事项,引起部分教职人员上访,技师学院垫付了部分费用。2017年春节后,淘大公司的法定代表人失联,淘大公司不能继续履行合作项目且下落不明。

2017年7月3日,新闻媒体对技师学院和淘大公司合作办学中的互联网交通专业存在的夸大宣传"百分百就业"进行了报道,技师学院的主管机关介入调查,给技师学院造成负面影响。2017年9月22日,技师学院向淘大公司的法定住所地发函,要求解除协议,因淘大公司已不在该地经营无法送达信件被退回。2017年12月4日,技师学院通过在报刊登公告的形式表明和淘大公司解除双方的协议,并声明保留追究淘大公司违约责任和赔偿责任的权利。

技师学院向法院提起民事起诉,请求判决确认技师学院和淘大公司签订的《联合办学合作协议》于2017年9月解除;判令淘大公司赔偿技师学院经济损失47.3万元;判令淘大公司赔偿技师学院名誉损失50万元。

在审理过程中,法院向技师学院发出《释明函》,告知技师学院未举证县级以上人民政府人力资源社会保障行政部门按照国家规定的权限对淘大公司的职业技能培训进行审批的手续,故法院认定淘大公司不具备职业技能培训资质,双方签订的《联合办学合作协议》违反国家强制性法律规定无效,同时告知技师学院应按照合同无效主张权利。技师学院对法院的释明不予接受,仍按照有效合同主张权利。

二、法院判决

淘大公司经法院合法传唤未到庭参加诉讼,法院依法缺席审理。法院依照原《合同法》第52条、[1]《民办教育促进法》(2016年修正)第12条、《民事诉讼法》(2017年修正)第64条、第142条之规定,判决驳回技师学院的诉讼请求。

三、案例评析与理论延伸

本案中案涉《联合办学合作协议》的效力应如何认定。

原《合同法》第52条规定:"有下列情形之一的,合同无效:……(五)违反法律、行政法规的强制性规定。"最高人民法院《关于适用〈中华人民共和国合同法〉若干问题的解释(二)》(已失效)第14条规定:[2]"合同法第五十二条第(五)项规定的'强制性规定',是指效力性强制性规定。"江苏省高级

---

〔1〕《民法典》第153条。

〔2〕尽管相关司法解释已废止,当时的裁判理由和判决结论符合现行有关规定。

人民法院于(2021)苏民申1187号案件裁判中明确《民办教育促进法》(2018年修正)第12条规定为管理性强制性规定,并非效力性强制性规定,故笔者认为,本案中《联合办学合作协议》并非系违反法律的强制性规定而导致无效。

本案中,技师学院与淘大公司在《联合办学合作协议》中约定:双方共同成立虚拟的互联网学院,附属技师学院,双方利用各自的优势联合办学,共建互联网教学实践基地,在品牌建设、课程合作、实训实习和资源共享等方面展开合作,为企业培养具有创新精神的应用型人才;专业基础教学由双方共同参与进行,技能教学方面包括理论教学、实操教学等由淘大公司负责;技师学院将双方合作的招生专业及招生计划统一纳入招生宣传中,负责给学员颁发国家教育部门认可的学历证书及技能证书,淘大公司负责招生工作、学生的专业技能培养、学生的实习就业工作等。无论从合同名称还是合同内容上看,该合同涉及的内容应为联合办学行为。技师学院答辩称双方之间是校企合作,然校企合作应依法开展。国务院教育部等有关部门的文件明确,企业根据用工需求,可以与职业院校实行联合招生(招工)、联合培养,指的是合作企业根据自身的用工需求,可以通过校企合作方式联合招收学员实施联合培训;职业学校和企业开展校企合作,可以根据就业市场需求,合作设置专业、研发专业标准,开发课程体系、教学标准以及教材、教学辅助产品,开展专业建设,并不当然表明合作企业有权对外招生及具有教育培训资质。案涉《联合办学合作协议》约定,双方挂牌设立"技师学院互联网学院",技师学院负责颁发学历证书和技能证书,淘大公司负责制作联合办学专业的招生简章,落实招生计划,负责招生录取工作和专业技能培养等;且在实际运作中,淘大公司面向社会招生,自主招募教师进行教学,这些内容均表明淘大公司并非简单履行培训职责,双方的权利义务已超出合法校企合作的范畴。学历教育为国家基本教育制度相关的教育活动,立法目的在于要求民事主体在取得的相应许可范围内从事教育活动，其保护的法益类型涉及公序良俗，若允许校企合作的企业有权不通过联合院校自主对外招生，则是对我国基本教育制度的一种侵害，故笔者认为，案涉《联合办学合作协议》应评价为因违反公序良俗，损害社会公共利益而无效，并非系违反法律的强制性规定而无效。

如本案发生于2021年1月1日后，则根据《民法典》(2020年发布)第8条“民事主体从事民事活动，不得违反法律，不得违背公序良俗”以及第153条“违反法律、行政法规的强制性规定的民事法律行为无效。但是，该强制性规定不导致该民事法律行为无效的除外。违背公序良俗的民事法律行为无效”之规定，本案例分析结论亦相同。

四、主要法条链接

(一)《民办教育促进法》(2018年修正)

第12条　举办实施学历教育、学前教育、自学考试助学及其他文化教育的民办学校，由县级以上人民政府教育行政部门按照国家规定的权限审批；举办实施以职业技能为主的职业资格培训、职业技能培训的民办学校，由县级以上人民政府人力资源社会保障行政部门按照国家规定的权限审批，并抄送同级教育行政部门备案。

(二)《民法典》

第8条　民事主体从事民事活动，不得违反法律，不得违背公序良俗。

第153条　违反法律、行政法规的强制性规定的民事法律行为无效。但是，该强制性规定不导致该民事法律行为无效的除外。

违背公序良俗的民事法律行为无效。

案例三十一：教育欺诈行为的认定[1]

一、基本案情

商业饮食中心系国务院国有资产监督管理委员会举办的事业单位法人，其在国家事业单位登记管理局有事业单位法人备案。商业饮食中心的宗旨和业务范围为：开展商业饮食服务业行业有关活动，促进行业发展。A职业学校是A市社会团体管理局批准成立的民办非企业单位，其业务范围为公关员、营养配餐员、心理咨询师、公共营养师、育婴师。B颐星中心系B市民政局批准成立的民办非企业单位，其业务范围为业余成人文化培训。2008年10月21日，商业饮食中心作出《关于成立“全国商务人员职业技能考评委员会”的决定》，即商业饮食中心决定成立“全国商务人员职业技能考评委员会”，统筹商业饮食中心的各项培训考评工作，统一组织实施。

2012年12月3日，商业饮食中心作出《关于同意授权A职业学校为营养师管理办公室的批复》（商饮字〔2012〕34号）文件，内容为：“同意授权你单位成为我中心营养师培训项目管理办公室。其职责是在我中心的领导下，按照统一规划及颁布的相关管理办法，组织实施经授权培训项目的招生、培训工作。你单位在取得批复后应结合本地区情况积极开展工作，加强管理，精心组织，认真实施。”

2013年1月1日，商业饮食中心与A职业学校签订《合作协议》，主要内容为：商业饮食中心许可A职业学校在合作范围（营养师）内以“管理办公室”的名义开展规定课程的招生、培训工作，要求按照商业饮食中心的规定对学员进行培训后，经考试合格并手续齐全者，由商业饮食中心颁发商业饮食服务业发展中心及全国商务人员职业技能考评委员会出具的《商务人员

---

〔1〕 辽宁省本溪市中级人民法院民事判决书，(2017)辽05民终1156号。

职业技能证书》;A 职业学校须按照商业饮食中心提供的宣传制度及协议规定的职责范围进行宣传,A 职业学校所有涉及项目的对外宣传的材料(包括招生简章、宣传单页、网站、报纸、软文、电视海报、网络、招牌等),均须经商业饮食中心审核后方可对外发布;A 职业学校负责在约定的范围内,直接推广合作课程,不能把此权利再授权给第三方;A 职业学校在学员开班 30 天前向商业饮食中心申报该培训班的培训计划,在培训之后向商业饮食中心提交该培训班的培训总结,A 职业学校使用商业饮食中心提供的考试系统对学员组织统一考试,并为考试通过的学员进行资料整理和上报,为建立学员数据库及证书查询系统提供准确的数据,商业饮食中心在收到 A 职业学校汇总申报的有关资料和约定的费用并审核无误后,于 30 个工作日内颁发《商业人员职业技能证书》;A 职业学校应在学员考试结束并向商业饮食中心缴纳学员考试认证费用后,向商业饮食中心为 A 职业学校申报《商务人员职业技能证书》。

2013 年 3 月 12 日,A 职业学校出具委托书,内容为:商业饮食中心营养师管理办公室决定由 A 市公共关系职业培训学校在全国开展营养师培训推广工作。凡参加培训并通过专业知识考试合格者,由国务院国有资产监督管理委员会(事业单位)商业饮食中心全国商务人员职业技能考评委员会联合颁发《营养师职业技能证书》。为了此项工作在全国范围的积极拓展,特委托刘某在辽宁省 B 市负责营养师培训、招生及日常相关工作。

2013 年 4 月 9 日,B 颐星中心(甲方)与 A 职业学校(乙方)签订《联合办学协议书》,约定:“(一)办学专业、办学形式:(1)专业:商业饮食中心举办的营养师认证培训。(2)范围:限定在辽宁省 B 市。(3)办学形式:业余制面授。(二)甲方责任与义务:(1)提供合法办学有关文件、证照,负责协调各主管部门,做到依法办学。(2)根据行业发展的需求,提供相关的政策、技术指导。(3)审定教学大纲、计划,监督教学质量。(4)协助做好招生宣传工作及管理学生档案及有关资料。(5)甲方有权对乙方在招生工作中不符合实际的宣传进行监督和更正。(三)乙方责任与义务:(1)提供乙方单位有效法律文件。(2)提供教学大纲及计划,指定教材,聘请授课人员。(3)搞好招生宣传工作,组织生源,严格教学管理。(4)管理学籍档案及有关资料。(5)负责考务管理及发证工作。(6)承担招生、培训、依法纳税等管理过程中的一切费用。(7)合法经营,规范办学,负责解决学员所有问题的投诉,如造成不良影响应全权负责。(8)乙方在和甲方联合办学期间,不得再和B其他办学机构联合办学,在办学过程中不得有欺瞒甲方的事项。"

刘某和B颐星中心在B地区组织了部分营养师学员培训。营养师培训的宣传名册上包括以下宣传内容:权威机构认证证书含金量高,营养师推广管理办公室,实行统一培训、考试及认证,成绩合格者颁发中华人民共和国营养师职业技能证书,全国通用,具有国际化、权威性和专业性的特点,是中外相关单位营养健康管理岗位的"通行证"。营养师证书的价值:(1)表明持证人具有专业的营养健康知识、经验、背景,能够为企业或客户提供专业的营养方案,并具有切实的执行能力。证明持证者遵守诚信职业原则,同时对所从事的营养健康工作精益求精的承诺。(2)证明持证者符合国际接轨的专业标准,同时具有胜任现代营养健康管理实际工作的经验和能力水平。(3)取得职业技能认证营养健康人员顺利进入优秀组织或建立高尚的职业信誉,对获得优越的职业发展机会具有极大的帮助。授课内容及课时安排独创。(4)大模块培训方式,即集食物选择、食谱编制、营养评价、营养教育等综合临床、传统、心理、烹饪、运动等多项专业于一体的先进课程。

学员杨某在实际找工作的过程中,发现证书得不到用人单位的认可,故向法院起诉,请求判令商业饮食中心、A职业学校、B颐星中心连带返还培训费用4880元。

二、法院判决

法院认定,杨某承担20%责任,商业饮食中心与A职业学校承担80%责任,判决商业饮食中心与A职业学校向杨某返还营养师培训费用3584元。

三、案例评析与理论延伸

本案中,商业饮食中心并未与杨某签订相关的合同,为何法院会判决商业饮食中心与A职业学校共同向杨某返还培训费用,而身为合同相对方的B颐星中心却不用承担返还培训费的责任?

商业饮食中心作为营养师培训项目的最初发起者,其为开展营养师培训工作,先是以授权方式允许A职业学校以其营养师培训项目管理办公室的名义开展营养师培训工作,之后又通过与A职业学校签订《合作协议》的方式开展培训工作,在此过程中,A职业学校负责宣传、招生、收费、培训等具体工作,商业饮食中心负责考试和颁发证书,同时对每一名获得证书者也要收取一定的费用。因此从商业饮食中心与A职业学校之间开展该项工作的方式和形成的协议内容来看,双方之间系联合办学的合作关系,双方系共同举办营养师培训项目的主体。A职业学校与商业饮食中心形成合作关系后,A职业学校又授权刘某与B颐星中心签订《联合办学协议》,由A职业学校向B颐星中心提供6000元费用,然后由B颐星中心提供一定的办学条件和协助义务。从双方的权利义务关系来看,B颐星中心既不是实际办学单位,未实质性参与学员的培训管理,又未收取学费和参与分成,也未参与招生工作、发证工作,仅系作为培训场地的提供方,不享有实质性的权利义务,故A职业学校与B颐星中心之间成立委托关系,并非联合办学关系。B颐星中心是受A职业学校的委托,提供一定的办学条件并且协助A职业学校进行营养师培训,B颐星中心作为受托人的身份并不能与作为学员的杨某形成教育培训关系,故无须承担返还培训费的责任。杨某作为学员交纳了培训费用,通过参加商业饮食中心与A职业学校共同举办的营养师培训和考试,获得了商业饮食中心颁发的营养师证书,故杨某作为学员与商业饮食中心、A职业学校二者形成了教育培训合同关系。

B地区开展的营养师培训项目是否属于教育欺诈,需要从以下几个方面进行分析。

(一)商业饮食中心是否有权颁发营养师职业技能证书

根据原劳动和社会保障部办公厅《关于开展单项职业能力考核试点工作的通知》(劳社厅发〔2005〕4号),只有经过劳动和社会保障部门公布的专项职业能力考核规范项目和选择的试点地区,才能开展专项职业能力考核鉴定,否则不得开展专项职业能力考核鉴定,同时即使获得准许,单项职业能力证书也应由劳动和社会保障部职业技能鉴定中心制定统一样式并进行相应编号,由试点地区的劳动和社会保障部门免费发放。本案中,商业饮食中心主张其有权开展营养师培训项目和考核、鉴定工作,但其未提供证据证明其开展的此项工作已经获得劳动和社会保障部门准许的事实,故依据"谁主张、谁举证"的举证责任归责原则,商业饮食中心开展的营养师培训和考核鉴定行为系违反国家规定的行为,不应受到法律保护。另外,从商业饮食中心的业务范围来看,其业务范围包括可以开展"受相关部门委托的商业饮食服务业行业规范和岗位技术要求拟定商业饮食服务业相关行业咨询和人员培训",并无可以开展职业能力考核认证和评价的业务范围,因此商业饮食中心所开展的营养师考核、鉴定及发证行为系超出其业务范围的行为。

(二)商业饮食中心发放的营养师职业技能证书与国家人力资源和社会保障部门颁发的职业资格证书性质是否相同

社会保障部门颁发的职业资格证书系某人能否从事某项职业的资格证

明和准入门槛,而从商业饮食中心为杨某发放的营养师职业技能证书和其在培训过程中的宣传资料来看,商业饮食中心是为拓宽就业渠道,开展了此项营养师培训项目及为参加该培训项目的杨某颁发了营养师职业技能证书,这些行为系为了表明杨某参加了营养师培训项目并通过了商业饮食中心组织的考核认证,系杨某掌握该项职业技能的一种证明,因此商业饮食中心发放的营养师职业技能证书只是起到一种职业技能评价和证明作用。因此二者的性质并不相同,即商业饮食中心发放的营养师职业技能证书是职业能力考核和鉴定,社会保障部门颁发的职业资格证书是从业资格的准入许可。

(三)甄别B地区开展的营养师培训项目在宣传方面是否具有欺诈性

具体分析如下:(1)从B地区发放的营养师培训项目的宣传资料来看,其宣传单上载有“颁证机关”这一宣传用语,从普通人的视角来看,很容易受该用语误导而错误地认为证书发放者系国家行政机关,具有一定的行政职权,其发放证书行为系经过国家批准后实施的行政行为,也容易让学员相信营养师证书系由国家允许的行政机关颁发的,进而相信该营养师证书的认可度。(2)宣传广告中记载有“通行证”“含金量高”字样,这些字样的含义不仅属于培训功能的范围,是在夸大证书的性质和作用,让学员误解为该类证书与“教师证”“厨师证”“会计师证”等职业资格证书具有相同的性质和作用,亦与国家劳动和社会保障部门职业技能鉴定中心发放的专项职业能力性质的证书相混同,因此使用该宣传用语的行为也属于教育欺诈行为。(3)除宣传单上宣传营养师证书时记载有“权威认证”字样,但实质上营养师证书上的颁发单位除不具有行政职权的商业饮食中心外,还有“全国商务人员职业技能考评委员会”字样,因该考评委员会并非国家批准成立的机构,而是由商业饮食中心为开展营养师培训项目自行成立的临时性质的机构,属于其内设机构,不能体现出“全国性”和“权威性”,故其在宣传证书颁发单位时也具有教育欺诈行为。

因此，商业饮食中心和 A 职业学校在 B 地区合作开展的营养师培训项目及其考核、鉴定过程中，因属于教育欺诈行为，致使作为合同相对方的杨某的权益受到损害，故双方形成的教育培训合同系可撤销合同。

本案营养师培训项目系商业饮食中心与 A 职业学校通过合作方式组织实施的，因诉争的营养师项目在宣传培训过程中有教育欺诈行为，从对外关系的角度来看，杨某作为培训学员选择其承担责任，要求其返还培训费用，有事实和法律依据。关于商业饮食中心与 A 职业学校应返还的培训费用数额，因本案涉及的教育培训合同被撤销以后，合同双方承担的是缔约过失责任，应结合合同双方的过错程度确定相应责任。综观本案合同订立过程，杨某作为完全民事行为能力人在缔约时具有认真审查合同相对方及合同内容的谨慎注意义务，因其未尽到该项义务，致使其权益受到损害，故杨某应承担次要责任，商业饮食中心与 A 职业学校在开展培训项目过程中具有欺诈行为应承担主要责任。法院根据本案事实，确认杨某承担 20% 责任，商业饮食中心与 A 职业学校承担 80% 责任，是符合案件事实的处理。

四、主要法条链接

《民法典》

第 464 条　合同是民事主体之间设立、变更、终止民事法律关系的协议。

婚姻、收养、监护等有关身份关系的协议，适用有关该身份关系的法律规定；没有规定的，可以根据其性质参照适用本编规定。

第 465 条　依法成立的合同，受法律保护。

依法成立的合同，仅对当事人具有法律约束力，但是法律另有规定的除外。

第 500 条　当事人在订立合同过程中有下列情形之一，造成对方损失

的,应当承担赔偿责任:

(一)假借订立合同,恶意进行磋商;

(二)故意隐瞒与订立合同有关的重要事实或者提供虚假情况;

(三)有其他违背诚信原则的行为。

案例三十二:职业教育机构不得在联合办学中出借办学资质[1]

一、基本案情

原告南充理工学校是经南充市教育局批准设立的一所中等职业学校,被告广西某职业学院是一所经广西壮族自治区人民政府批准、教育部备案设置的具有独立颁发国家承认学历文凭资格的综合性全日制普通高校。列入国家统一招生计划,面向全国招生。2012 年 5 月 28 日,被告广西某职业学院向原告南充理工学校出具《授权书》,授权南充理工学校为该院驻四川省招生办事处,以该院的名义在四川省开展合法招生宣传活动,代理人所招收的学生符合被告新生录取条件的,被告均予以认可,同意在教育部电子注册学籍,成为国家统招高职高专在册学生。授权期限 2012 年 5 月 25 日至 2013 年 5 月 25 日。

2012 年 11 月 12 日,原告南充理工学校(乙方)与被告广西某职业学院(甲方)签订《协议书》,内容为:"……(一)联合办学层次、专业、学制:(1)层次:普通专科;(2)专业:会计与审计、工商企业管理、建筑工程管理、汽车运用技术、旅游管理、房地产经营与评估、物流管理、国际金融等专业;(3)学制:3 年。(二)合作模式:甲方负责在四川教育主管部门投放招生计划,并协助乙方做好招生录取工作;学生在乙方学习 3 年的文化课、专业

[1] 四川省南充市中级人民法院民事判决书,(2019)川 13 民终 1797 号。

基础课和专业课，毕业后由甲方颁发国家承认学历的普通高校毕业证书。（三）甲方职责：负责在四川教育主管部门投放招生计划，并在四川省招生考试报上刊登乙方为其招生考试报名咨询中心。按照招生计划，负责办理符合录取条件的新生录取手续。派专业老师对乙方的教学工作进行指导，免费为乙方培训教师。负责给学生发放国家认可的国家教育网可查询的普通大专毕业证书。（四）乙方职责：负责落实甲方在四川教育主管部门投放招生计划，做好招生、教学工作。负责协助甲方，办理新生录取工作。按照甲方提供的教学计划，负责对学生实施教学工作和管理工作。（五）办学经费：学生在乙方学习期间，按照所在地有关部门批准的收费标准收取各项费用；双方各自因工作所产生的费用由双方各自承担；甲方收取乙方学籍管理费、指导费等费用每届每生共计人民币 6800 元，分三年交纳，余下部分作为乙方教学、管理使用，不足部分由乙方自行负责；每年按实际在校在籍人数收取；交费时间为乙方学生在甲方取得正式专科学籍当年的 10 月最后一个星期……"

原、被告双方在《协议书》上签字并加盖印章。

南充理工学校与广西某职业学院签订协议后，为履行协议做了准备工作，并招收学员进行基础教学工作，收取了学生的学费，履行了相关义务。南充理工学校进行一年多的基础教学后，在向广西某职业学院报送学生学籍时，遭其拒绝。由于南充理工学校招收的学生无法建立学籍档案且不能继续教育，不能取得相应的学历文凭，所招学员到有关部门信访，要求退学并退还学费。南充理工学校多次找到广西某职业学院进行解决，因协商未果，遂于 2016 年 1 月向法院提起诉讼。

南充理工学校向法院提出诉讼，请求判令解除原、被告签订的《协议书》，被告赔偿原告损失 50 万元。事实和理由：原、被告于 2012 年 11 月 12 日签订了联合办学《协议书》，就联合办学的有关事项及双方的权利义务进行了约定。协议生效后,原告为履行协议做了大量的实质性工作,其中包括招收数百名学生,对这些学生进行了一年多的教学工作。然而当原告向被告报送学生名单建立学籍档案时,被告却违背协议约定拒绝接受,被告的行为,不仅构成违约,而且导致原告所招学生退学退费,给原告造成重大经济、名誉损失。事后,原告多次派人与被告沟通未果。

被告广西某职业学院辩称,(1)本案原告主体不适格,法院应当裁定不予受理或驳回起诉。被告从来都没有履行所谓《协议书》的条款,也未在四川投放招生计划。(2)原告提供的《协议书》是违法协议。《协议书》第2条载明,学生在乙方学习3年的文化课、专业基础课和专业课,学生毕业后由乙方负责推荐就业及就业后的服务。这是一份明显的异地办学协议书。异地办学违反了教育法的规定。原告没有高校的办学资质,没有高校的师资和设备设施,不具备开办高等教育的条件与资格。

二、法院判决

法院认定,南充理工学校与广西某职业学院于2012年11月12日签订的《协议书》无效。造成协议无效,双方均有过错。综合考虑南充理工学校提供的损失依据情况、双方过错的大小及本案其他相关因素,酌定由广西某职业学院向南充理工学校支付赔偿款150,000元。

三、案例评析与理论延伸

(一)本案原告的主体是否适格

《民事诉讼法》(2023年修正)第122条规定:“起诉必须符合下列条件:(一)原告是与本案有直接利害关系的公民、法人和其他组织;(二)有明确的被告;(三)有具体的诉讼请求和事实、理由;(四)属于人民法院受理民事诉讼的范围和受诉人民法院管辖。”本案原告南充理工学校经批准设立,具有完全的民事权利能力和完全的民事行为能力符合《民事诉讼法》(2023 年修正)第 51 条第 1 款“公民、法人和其他组织可以作为民事诉讼的当事人”的规定,其向法院提起诉讼,提交了与被告签订的《协议书》,证明与本案有直接利害关系,其认为自己的合法权利受到侵害,向法院起诉,符合规定的起诉条件,故原告主体适格。

(二)原、被告签订的《协议书》是否有效

首先,按协议约定“派专业老师对乙方的教学工作进行指导,免费为乙方培训教师”“甲方收取乙方学籍管理费、指导费等费用每届每生共计人民币 6800 元,分三年交纳,余下部分作为乙方教学、管理使用,不足部分由乙方自行负责;每年按实际在校在籍人数收取;交费时间为乙方学生在甲方取得正式专科学籍当年的 10 月最后一个星期”,表明原、被告联合办学,被告主要是为原告提供教学指导和培训教师,并收取管理费和指导费,而没有实质性的教育参与行为,其联合办学协议本质上是出借资质。因此,该协议亦违反国务院《关于大力推进职业教育改革与发展的决定》(2002 年发布)有关联合办学的规定。

其次,协议约定,“(三)甲方职责:负责在四川教育主管部门投放招生计划,并在四川省招生考试报上刊登乙方为其招生考试报名咨询中心”,“(四)乙方职责:负责落实甲方在四川教育主管部门投放招生计划,做好招生、教学工作”,该约定表明,原告仅为被告的招生考试报名咨询中心,原告无证据证明被告给原告提供了招生计划。因此,原告的招生行为违反《教育法》(2021 年修正)第 76 条“学校或者其他教育机构违反国家有关规定招收学生的,由教育行政部门或者其他有关行政部门责令退回招收的学生,退还所收费用;对学校、其他教育机构给予警告,可以处违法所得五倍以下罚款;情节严重的,责令停止相关招生资格一年以上三年以下,直至撤销招生资格、吊销办学许可证;对直接负责的主管人员和其他直接责任人员,依法给予处分；构成犯罪的，依法追究刑事责任”以及《职业教育法》(2022年修订)第63条“在职业教育活动中违反《中华人民共和国教育法》、《中华人民共和国劳动法》等有关法律规定的，依照有关法律的规定给予处罚”的规定。

最后，按协议约定“学生在乙方学习3年的文化课、专业基础课和专业课，毕业后由甲方颁发国家承认学历的普通高校毕业证书”，表明学生在原告处学习3年即能取得被告所颁发的普通高等学校毕业证书。但原告南充理工学校作为中等职业技术学校并不具有高等职业技术教育的资质，该约定违反《教育法》(2021年修正)第82条第1款规定，即“学校或者其他教育机构违反本法规定，颁发学位证书、学历证书或者其他学业证书的，由教育行政部门或者其他有关行政部门宣布证书无效，责令收回或者予以没收；有违法所得的，没收违法所得；情节严重的，责令停止相关招生资格一年以上三年以下，直至撤销招生资格、颁发证书资格；对直接负责的主管人员和其他直接责任人员，依法给予处分”。综上，该《协议书》违反法律、行政法规的强制性规定，依照《民法典》(2020年发布)第153条第1款“违反法律、行政法规的强制性规定的民事法律行为无效。但是，该强制性规定不导致该民事法律行为无效的除外”的规定，应当认定为无效。

(三)原告请求的赔偿损失50万元是否应当得到支持

根据《民法典》(2020年发布)第157条“民事法律行为无效、被撤销或者确定不发生效力后，行为人因该行为取得的财产，应当予以返还；不能返还或者没有必要返还的，应当折价补偿。有过错的一方应当赔偿对方由此所受到的损失；各方都有过错的，应当各自承担相应的责任。法律另有规定的，依照其规定”之规定，原告请求赔偿50万元是否可以得到支持应根据损失大小及原、被告双方的过错等因素进行判断。

首先，南充理工学校依据《授权书》和《协议书》招生，对学员进行一年多的基础教学后，在向广西某职业学院报送学生学籍时，遭到拒绝。造成南充理工学校招收的学生无法建立学籍档案且不能继续教育，所招学员到有关部门信访后，退学并退还已学的一年多的学费，原告存在一定的损失。

其次，南充理工学校是经南充市教育局批准设立的一所中等职业学校，广西某职业学院是经主管部门批准，并经教育部备案的高等职业学校，双方在协商一致基础上签订了《协议书》。从该协议的内容看，名为联合办学，实为广西某职业学院向南充理工学校出借高等职业学校的办学资质。该协议违反国务院《关于大力推进职业教育改革与发展的决定》（2002 年发布）等有关联合办学规定，依照《民法典》的有关规定，因此应当认定为无效。

南充理工学校无高等职业学校的办学资质，以广西某职业学院名义对外招收学生，开展教学活动，对造成协议无效存在过错。广西某职业学院先向南充理工学校出具《授权书》，授权南充理工学校为该院驻四川省招生办事处，以该院的名义在四川省开展招生宣传活动，代理人所招收的学生符合广西某职业学院新生录取条件的，均予以认可，同意在教育部电子注册学籍，成为国家统招高职高专在册学生，其后又签订《协议书》，作为被挂靠单位和出借资质的单位，广西某职业学院明知违背规定仍授权并同意签订协议，亦明显存在过错。

相较而言，广西某职业学院在本案中的过错更大，广西某职业学院应当对南充理工学校因履行无效的《协议书》产生的损失承担相应的赔偿责任。综合考虑南充理工学校提供的损失依据情况、双方过错的大小及本案其他相关因素，酌定广西某职业学院向南充理工学校支付一定程度的赔偿款。

四、主要法条链接

(一)《教育法》(2021年修正)

第76条　学校或者其他教育机构违反国家有关规定招收学生的,由教育行政部门或者其他有关行政部门责令退回招收的学生,退还所收费用;对学校、其他教育机构给予警告,可以处违法所得五倍以下罚款;情节严重的,责令停止相关招生资格一年以上三年以下,直至撤销招生资格、吊销办学许可证;对直接负责的主管人员和其他直接责任人员,依法给予处分;构成犯罪的,依法追究刑事责任。

第82条　学校或者其他教育机构违反本法规定,颁发学位证书、学历证书或者其他学业证书的,由教育行政部门或者其他有关行政部门宣布证书无效,责令收回或者予以没收;有违法所得的,没收违法所得;情节严重的,责令停止相关招生资格一年以上三年以下,直至撤销招生资格、颁发证书资格;对直接负责的主管人员和其他直接责任人员,依法给予处分。

前款规定以外的任何组织或者个人制造、销售、颁发假冒学位证书、学历证书或者其他学业证书,构成违反治安管理行为的,由公安机关依法给予治安管理处罚;构成犯罪的,依法追究刑事责任。

以作弊、剽窃、抄袭等欺诈行为或者其他不正当手段获得学位证书、学历证书或者其他学业证书的,由颁发机构撤销相关证书。购买、使用假冒学位证书、学历证书或者其他学业证书,构成违反治安管理行为的,由公安机关依法给予治安管理处罚。

(二)《民事诉讼法》(2023年修正)

第51条　公民、法人和其他组织可以作为民事诉讼的当事人。

法人由其法定代表人进行诉讼。其他组织由其主要负责人进行诉讼。

(三)《职业教育法》(2022年修订)

第63条　在职业教育活动中违反《中华人民共和国教育法》、《中华人民共和国劳动法》等有关法律规定的,依照有关法律的规定给予处罚。

(四)《民法典》

第153条　违反法律、行政法规的强制性规定的民事法律行为无效。但是,该强制性规定不导致该民事法律行为无效的除外。

违背公序良俗的民事法律行为无效。

第157条　民事法律行为无效、被撤销或者确定不发生效力后,行为人因该行为取得的财产,应当予以返还;不能返还或者没有必要返还的,应当折价补偿。有过错的一方应当赔偿对方由此所受到的损失;各方都有过错的,应当各自承担相应的责任。法律另有规定的,依照其规定。

第七章　教师的权利与义务

案例三十三：公立学校教师的法律身份[1]

一、基本案情

1998 年 7 月，陈某毕业于新疆石河子大学师范学院美术教育油画专业，同年 8 月被分配到郎溪县××镇中心学校（以下简称飞鲤中学）任教。2015 年 8 月，飞鲤中学通过《飞鲤镇中心学校教师考勤制度》，对教师考勤、调课以及参加学校教研等各项管理制度均作出明确规定。

2015～2016 学年，陈某根据学校的安排担任 4 个班级美术课教学工作，每周各班一节课，分别是周二第四节和周三第四、第五、第七节，陈某私下将每周二的课调换为其他代课老师周三上课的时间段。随后陈某于每周三到校上课，其余时间基本不到校，也不参加学校组织的教研等活动。2015 年 11 月至 2016 年 4 月，郎溪县教育体育局（以下简称郎溪教体局）先后 4 次对部分学校的考勤管理情况进行检查，均认定陈某全天旷工并予以通报。2016 年 3～5 月，飞鲤中学相关负责人按照郎溪教体局的要求，多次与陈某谈话，告知其旷工通报事宜并要求其按时上下班，遵守各项规章制度。陈某以已

---

〔1〕“陈某与郎溪县教育体育局教育行政管理行政决定案”，安徽省宣城市中级人民法院（2019）皖 18 行再 5 号行政裁定书。

完成本学期的教学任务等理由进行申辩。飞鲤中学将其与陈某的谈话内容,以及陈某对其行为没有改变等情况,二次向郎溪教体局监察室出具了书面情况说明。同年下半年,飞鲤中学停止了陈某的教学。12 月 27 日,郎溪县教师管理服务中心通知陈某于 2016 年 12 月 29 日至 2017 年 6 月 30 日到郎溪县教师进修学校培训,陈某收到通知后未到该校参加培训,2016 年事业单位年度考核结果,陈某被评定为不合格。

2016 年 11 月,郎溪教体局纪检监察室对陈某不执行学校考勤制度、多次旷工被郎溪教体局多次通报、违反工作纪律等情况进行了调查核实,于次年 1 月 3 日正式立案并向陈某进行调查,听取其申辩。1 月 16 日,郎溪教体局会议研究决定,给予陈某开除处分,并经郎溪县政府常务会议研究同意。3 月 15 日,郎溪教体局作出《关于给予陈某行政开除处分的决定》(郎教体〔2017〕45 号),同月 20 日将决定书送达陈某。陈某不服,申请复核,郎溪教体局经复核维持了该行政开除处分决定。5 月 8 日,陈某就该决定向法院提起行政诉讼。

二、法院判决

一审法院经审理认为,陈某系飞鲤中学老师(事业单位),不是郎溪教体局的工作人员,郎溪教体局对陈某作出的案涉开除公职决定是在其行政管辖区域内基于履行教育行政管理职责而作出的行政行为,陈某实际处于行政相对人的地位,该行政行为对其劳动就业、人格名誉等权益有直接重大影响,因此,陈某就该开除公职决定而提起的本案行政诉讼,属于行政诉讼受案范围,人民法院应当受理。本案的主要争议在于,郎溪教体局对陈某的处罚是否有事实和法律依据。经审查,陈某作为教师,按照规定上班是其最基本的义务。2015 ~2016 学年,陈某旷工时间较长,早已超过事业单位工作人员管理条例所规定的 30 日,符合被开除的条件。陈某在郎溪教体局多次通报、飞鲤中学向其谈话要求其予以改正的情况下,仍拒不改正,情节较恶劣。2016 年 12 月 27 日,郎溪教体局通知陈某到郎溪教师进修学校进行培训,其也拒不履行,郎溪教体局认定陈某存在严重违反工作纪律失职渎职行为,依法对其作出开除处分,事实清楚,证据确凿,处罚程序合法,适用法律法规正确,执法程序也无不当。据此,依照《行政诉讼法》(2017 年修正)第 69 条的规定,判决驳回陈某的诉讼请求。

陈某不服一审判决,提出上诉,请求:(1)撤销一审判决;(2)撤销案涉行政开除处分决定和复核决定。

二审法院经审理认为,教体局作为中、小学校的行政主管机关,对教师有关工作纪律的处分属于对机关内部工作人员的整改行为,不属于行政诉讼的受案范围。本案中,郎溪县教体局对陈某违反工作纪律的行为作出的开除处分决定不具有可诉性。一审法院对陈某的起诉予以受理并作出实体判决错误,予以纠正。据此,依照最高人民法院《关于执行〈中华人民共和国行政诉讼法〉若干问题的解释》(已失效)第 79 条第 1 项的规定,裁定:(1)撤销安徽省郎溪县人民法院(2017)皖 1821 行初 5 号行政判决;(2)驳回陈某的起诉。

陈某对该行政裁定不服,向安徽省高级人民法院申请再审。安徽省高级人民法院经审查后指令二审法院对本案进行再审。

法院再审认为,郎溪县教体局作为教育行政管理部门,依照法律规定及行政规章对公立学校的在编在岗教师陈某作出的有关工作纪律的处分决定,系行政机关的内部行为,不具有可诉性。针对该处分行为发生的争议,依法不属于人民法院行政案件的受理范围。据此,依照《行政诉讼法》(2017 年修正)第 101 条,《民事诉讼法》(2012 年修正)第 207 条,[1] 最高人民法院《关

[1] 《民事诉讼法》(2023 年修正)第 218 条。

于适用〈中华人民共和国民事诉讼法〉的解释》(2015 年修正)第 407 条[1]的规定,裁定维持(2017)皖 18 行终 79 号行政裁定。

三、案例评析与理论延伸

党的二十大报告指出,"我们深入贯彻以人民为中心的发展思想,在幼有所育、学有所教、劳有所得、病有所医、老有所养、住有所居、弱有所扶上持续用力,人民生活全方位改善……建成世界上规模最大的教育体系、社会保障体系、医疗卫生体系,教育普及水平实现历史性跨越……"[2]。公立学校的教师队伍,是我国建设新时代中国特色社会主义教育体系的中坚力量。本案系公立学校在编在岗教师不服教育行政管理部门作出的处分决定而引发的纠纷,主要涉及以下问题。

(一)公立学校教师被开除处分是否属于行政诉讼的受案范围

法律主体的权利义务关系取决于其法律地位与身份。具体而言,教师的法律地位取决于其与学校是公法还是私法上的关系。前者与后者分别属于不平等主体间的法律关系(公务员)和平等主体间的法律关系(劳动者)。[3] 通说认为,教师的法律身份具有双重性,教师与学校既不是单一的公法关系,也不是单一的私法关系。

对于教师的法律身份,1966 年联合国教科文组织《关于教师地位的建议》中明确指出:"教育工作应该被视为专门职业。这种职业是一种要求教师具备经过严格而持续不断的研究才能获得并维持的专业知识及专门技能的公共业务。"《教师法》第 3 条规定:"教师是履行教育教学职责的专业人

---

〔1〕 最高人民法院《关于适用〈中华人民共和国民事诉讼法〉的解释》(2022 年修正)第 405 条。

〔2〕 习近平:《高举中国特色社会主义伟大旗帜　为全面建设社会主义现代化国家而团结奋斗——在中国共产党第二十次全国代表大会上的报告》,人民出版社 2002 年版,第 10 ~ 11 页。

〔3〕 参见汪雄:《教育目的的双重性对教育法的影响》,载《财经法学》2018 年第 4 期。

员,承担教书育人,培养社会主义事业建设者和接班人、提高民族素质的使命……”应当指出,1993 年之前教师享受国家干部待遇,与公务员的身份相同,但 1993 年颁布《国家公务员暂行条例》(已于 2006 年 1 月 1 日被《公务员法》废止)之后,教师不属于该条例的适用对象。此后,我国逐步探索推行教师聘任制,由学校(用人单位)和教师在平等自愿的基础上签订聘任合同,明确规定双方的权利义务关系。[1] 聘任合同在法律性质上属于私法契约,遵循市场机制,“与教育的公共性之间构成了张力”。[2]

《教师法》虽然并未明确定位教师的法律身份,但在第 37 条规定:“教师有下列情形之一的,由所在学校、其他教育机构或者教育行政部门给予行政处分或者解聘:(一)故意不完成教育教学任务给教育教学工作造成损失的……”部分省份的地方立法亦有相类似的规定。例如,《安徽省实施〈中华人民共和国教师法〉办法》(2006 年修正)第 30 条规定,“教师具有下列情形之一的,由所在学校、其他教育机构或者教育行政部门分别给予批评教育、行政处分、解聘或辞退:(一)工作敷衍塞责,不完成教育教学任务,给教育教学工作造成损失的……(六)连续旷工影响正常教育教学工作的……”可见,行政处分概念已引入教师法律身份关系中。在我国,只有国家机关工作人员才能作为行政处分的对象,公务员群体是行政处分的典型对象群体。由此可知,《教师法》一方面将教师与学校的关系厘定为私法聘任关系,另一方面又引入了学校的行政处分权,使教师具有“准公务员”的责任,其身份介于劳动者与公务员之间。究其原因,在于教育兼具公共性与个体性之双重属性。因此,公立学校教师作出开除处分,需要满足上述法律法规规定的条件:有权作出处分主体包括学校和教育行政机构。但是,由于开除处分是对

---

〔1〕 参见罗朝猛:《中小学教师聘任制中的理论困惑与实践困境》,载《教书育人》2012 年第 8 期。

〔2〕 参见罗爽:《义务教育学校教师聘任制的制度反思及其重构》,载《现代教育管理》2014 年第8 期。

公立学校教师最严重的处分，将使其丧失教师身份，应当由教育行政部门作出为宜。此外，开除的情形应限定于教学态度恶劣，故意不完成工作量以及连续旷工等情况，严重影响教学工作。

《行政诉讼法》(2017 年修正)第 13 条规定，“人民法院不受理公民、法人或者其他组织对下列事项提起的诉讼……(三)行政机关对行政机关工作人员的奖惩、任免等决定……”该项规定中的行政人事行为属于内部行政行为，除奖惩、任免外，还包括考核、处分、职称职级评定等行为。行政处分行为基于行政机关与公务员的特殊权力关系而由行政机关对公务员作出的内部行政管理行为，根据《公务员法》以及《公务员处分条例》的规定，通过内部申诉途径给予救济。属于事业单位公立学校对所属教师进行管理的行为，参照行政机关与公务员的职务关系，根据《事业单位人事管理条例》(2014 年公布)、《事业单位工作人员申诉规定》(2014 年公布)等有关规定的申诉程序进行内部救济，根据《行政诉讼法》(2017 年修正)第 13 条的规定，在实践中一般将其排除在受案范围之外。

本案中，陈某作为公立学校在编在岗教师，理应遵守所任职学校的规章制度，其却旷工时间较长，早已超过事业单位工作人员管理条例中规定的 30 日，符合被开除的条件，并在郎溪教体局多次通报、飞鲤中学向其谈话要求其予以改正的情况下，仍不改正，又拒不参加郎溪教师进修学校的培训。因此，具有开除处分权的郎溪教体局认定陈某存在严重违反工作纪律失职渎职行为，依法对其作出开除处分。虽然该处分致使陈某公立学校教师身份丧失，但由于其性质属于对陈某作出的有关工作纪律的处分决定，根据《行政诉讼法》(2017 年修正)第 13 条的规定，不属于行政诉讼受案范围，不具有可诉性。

(二)对公立学校教师处分行为的处理途径

2014 年 7 月 1 日施行的《事业单位人事管理条例》(2014 年公布)第 38

条规定："事业单位工作人员对涉及本人的考核结果、处分决定等不服的，可以按照国家有关规定申请复核、提出申诉。"中央组织部、人力资源和社会保障部制定的《事业单位工作人员申诉规定》(2014 年公布)第 11 条规定："事业单位工作人员对涉及本人的下列人事处理不服，可以申请复核或者提出申诉、再申诉：(一)处分……(四)考核定为基本合格或者不合格……"《事业单位工作人员处分暂行规定》(已失效)第 39 条规定："受到处分的事业单位工作人员对处分决定不服的，可以自知道或者应当知道该处分决定之日起三十日内向原处分决定单位申请复核。对复核结果不服的，可以自接到复核决定之日起三十日内，按照规定向原处分决定单位的主管部门或者同级事业单位人事综合管理部门提出申诉。受到处分的中央和地方直属事业单位工作人员的申诉，按照干部人事管理权限，由同级事业单位人事综合管理部门受理。"根据上述有关规定，对事业单位工作人员的处分，通过申诉、复核、再申诉的程序进行审查，对被处分人提供内部救济途径，有关规定制度设计和我国目前行政诉讼法将行政内部行为排除在受案范围以外的立法目的契合。我国应考虑立法允许救济，但目前我国相关法规、规章规定与行政诉讼法的立法宗旨一致的情况下，实践中依然按照内部救济途径予以处理。所以，本案中，陈某如对郎溪县教体局作出的处分决定和复核决定不服，应当依照上述有关规定向原处分决定单位的主管部门或者同级事业单位的人事综合管理部门提出申诉。

此外，应当指出，晚近学界有观点认为，事业单位人事关系与劳动关系的一体化调整是我国当前的立法发展趋势。[1] 然而，在司法实践中，劳动人事仲裁机构与人民法院之间在事业单位人事争议的受案范围、仲裁或诉讼时效以及低位阶规范适用的问题上存在标准不统一的问题，因此有必要厘

---

〔1〕 参见许秋停：《论事业单位人事争议受案范围的完善》，载《现代商贸工业》2021 年第 24 期。

清事业单位人事争议的受案范围，将与劳动争议具有同质性的人事争议纳入劳动争议调解仲裁法的受案范围，而与劳动争议不具有同质性的人事争议则适用特别的程序规范。[1]

四、主要法条链接

（一）《行政诉讼法》（2017年修正）

第13条 人民法院不受理公民、法人或者其他组织对下列事项提起的诉讼：

（一）国防、外交等国家行为；

（二）行政法规、规章或者行政机关制定、发布的具有普遍约束力的决定、命令；

（三）行政机关对行政机关工作人员的奖惩、任免等决定；

（四）法律规定由行政机关最终裁决的行政行为。

第101条 人民法院审理行政案件，关于期间、送达、财产保全、开庭审理、调解、中止诉讼、终结诉讼、简易程序、执行等，以及人民检察院对行政案件受理、审理、裁判、执行的监督，本法没有规定的，适用《中华人民共和国民事诉讼法》的相关规定。

（二）《民事诉讼法》（2023年修正）

第218条 人民法院按照审判监督程序再审的案件，发生法律效力的判决、裁定是由第一审法院作出的，按照第一审程序审理，所作的判决、裁定，当事人可以上诉；发生法律效力的判决、裁定是由第二审法院作出的，按照第二审程序审理，所作的判决、裁定，是发生法律效力的判决、裁定；上级人民法院按照审判监督程序提审的，按照第二审程序审理，所作的判决、裁定

---

〔1〕 参见喻术红、班小辉：《一体化调整中事业单位人事争议的法律适用》，载《人民司法（应用）》2015年第5期。

是发生法律效力的判决、裁定。

人民法院审理再审案件,应当另行组成合议庭。

(三)《教师法》(2009 年修正)

第 37 条　教师有下列情形之一的,由所在学校、其他教育机构或者教育行政部门给予行政处分或者解聘:

(一)故意不完成教育教学任务给教育教学工作造成损失的;

(二)体罚学生,经教育不改的;

(三)品行不良、侮辱学生,影响恶劣的。

教师有前款第(二)项、第(三)项所列情形之一,情节严重,构成犯罪的,依法追究刑事责任。

(四)《事业单位人事管理条例》(2014 年公布)

第 38 条　事业单位工作人员对涉及本人的考核结果、处分决定等不服的,可以按照国家有关规定申请复核、提出申诉。

(五)《事业单位工作人员申诉规定》(2014 年公布)

第 11 条　事业单位工作人员对涉及本人的下列人事处理不服,可以申请复核或者提出申诉、再申诉:

(一)处分;

(二)清退违规进人;

(三)撤销奖励;

(四)考核定为基本合格或者不合格;

(五)未按国家规定确定或者扣减工资福利待遇;

(六)法律、法规、规章规定可以提出申诉的其他人事处理。

(六)最高人民法院《关于适用〈中华人民共和国民事诉讼法〉的解释》(2022 年修正)

第 405 条　人民法院经再审审理认为,原判决、裁定认定事实清楚、适用法律正确的，应予维持；原判决、裁定认定事实、适用法律虽有瑕疵，但裁判结果正确的，应当在再审判决、裁定中纠正瑕疵后予以维持。

原判决、裁定认定事实、适用法律错误，导致裁判结果错误的，应当依法改判、撤销或者变更。

（七）《安徽省实施〈中华人民共和国教师法〉办法》（2006 年修正）

第 30 条　教师具有下列情形之一的，由所在学校、其他教育机构或者教育行政部门分别给予批评教育、行政处分、解聘或辞退：

（一）工作敷衍塞责，不完成教育教学任务，给教育教学工作造成损失的；

（二）体罚、侮辱学生，剥夺学生学习权利的；

（三）违反社会公德、职业道德，有损教师形象的；

（四）在国家教育考试工作中，玩忽职守、徇私舞弊的；

（五）年度考核连续两年不称职的；

（六）连续旷工影响正常教育教学工作的；

（七）其它不履行法定的教师义务的。

教师有前款第二项所列情形，造成损害的，责令其赔偿损失；教师有前款第二项、第四项所列情形之一，情节严重，构成犯罪的，依法追究刑事责任。

案例三十四：民办学校聘用合同的效力认定[1]

一、基本案情

星源中学是一所民办高级中学。2018 年 8 月 10 日，王某得知星源中学

〔1〕“王某与衡山县德华盛星源高级中学有限公司劳动争议案”，湖南省衡阳市中级人民法院（2019）湘 04 民终 2961 号民事判决书。

招聘教师信息后,欲到星源中学单位任教,故于同年8月16日将自己的相关资料通过电子邮箱,发到星源中学的招聘邮箱,其提供的资料没有教师资格证,但星源中学单位仍于同月20日通知王某应聘,并对其进行了现场试教考核。同月29日,星源中学通过微信通知王某,与其签订《教师聘任合同》,王某在合同上签名后再将该合同发给星源中学。《教师聘任合同》的主要内容为:聘任王某为星源中学高三清北班老师,聘任期一年,即自2018年8月1日至2019年7月31日,工资待遇采取年薪制,其结构为:基础工资、课时工资、节假日补课课时费、高二学考奖学金等,年薪14万元。2018年10月1日,王某到星源中学任教,同年10月30日,王某向学校请假5日(11月1~5日)。当天晚上,星源中学的一位老师电话通知王某,要求其从同年11月1日起离职。10月31日下午,王某到衡山县教育局了解情况,希望保留工作无果后,便回到山西省临猗县老家。其多次与星源中学沟通协商工作、工资待遇等问题,但双方没有协商成功。

2019年7月23日,王某向衡山县劳动人事争议仲裁委员会申请仲裁,该委员会以王某的仲裁请求不属于劳动人事争议处理范围为由,决定不予受理。王某遂于当日向法院提起劳动争议纠纷诉讼,请求:(1)判决星源中学支付王某工资3.5万元(2018年8月1日至10月31日);(2)判决星源中学支付王某代通知金1.17万元(一个月的工资);(3)判决星源中学支付王某赔偿金1.17万元(一个月的工资);(4)判决星源中学支付王某法定假日工作费5460元(2018年10月1~7日);(5)判决星源中学支付王某周六、周日工作费780元(2018年10月20~21日);(6)判决星源中学支付王某每日超过8小时工作时间的工资报酬4680元;(7)判决星源中学支付王某9个月的实际损失费10.5万元;(8)判决星源中学支付王某五险一金;(9)判决星源中学支付王某两个月的工资补偿费2.34万元;(10)判决星源中学支付王某延期支付工资的赔偿金8万元或者200%。

二、法院判决

一审法院认为,国家实行教师资格制度,从事教师职业者必须按照国家规定取得教师资格,王某未取得教师资格,星源中学与其签订的《教师聘任合同》为无效合同,但王某在星源中学单位工作了1个月时间,双方形成了事实上的劳务关系,星源中学应当支付王某1个月的劳动报酬。结合本案的实际情况及双方的过错责任,酌定星源中学应支付给王某1个月的工作报酬11,700元。据此,判决如下:(1)星源中学在本判决生效后10日内支付王某劳务报酬11,700元;(2)驳回王某的其他诉讼请求。

王某不服,上诉请求:撤销原审判决,将本案发回重审,或改判,支持原审原告的全部诉讼请求;本案一审、二审诉讼费用由被上诉人承担。事实和理由:原审判决认定事实错误,从上诉人与被上诉人之间签订的《教师聘用合同》中约定的内容以及载明的事项可以得知上诉人符合劳动者的年龄和条件,该合同载明上诉人与被上诉人之间形成用人单位与劳动者中的管理与被管理的关系,并非提供劳务的劳务合同。上诉人与被上诉人之间的合同并未对教师资格证有要求,上诉人在应聘教师岗位前,经过一系列合法程序,合格之后,双方签订合同并在合同上签名盖章,该合同是双方的真实意思表示,且并不违反法律、行政法规的强制性规定,上诉人有无教师资格证并不影响合同的效力,故双方之间的合同不应当被认定为无效合同。原审法院适用法律错误且违反了法定程序,上诉人在原审时主张的是劳动合同关系,根据相关法律的规定,人民法院应当告知当事人可以变更诉讼请求,原审法院却未履行告知义务,在上诉人未进行变更诉讼请求的情况下作出超出诉讼请求的裁判,属于程序违法。原审法院判决被上诉人向上诉人支付1个月的劳务报酬,其既没有按照劳动报酬也未参照相同岗位的劳动者支付劳动报酬以及非法解除劳动合同后的相应报酬,而是驳回上诉人在原审中的诉讼请求，属判决不当。

二审法院认为，上诉人并未按法定程序申请教师资格认定，未取得教师资格证，故一审法院认定案涉《教师聘任合同》无效，有事实与法律依据，予以支持。上诉人要求被上诉人支付赔偿金等各项诉讼请求无事实与法律依据，不予采纳。《教师聘任合同》虽无效，但上诉人曾在被上诉人处工作，一审按上诉人的实际工作期限，结合本案的实际情况，判决被上诉人支付上诉人工作报酬 11,700 元并无不妥，予以确认。综上所述，王某的上诉请求不能成立，应予驳回；一审判决认定事实清楚，适用法律正确，应予维持。依照《民事诉讼法》(2017 年修正) 第 169 条第 1 款、第 170 条第 1 款第 1 项[1]的规定，判决驳回上诉，维持原判。

三、案例评析与理论延伸

本案系教师因未取得教师资格证而与学校就《教师聘任合同》的效力问题产生的纠纷，主要涉及以下问题。

(一) 教师上岗是否需要取得教师资格证

《教师法》(2009 年修正) 第 10 条第 1 款规定："国家实行教师资格制度。"《教师资格条例》(1995 年公布) 第 2 条规定："中国公民在各级各类学校和其他教育机构中专门从事教育教学工作，应当依法取得教师资格。"《湖南省实施〈中华人民共和国教师法〉办法》(2021 年修正) 第 6 条第 1 款规定："从事教师职业者必须按照国家规定取得教师资格。"我国实行教师资格制度。

教师资格制度是国家对教师实行的一种法定的职业许可制度，教师资格是国家对准备进入教师队伍，从事教育教学工作人员的基本要求；教师资格制度规定了从事教师职业必须具备的基本条件。换言之，教师必须"持证

[1] 《民事诉讼法》(2023 年修正) 第 176 条第 1 款、第 177 条第 1 款第 1 项。

上岗”,才能从事教学工作。本案中,星源中学在招聘教师时,本应要求提供教师资格证并进行录用,但王某没有取得教师资格证却被招聘,显然该《教师聘任合同》违反了前述强制性规定。

（二）违反强制性规定的《教师聘任合同》是否有效

《劳动合同法》(2012 年修正)第 26 条规定:“下列劳动合同无效或者部分无效……(三)违反法律、行政法规强制性规定的。对劳动合同的无效或者部分无效有争议的,由劳动争议仲裁机构或者人民法院确认。”《民法典》(2020 年公布)第 155 条规定:“无效的或者被撤销的民事法律行为自始没有法律约束力”。第 156 条规定:“民事法律行为部分无效,不影响其他部分效力的,其他部分仍然有效。”据此,若合同违反强制性规定,应当被认定为无效。本案中,星源中学是一所经相关部门批准的民办高级中学,其教学活动应当遵守相关法律、法规。2018 年 8 月,星源中学与没有教师资格的王某签订了《教师聘任合同》,聘任王某为老师从事教学活动,该合同明显违反了强制性规定,根据《劳动合同法》(2012 年修正)第 26 条第 1 款 3 项、第 2 款之规定,应认定双方签订的《教师聘任合同》是无效合同,自始没有法律约束力。

所谓效力性强制性规定,是指法律及行政法规明确规定违反该类规定将导致合同无效,但若使合同继续有效将损害国家利益和社会公益的规范。所谓管理性强制性规定,是指法律及行政法规未明确规定违反该类规定将导致合同无效的规范,其旨在管理和处罚违反规定的行为,并不否认该行为在民商法上的效力。引入强制性规范的概念,可以更好地协调公共利益与意思自治的关系。[1] 劳动合同虽然具有一定的人身性特征,但其效力问题仍可用民事合同效力理论加以分析:一种观点认为,教师资格规定类似行政许可,应属于管理性规定,不宜轻易作为宣告合同无效的依据;另一种观点

---

〔1〕 参见王利明:《论效力性和非效力性强制性规定的区分——以〈民法典〉第一百五十三条为中心》,载《法学评论》2023 年第 2 期。

则认为,教师资格规定应属于效力性强制性规定。此实为较抽象复杂之问题,判断的核心应是违反该规定所侵害的法益性质,也即“实质区分法”。[1] 实质区分法,要求司法裁判者通过文义解释的方法确定法律条文的含义,并综合采用历史解释和目的解释方法以探究禁止性规定的立法背景与宗旨,探寻其立法目的在于直接维护公共利益或维护社会公共管理。由于教师职业的特殊性和教师资格准入制度,需确保新聘教师胜任教书育人工作,保证教学质量和文化传承,促进国家立德树人、教书育人的百年大计。因此,教师资格规定保护的是社会公共利益,应属于效力性强制性规定,违反该规定,劳动合同应属无效。[2]

应当指出,有观点认为,无效劳动合同的处理有别于普通民事合同,解除权行使中有法律漏洞。[3] 从法理角度看,无效合同自始无效,国家不承认此类合同的效力。对于已经履行的无效合同,应通过返还财产、赔偿损失等方式使双方的权利义务关系恢复(reinstate)到合同订立前的状态。然而,劳动合同具有人身属性、重实际履行,已经发生的人身从属关系,无法总是恢复到合同订立前的状态,已发生的劳动给付无法处理,也会引发大量纠纷。因此,即便劳动合同被确认无效,劳动者已付出劳动的,用人单位也应当向劳动者支付劳动报酬。劳动合同一旦被确认为无效,双方之间就只存在一个事实上的劳动关系,而不再有可被解除的合同。[4] “无效合同在性质上并不是合同,而只是一个独立的范畴。”[5] 通说认为,劳动合同无效解除制度有

---

〔1〕 参见王轶:《合同效力认定的若干问题》,载《国家检察官学院学报》2010 年第 5 期。

〔2〕 参见王忠、许庆涛:《未取得教师资格不能订立教师岗位的劳动合同》,载《人民司法(案例)》2013 年第 8 期。

〔3〕 参见喻术红:《我国无效劳动合同制度的缺陷及其完善》,载《法学评论》2005 年第 3 期。

〔4〕 参见王忠、许庆涛:《未取得教师资格不能订立教师岗位的劳动合同》,载《人民司法(案例)》2013 年第 8 期。

〔5〕 王利明、崔建远:《合同法新论 · 总则(修订版)》,中国政法大学出版社 2000 年版,第 264 页。

悖于合同无效与合同解除的一般原理，难以对违法劳动合同作出有效规制，故应当打破“有效—无效”的二元劳动合同效力结构，引入可撤销劳动合同制度，构建多元化的劳动合同效力体系。[1]

四、主要法条链接

（一）《教师法》（2009年修正）

第10条第1款 国家实行教师资格制度。

（二）《劳动合同法》（2012年修正）

第26条 下列劳动合同无效或者部分无效：

（一）以欺诈、胁迫的手段或者乘人之危，使对方在违背真实意思的情况下订立或者变更劳动合同的；

（二）用人单位免除自己的法定责任、排除劳动者权利的；

（三）违反法律、行政法规强制性规定的。

对劳动合同的无效或者部分无效有争议的，由劳动争议仲裁机构或者人民法院确认。

（三）《民法典》

第153条 违反法律、行政法规的强制性规定的民事法律行为无效。但是，该强制性规定不导致该民事法律行为无效的除外。

违背公序良俗的民事法律行为无效。

第154条 行为人与相对人恶意串通，损害他人合法权益的民事法律行为无效。

第155条 无效的或者被撤销的民事法律行为自始没有法律约束力。

第156条 民事法律行为部分无效，不影响其他部分效力的，其他部分仍然有效。

---

[1] 参见王硕：《劳动合同无效解除制度的理论反思》，载《北方法学》2015年第2期。

(四)《教师资格条例》(1995 年公布)

第 2 条　中国公民在各级各类学校和其他教育机构中专门从事教育教学工作,应当依法取得教师资格。

(五)《湖南省实施〈中华人民共和国教师法〉办法》(2021 年修正)

第 6 条第 1 款　从事教师职业者必须按照国家规定取得教师资格。

案例三十五: 申请教师资格的前提条件〔1〕

一、基本案情

2019 年 5 月 6 日,原告袁某向芜湖市教育局提交教师资格认定申请,并签署《个人承诺书》,主要内容为:“本人热爱教育事业,遵守宪法和法律法规,恪守职业道德,严守社会公德。无不良品行和违法犯罪记录,提交的申请材料真实、准确。如与事实不符,愿意承担相应行政处罚和法律责任。”同年 6 月 25 日,芜湖市公安局治安管理警察支队出具无犯罪记录证明,载明“……另外经查,袁某……2016 年 6 月 24 日因涉嫌猥亵、发送信息干扰他人生活被无为县公安局决定行政拘留 10 日”。同年 7 月 2 日,被告芜湖市教育局作出芜教人〔2019〕59 号《不予认定教师资格告知书》,载明,“袁某在 2019 年 5 月申请教师资格认定中存在虚假承诺行为,隐瞒违法行为。芜湖市公安局无犯罪记录证明 001 号表明,你因涉嫌猥亵、发送信息干扰他人生活被无为县公安局决定行政拘留 10 日……”并据此认为原告袁某的相关行为不符合《教师法》(2009 年修正)第 10 条规定的教师资格,不予认定原告袁某具备教师资格。该告知书送达原告袁某后,原告袁某不服,于同年 8 月 6 日向被告芜湖市政府申请行政复议,被告芜湖市政府于同年 9 月 27 日决

〔1〕“袁某与芜湖市教育局、芜湖市人民政府教育行政许可以及行政复议案”,安徽省芜湖市鸠江区人民法院(2019)皖 0207 行初 66 号行政判决书。

定延期审理,11 月 4 日作出芜市行复字〔2019〕43 号行政复议决定书,决定维持被告芜湖市教育局案涉告知书,并邮寄送达原告袁某。原告仍不服,遂提起诉讼。

原告袁某诉称:(1)被告芜湖市教育局以原告因涉嫌猥亵、发送信息干扰他人生活被无为县公安局行政拘留 10 日,不符合《教师法》(2009 年修正)第 10 条的规定不予认可原告具有教师资格。原告认为,不得取得教师资格应当对应《教师法》(2009 年修正)第 14 条而非第 10 条,被告芜湖市教育局不应以曾有违法记录为理由,不予认定教师资格证。(2)被告芜湖市教育局认为原告在 2019 年 5 月申请教师资格证存在虚假承诺,隐瞒违法行为,原告认为此非主观行为,当时办案警官告知原告不会记入个人档案,只有两年考察期,导致原告误以为不存在相关记录。(3)被告芜湖市教育局在告知书中称原告属于道德品质不良,道德是抽象概念,不应该以数年前发生的不道德行为判定一个人本身是否属于不道德的,被告芜湖市教育局的认定是没有法律依据的。(4)在告知书中涉及的违法行为是因本人感情问题引起,猥亵系人为陷害和虚构,本人可提供证据。(5)本人以教师为自己的职业梦想,该案件发生于 2016 年,我国的教育是以人为本,以马克思主义教导我们要用发展的眼光看问题,为什么教育局要把人的品行和思想品德,定格在被界定为不良行为的一瞬间。综上,请求法院:(1)撤销不予认定教师资格证告知书;(2)撤销行政复议决定书。

被告芜湖市教育局辩称:(1)《教师法》(2009 年修正)第 10 条规定:"国家实行教师资格制度。中国公民凡遵守宪法和法律,热爱教育事业,具有良好的思想品德,具备本法规定的学历或者经国家教师资格考试合格,有教育教学能力,经认定合格的,可以取得教师资格。"《教师资格条例》(1995 年公布)第 6 条对该条进行了详细说明,结合两条的规定看,具有良好的思想品德是认定教师资格的前提之一。(2)《〈教师资格条例〉实施办法》(2000 年公布)第12条规定,申请教师资格的基本材料包括思想品德教育情况的鉴定或者证明材料,依据教育部教师资格认定指导中心《关于启用新版的通知》第2条、第3条的规定和教育部关于思想品德如何认定的电话答复:“2019年上半年起以个人承诺和公安机关核查有无违法犯罪记录取代思想品德鉴定表,与之前认定过程中需要对申请人进行思想品德鉴定的要求本质上没有变化,各地依据公安机关反馈的结论并结合个人承诺,对申请人的思想品德是否符合教师认定条件进行鉴定。”被告严格按照公安机关核查有无违法犯罪记录和个人承诺对申请人的思想品德是否符合教师资格认定条件进行鉴定。(3)原告承诺明确表示“无不良品行和违法犯罪记录”,被告核查公安机关关于原告违法犯罪记录显示,原告因猥亵、发送信息干扰他人生活被无为县公安局行政拘留10日,该违法行为明显与原告个人的承诺不符。结合请示教育部电话回复:“猥亵行为已经违法,无法签署个人承诺书,且该违法行为不符合师德要求,有不良品行,不应取得教师资格。”被告认为,原告的行为违反职业道德,对此进行虚假承诺,隐瞒违法记录,因此不予认定其教师资格。(4)中小学教师是一个神圣的职业,面对的都是未成年人,其对应的思想品德要求自然更加严格,思想品德修养是作为一名教师的首要素养。(5)关于原告在起诉状中认为自己的猥亵行为属于陷害和钓鱼执法,被告并无职责和义务调查原告行政处罚是否合理、合法。综上,请求法院驳回原告的诉讼请求。

被告芜湖市政府辩称:(1)被告复议程序合法。原告于2019年8月6日向被告申请行政复议,被告依法予以受理。2019年9月27日决定延期30日作出,2019年11月4日,作出芜市行复字〔2019〕43号行政复议决定书,复议程序符合法律规定。(2)本案被诉行政行为认定事实清楚、适用依据正确。原告曾因猥亵、发送信息干扰他人生活被行政拘留,事实清楚。芜湖市教育局据此认定其不符合《教师法》(2009年修正)第10条的规定,不予认定教师资格,并无不妥。综上,请求法院驳回原告的诉讼请求。

二、法院判决

一审法院经审理认为,原告袁某本不具有出具申请教师资格材料的条件,又作出虚假承诺书隐瞒其曾受到行政处罚的事实,被告芜湖市教育局作出芜教人〔2019〕59号《不予认定教师资格告知书》适用法律正确、处理结果适当。被告芜湖市政府作出芜市行复字〔2019〕43号行政复议决定书程序合法、认定事实清楚、适用法律正确。原告袁某的诉讼请求于法无据且与事实不符,不予支持。据此,依照《行政诉讼法》(2017年修正)第69条之规定,判决驳回原告袁某的诉讼请求。

三、案例评析与理论延伸

本案系教师资格认定条件审查引起的纠纷,主要涉及以下问题。

(一)取得教师资格是否需要具有良好思想品德的条件

《教师法》(2009年修正)第10条至第17条规定了关于教师的"资格和任用",其中涉及对教师守法、道德、学历、能力等方面的要求均是教师资格的必备条件,缺一不可。该法第10条第2款规定:"中国公民凡遵守宪法和法律,热爱教育事业,具有良好的思想品德,具备本法规定的学历或者经国家教师资格考试合格,有教育教学能力,经认定合格的,可以取得教师资格。"同时,《教师资格条例》(1995年公布)第6条规定,"教师资格条件依照教师法第十条第二款的规定执行……"由此可知,"具有良好的思想品德"是取得教师资格的必备条件之一,教育行政机关在颁发教师资格证时,必须针对申请人是否具有良好的思想品德进行审查并认定。根据《教师法》(2009年修正)第13条第1款规定:"中小学教师资格由县级以上地方人民政府教育行政部门认定……。"本案原告向具有认定中小学教师资格职权的被告芜湖市教育局申请教师资格证。被告芜湖市教育局根据上述有关规定,对原告是否具有良好的思想品德要行使裁量权,根据相关涉及原告思想品德的资料进行审查,最后决定是否颁发教师资格证。

《教师法》(2009 年修正)第 14 条规定:"受到剥夺政治权利或者故意犯罪受到有期徒刑以上刑事处罚的,不能取得教师资格;已经取得教师资格的,丧失教师资格。"该条规定的是相关犯罪情形是不得颁发或者撤销教师资格证的情况,只有涉及该条文法律要件中"受到剥夺政治权利或者故意犯罪受到有期徒刑以上刑事处罚的",教育行政机关才予以审查。本案原告袁某与该事项无关,被告提出对教师资格只能适用《教师法》(2009 年修正)第 14 条的诉讼理由与法不符,故法院无法支持其诉请。

(二)犯罪记录和行政处罚记录对申请教师资格的影响

在实践中不应忽视,我国存在数量庞大的轻微犯罪群体,人身危险性和主观恶性相对较低的群体对自我犯罪人身份的认同度极低。有观点认为,僵硬的前科制度将持续带来种种不利后果,可能实质性地阻碍其复归社会,"惩罚过剩"问题突出。[1]

学界对犯罪记录、行政处罚记录等"微罪"标签带来后果的讨论较热烈。通说认为,"微罪"记入档案容易造成犯罪标签泛化的困境,而犯罪标签泛化会产生许多社会治理隐患。[2] 标签理论(the Labeling Theory)的重要假设是:面对公众谴责和"坏人"的标签,犯罪人很难保持一种积极的自我形象。他们会对公众的谴责和坏人的标签产生消极认同,不断强化认同自己犯罪人的身份,进而将一般的轻微犯罪行为演变成为重罪。对于微罪行为人而言,在参军入伍、入职就业都会受到或显性或隐性的歧视,不利于社会接纳

〔1〕 参见梁云宝:《中国式现代化背景下轻微犯罪前科消灭制度的展开》,载《政法论坛》2023 年第 4 期。

〔2〕 参见吴宗宪、燕永辉:《微罪的概念补正与现实批判》,载《河北法学》2023 年第 2 期。

微罪行为人。事实上,犯罪人实施的犯罪行为与工作内容、性质并不总是产生必然关系,可能产生大量的社会对立和不满情绪,不利于社会稳定。[1]

有观点认为,轻罪化的立法主张有其合理性,但受制于现存的前科制度,"轻罪不轻"现象客观存在,且导致出现犯罪的直接后果与间接后果轻重"倒挂"的不正常现象。[2] 因此,有学者指出,应着力消除积极刑法观下微罪扩张的附随性负面后果,建立与微罪惩处相配套的前科消灭制度,根本性地消除微罪附随性负面后果。具体而言,应全面清理具有牵连色彩的前科规定,谨慎设置终身制的前科规定,将犯罪性质与从事职业、落户积分、获得荣誉等资格的关联性作为设置前科制度的主要考虑因素,使惩罚与犯罪具有基本关联性。[3] 当然,就本案而言,袁某行政处罚记录所载之不良行为与其申请从事的教师职业具有高度关联性,考虑教师职业的圣洁性、公益性、重要性,芜湖市教育局不予认定教师资格的做法并无不妥,与晚近法学界强调的实质法益认定说相一致。

(三)《个人承诺书》的实质审查

《教师资格条例》(1995 年公布)第 15 条第 1 款规定,"申请认定教师资格,应当提交教师资格认定申请表和下列证明或者材料……(四)户籍所在地的街道办事处、乡人民政府或者工作单位、所毕业的学校对其思想品德、有无犯罪记录等方面情况的鉴定及证明材料"。《〈教师资格条例〉实施办法》(2000 年公布)第 12 条规定,"申请认定教师资格者应当在规定时间向教师资格认定机构或者依法接受委托的高等学校提交下列基本材料:……(六)思想品德情况的鉴定或者证明材料"。根据以上规定,申请人申请教师资格时必须提供有无犯罪记录证明审查资料。

---

〔1〕 参见吴宗宪、燕永辉:《微罪的概念补正与现实批判》,载《河北法学》2023 年第 2 期。

〔2〕 参见崔志伟:《积极刑法立法背景下前科消灭制度之构建》,载《现代法学》2021 年第 6 期。

〔3〕 参见梁云宝:《积极刑法观视野下微罪扩张的后果及应对》,载《政治与法律》2021 年第 7 期。

教育部教师资格认定指导中心《关于启用新版〈教师资格认定申请表〉的通知》(教资字〔2019〕5 号)第 2 条规定,“新版申请表采用《个人承诺书》替代原有《思想品德鉴定表》……”;第 3 条规定,“……教师资格认定申请人的无犯罪记录证明由教师资格认定机构对接公安机关核查”。由此可知,申请教师资格的必备材料中包括思想品德情况鉴定和犯罪情况证明,根据最新要求在教师资格申请时《个人承诺书》已替代原有《思想品德鉴定表》,教师资格认定机构应当对接公安核查犯罪记录情况。因此,对于申请人未提交相关证明资料的,教育行政机关具有核查是否具有犯罪记录的职权。

本案中,原告袁某提交的《个人承诺书》明确表明其“无不良品行和违法犯罪记录”,但是经被告行使核查权,向公安机关核实,原告袁某曾因涉嫌猥亵、发送信息干扰他人生活被无为县公安局决定行政拘留 10 日。原告袁某明知自己曾被行政处罚,仍作出上述虚假承诺,应当如承诺所言,承担相应法律责任。“因涉嫌猥亵、发送信息干扰他人”行为显然属于品德问题,且违法行为造成了严重后果,才被行政拘留 10 日,被告不予颁发教师资格证是合法的决定。

四、主要法条链接

(一)《教师法》(2009 年修正)

第 10 条　国家实行教师资格制度。

中国公民凡遵守宪法和法律,热爱教育事业,具有良好的思想品德,具备本法规定的学历或者经国家教师资格考试合格,有教育教学能力,经认定合格的,可以取得教师资格。

第 13 条　中小学教师资格由县级以上地方人民政府教育行政部门认定。中等专业学校、技工学校的教师资格由县级以上地方人民政府教育行政部门组织有关主管部门认定。普通高等学校的教师资格由国务院或者省、自治区、直辖市教育行政部门或者由其委托的学校认定。

具备本法规定的学历或者经国家教师资格考试合格的公民，要求有关部门认定其教师资格的，有关部门应当依照本法规定的条件予以认定。

取得教师资格的人员首次任教时，应当有试用期。

（二）《行政诉讼法》（2017 年修正）

第 69 条　行政行为证据确凿，适用法律、法规正确，符合法定程序的，或者原告申请被告履行法定职责或者给付义务理由不成立的，人民法院判决驳回原告的诉讼请求。

（三）《教师资格条例》（1995 年公布）

第 6 条　教师资格条件依照教师法第十条第二款的规定执行，其中“有教育教学能力”应当包括符合国家规定的从事教育教学工作的身体条件。

第 15 条　申请认定教师资格，应当提交教师资格认定申请表和下列证明或者材料：

（一）身份证明；

（二）学历证书或者教师资格考试合格证明；

（三）教育行政部门或者受委托的高等学校指定的医院出具的体格检查证明；

（四）户籍所在地的街道办事处、乡人民政府或者工作单位、所毕业的学校对其思想品德、有无犯罪记录等方面情况的鉴定及证明材料。

申请人提交的证明或者材料不全的，教育行政部门或者受委托的高等学校应当及时通知申请人于受理期限终止前补齐。

教师资格认定申请表由国务院教育行政部门统一格式。

（四）《〈教师资格条例〉实施办法》（2000 年公布）

第 12 条　申请认定教师资格者应当在规定时间向教师资格认定机构或

者依法接受委托的高等学校提交下列基本材料：

……

（六）思想品德情况的鉴定或者证明材料。

（五）教育部教师资格认定指导中心《关于启用新版〈教师资格认定申请表〉的通知》（教资字〔2019〕5号）

第2条　新版申请表采用《个人承诺书》替代原有《思想品德鉴定表》。教师资格认定申请人通过网上报名系统上传本人打印签字的《个人承诺书》照片，系统自动添加于申请表内，无需提交纸质签名材料。

第3条　根据《教育部教师资格认定指导中心关于做好2019年教师资格制度实施工作的通知》（教资字〔2019〕1号）要求，新版申请表取消了无犯罪记录证明信息栏，教师资格认定申请人的无犯罪记录证明由教师资格认定机构对接公安机关核查。各认定机构应在申请人获得教师资格一年内对有无犯罪记录情况核查，核查发现申请人有犯罪记录的，按《教师法》《教师资格条例》《〈教师资格条例〉实施办法》等有关规定处理。各认定机构需将核查结果留档备查。

案例三十六：教师工资待遇的申诉途径[1]

一、基本案情

起诉人卢某诉称其于2008年经山城中心小学考核，为优秀的小学高级教师，学校却不给予晋升工资，这完全违反《教师法》（2009年修正）第24条“教师考核结果是受聘任教、晋升工资、实施奖惩的依据”以及南靖县机关岗位考评领导小组的规定。为此，起诉人向法院起诉请求：（1）撤销南靖县教

[1] “卢某与南靖县教育局教育行政管理案”，福建省漳州市中级人民法院（2014）漳行终字第23号行政裁定书。

育局于2013年9月12日作出的靖教信复(2013)2号《关于漳州市信访局转办卢某来访转送单的处理答复意见书》;(2)判令南靖县教育局责令山城中心小学补发原告应当依法晋升的工资。起诉人向法院提供南靖县教育局文件靖教信复(2013)2号《关于漳州市信访局转办卢某来访转送单的处理答复意见书》及漳州市教育局(20131015)信访事项受理情况告知单各一份。一审法院收到卢某的起诉状后,多次做其思想工作,卢某仍坚持诉讼。

二、法院判决

南靖县人民法院审查后认为,南靖县教育局作出的《关于漳州市信访局转办卢某来访转送单的处理答复意见书》对起诉人卢某的实体权利义务不产生实质影响,且工资晋升属于学校内部人事管理事项,不属于行政诉讼法调整的范围,对卢某的起诉裁定不予受理。

卢某不服,提出上诉称,上诉人经学校考核、公示、教育局批准、公务员局确认为小学高级教师,南靖县山城中心小学却不予晋升工资,这违反了《教师法》(2009年修正)第24条和第33条的规定,上诉人因此提起行政诉讼,符合《行政诉讼法》(1989年公布)第11条第1款第8项和第2款[1]以及最高人民法院《关于执行〈中华人民共和国行政诉讼法〉若干问题的解释》(已失效)第1条第1款的规定,属于人民法院受案范围。请求撤销原审裁定,裁定由南靖县人民法院立案受理本案。

二审法院经审查认为,上诉人卢某起诉请求撤销南靖县教育局于2013年9月12日作出的靖教信复(2013)2号《关于漳州市信访局转办卢某来访转送单的处理答复意见书》,并要求南靖县教育局责令山城中心小学补发上诉人应当晋升的工资。根据最高人民法院《关于不服县级以上人民政府信访行政管理部门、负责受理信访事项的行政管理机关以及镇(乡)人民政府

[1] 《行政诉讼法》(2017年修正)第12条第1款第12项和第2款。

作出的处理意见或者不再受理决定而提起的行政诉讼人民法院是否受理的批复》第2条的规定，对信访事项有权处理的行政机关根据原《信访条例》作出的处理意见，信访人不服提起行政诉讼的，人民法院不予受理。南靖县教育局作出的靖教信复（2013）2号《关于漳州市信访局转办卢某来访转送单的处理答复意见书》系根据原《信访条例》对上诉人卢某的信访进行答复、告知，对其权利义务不产生实际影响，上诉人卢某不服该答复意见书提起行政诉讼，不属于人民法院的受案范围；其请求补发晋升的工资属于学校内部人事管理事项，亦不属于人民法院行政诉讼的受案范围。因此，上诉人卢某的起诉不符合《行政诉讼法》（1989年公布）第41条第1款第4项[1]规定的起诉条件，本案原审裁定对卢某的起诉不予受理正确，应予维持。上诉人的上诉理由不能成立，不予采纳；其上诉请求，不予支持。根据原《行政诉讼法》（1989年公布）第61条第1款第2项、[2]最高人民法院《关于执行〈中华人民共和国行政诉讼法〉若干问题的解释》（已失效）第63条第1款第15项的规定，裁定驳回上诉，维持原裁定。

三、案例评析与理论延伸

党的二十大报告指出："我们要坚持教育优先发展、科技自立自强、人才引领驱动，加快建设教育强国、科技强国、人才强国，坚持为党育人、为国育才，全面提高人才自主培养质量，着力造就拔尖创新人才，聚天下英才而用之。"[3]在建设新时代中国特色社会主义教育强国的进程中，如何切实保障广大教师群体的工资待遇和福利保障，是法学界值得关注的重要问题。本案系公立学校教师不满教育局关于其晋升工资待遇的处理结果而引发的诉

---

〔1〕《行政诉讼法》（2017年修正）第49条第1款第4项。

〔2〕《行政诉讼法》（2017年修正）第89条第1款第1项。

〔3〕习近平：《高举中国特色社会主义伟大旗帜　为全面建设社会主义现代化国家而团结奋斗——在中国共产党第二十次全国代表大会上的报告》，人民出版社2002年版，第33～34页。

讼,主要涉及以下问题。

(一)信访答复意见书是否属于行政诉讼的受案范围

行政诉讼起诉人卢某起诉请求撤销南靖县教育局于 2013 年 9 月 12 日作出的靖教信复(2013)2 号《关于漳州市信访局转办卢某来访转送单的处理答复意见书》,并要求南靖县教育局责令山城中心小学补发上诉人应当晋升的工资。当时的行政诉讼相关法律法规并未明确信访答复意见书是否属于行政诉讼的受案范围这个问题,但是最高人民法院曾发布《关于不服县级以上人民政府信访行政管理部门、负责受理信访事项的行政管理机关以及镇(乡)人民政府作出的处理意见或者不再受理决定而提起的行政诉讼人民法院是否受理的批复》,该批复第 2 条规定,对信访事项有权处理的行政机关根据原《信访条例》作出的处理意见、复查意见、复核意见和不再受理决定,信访人不服提起行政诉讼的,人民法院不予受理。本案中,南靖县教育局作出的靖教信复(2013)2 号《关于漳州市信访局转办卢某来访转送单的处理答复意见书》系根据原《信访条例》对上诉人卢某的信访进行答复、告知,对其权利义务不产生实际影响,上诉人卢某不服该答复意见书提起行政诉讼,不属于人民法院的受案范围。

2018 年 2 月 8 日实施的最高人民法院《关于适用〈中华人民共和国行政诉讼法〉的解释》明确了信访答复意见书不属于行政诉讼的受案范围,该司法解释第 1 条第 2 款第 9 项规定,“下列行为不属于人民法院行政诉讼的受案范围……(九)行政机关针对信访事项作出的登记、受理、交办、转送、复查、复核意见等行为……”。该司法解释给予行政相对人以明确的指引,信访途径解决问题的效果有限,建议直接通过行政复议或者行政诉讼的方式维护自身的合法权益。

(二)工资待遇争议是否可诉

《教师法》(2009 年修正)第 39 条第 1 款规定:“教师对学校或者其他教

育机构侵犯其合法权益的,或者对学校或者其他教育机构作出的处理不服的,可以向教育行政部门提出申诉,教育行政部门应当在接到申诉的三十日内,作出处理。”该条实际上规定了教师所享有的两种申诉模式,即“教育行政申诉”和“校内申诉”。本案中,卢某认为其经学校考核、公示、教育局批准、公务员局确认为小学高级教师,南靖县山城中心小学却不予晋升工资,侵犯了其合法权益,应当通过向教育行政部门申诉的方式解决,该类案件不属于人民法院行政诉讼的受案范围。

教师申诉制度是一项非诉讼意义上的行政申诉制度,由行政机关依据法定职权和程序对教师申诉作出行政处理,该行政处理决定具有行政法上的效力。教师申诉制度是一项专门为教师设定的权利救济制度,其目的和实质在于补救和维护教师的合法权益。教师申诉的主体是教师,即履行教育教学职能的专业人员,包括专职和代理教师。在实践中,在教师的教育教学权、科学研究权、指导学生权、获得报酬权、民主参与管理权、进修培训权等合法权利遭受学校或有关行政部门的违法或不当行为的侵犯后,可以通过教师申诉寻求救济。教师申诉制度有助于从程序上保障教师的实体权利,从而为教师安心教学和科研创造有利的外部环境条件。[1]

具体而言,应从以下方面完善教师申诉制度:应制定更加明确的上位法以明晰顶层设计;应常态化设置教师申诉处理机构;应明确申诉两造的主体资格;应充分周延申诉事项的具体范围;应保障申诉过程的顺畅进行,建立说明理由、听证、回避等制度,保证申诉处理结果公正、公平、合理。[2] 应将申诉、行政复议、民事诉讼进行有机结合,形成“非司法纠纷解决机制先行,

---

〔1〕 参见孙德元、刘珍:《论我国高校教师申诉制度的完善》,载《武汉大学学报(哲学社会科学版)》2010 年第 2 期。

〔2〕 参见李海峰:《高校教师校内申诉制度的理论分析——基于教师权益保障的立法论视角》,载《江苏高教》2022 年第 3 期。

司法解决机制兜底”的法治环境。[1]

四、主要法条链接

（一）《教师法》(2009 年修正)

第 39 条第 1 款　教师对学校或者其他教育机构侵犯其合法权益的，或者对学校或者其他教育机构作出的处理不服的，可以向教育行政部门提出申诉，教育行政部门应当在接到申诉的三十日内，作出处理。

（二）《行政诉讼法》(2017 年修正)

第 89 条　人民法院审理上诉案件，按照下列情形，分别处理：

（一）原判决、裁定认定事实清楚，适用法律、法规正确的，判决或者裁定驳回上诉，维持原判决、裁定；

（二）原判决、裁定认定事实错误或者适用法律、法规错误的，依法改判、撤销或者变更；

（三）原判决认定基本事实不清、证据不足的，发回原审人民法院重审，或者查清事实后改判；

（四）原判决遗漏当事人或者违法缺席判决等严重违反法定程序的，裁定撤销原判决，发回原审人民法院重审。

原审人民法院对发回重审的案件作出判决后，当事人提起上诉的，第二审人民法院不得再次发回重审。

人民法院审理上诉案件，需要改变原审判决的，应当同时对被诉行政行为作出判决。

（三）最高人民法院《关于适用〈中华人民共和国行政诉讼法〉的解释》(2018 年公布)

第 1 条　公民、法人或者其他组织对行政机关及其工作人员的行政行为

---

[1] 参见彭君、王小红：《作为基本权利的申诉权及其完善》，载《法律适用》2013 年第 11 期。

不服,依法提起诉讼的,属于人民法院行政诉讼的受案范围。

下列行为不属于人民法院行政诉讼的受案范围:

(一)公安、国家安全等机关依照刑事诉讼法的明确授权实施的行为;

(二)调解行为以及法律规定的仲裁行为;

(三)行政指导行为;

(四)驳回当事人对行政行为提起申诉的重复处理行为;

(五)行政机关作出的不产生外部法律效力的行为;

(六)行政机关为作出行政行为而实施的准备、论证、研究、层报、咨询等过程性行为;

(七)行政机关根据人民法院的生效裁判、协助执行通知书作出的执行行为,但行政机关扩大执行范围或者采取违法方式实施的除外;

(八)上级行政机关基于内部层级监督关系对下级行政机关作出的听取报告、执法检查、督促履责等行为;

(九)行政机关针对信访事项作出的登记、受理、交办、转送、复查、复核意见等行为;

(十)对公民、法人或者其他组织权利义务不产生实际影响的行为。

第101条　裁定适用于下列范围:

(一)不予立案;

(二)驳回起诉;

(三)管辖异议;

(四)终结诉讼;

(五)中止诉讼;

(六)移送或者指定管辖;

(七)诉讼期间停止行政行为的执行或者驳回停止执行的申请;

(八)财产保全;

(九)先予执行;

(十)准许或者不准许撤诉;

(十一)补正裁判文书中的笔误;

(十二)中止或者终结执行;

(十三)提审、指令再审或者发回重审;

(十四)准许或者不准许执行行政机关的行政行为;

(十五)其他需要裁定的事项。

对第一、二、三项裁定,当事人可以上诉。

裁定书应当写明裁定结果和作出该裁定的理由。裁定书由审判人员、书记员署名,加盖人民法院印章。口头裁定的,记入笔录。

(四)最高人民法院《关于不服县级以上人民政府信访行政管理部门、负责受理信访事项的行政管理机关以及镇(乡)人民政府作出的处理意见或者不再受理决定而提起的行政诉讼人民法院是否受理的批复》(2005年公布)

第2条 对信访事项有权处理的行政机关根据《信访条例》作出的处理意见、复查意见、复核意见和不再受理决定,信访人不服提起行政诉讼的,人民法院不予受理。

案例三十七:学校非教师职工的权利保障[1]

一、基本案情

田某于1992年在中国农业大学(以下简称农大)毕业,并留校分配至该校校办企业"北京农业大学新技术开发总公司"(以下简称京农公司)工作,任助理研究员。1999年3月8日,农大作出(1999)中农大(人)字15号"关于

---

〔1〕"田某不服中华人民共和国教育部政策研究与法制建设司对其作出的'关于教师申诉审查结果的答复函'案",北京市第一中级人民法院(2000)一中行初字第121号行政判决书。

对祖某玉、田某同志按自动离职处理的通知”,通知校属有关单位:“……田某曾因触犯法律受到刑事处罚,未经批准,不到京农公司上班。根据京农公司的处理意见及学校有关规定,经学校研究决定:对……田某同志按自动离职处理。”1999 年 3 月 10 日,田某得知了上述通知,即先后向北京市海淀区劳动争议仲裁委员会、人事部提出申诉,均未被受理。后又于 2000 年 5 月 23 日、6 月 28 日分别向教育部提出行政复议申请和申诉,要求撤销农大作出的对其按自动离职处理的通知。教育部以其不具备提起教师申诉主体资格为由,对田某的申诉决定不予受理。田某不服,认为无论其是否具有教师身份,教育部作为农大的上级主管机关,均应受理其申诉,故提起行政诉讼,请求判令教育部履行对其申诉进行处理的法定职责,撤销教育部作出的答复函。

教育部答辩认为:首先,根据《教师法》的有关规定,其虽然受理教师就学校侵犯其合法权益的事项,或者因对学校作出的处理不服而提起的申诉,但提起教师申诉的主体只限于履行教育教学职责的教师。田某是农大的后勤服务人员,其与学校发生人事纠纷,属聘用纠纷,应依人事、劳动方面的法律法规及国家有关规定解决。其次,教育部对直属高等学校人事方面的管理职责为:负责直属高校内部的干部人事、机构编制工作,协调并指导其内部人事与分配制度改革,主要是进行宏观的规划、指导。法律法规未授权教育行政部门具体干预高校内部的人事安排,因此主管部门受理下属企业事业单位人员人事申诉没有法律依据。田某是农大校办企业的职工,实质上与学校存在劳动关系,两者发生的纠纷应依照有关行政法规及主管部门关于劳动争议的有关程序与规定,纳入统一的渠道予以解决,教育部既无义务也无职权处理此类纠纷,对田某的申诉作出答复只是履行了对当事人的告知义务,对其权利义务并不产生实际影响,故原告起诉不属行政诉讼的受案范围,要求法院判决驳回田某的起诉。

二、法院判决

一审法院认为，田某系农大的正式职工，从事科研技术研究工作，应当属于教育辅助人员，其有权向教育行政部门提起申诉。教育部仅以田某不具有教师身份为由，对其申诉不予受理，缺乏法律依据，法院不予支持。依照《教师法》(1993 年发布)第 41 条、《行政诉讼法》(1989 年公布)第 54 条第 2 项第 2 目、第 3 项，[1]判决撤销教育部 2000 年 7 月 13 日对田某申诉作出的答复函，并责令教育部于判决生效后 5 日内受理田某的申诉。

三、案例评析与理论延伸

本案系教育行政管理部门未受理学校教育教学辅助人员提起的申诉而引发的纠纷，主要涉及教育辅助人员是否有权向教育行政部门提出申诉的问题。《教师法》(2009 年修正)第 39 条规定，教师对学校或者其他教育机构侵犯其合法权益的，或者对学校、其他教育机构作出的处理不服的，可以向教育行政部门提出申诉。同时该法第 41 条第 1 款规定："学校和其他教育机构中的教育教学辅助人员，其他类型的学校的教师和教育教学辅助人员，可以根据实际情况参照本法的有关规定执行。"据此，若教育教学辅助人员认为教育机构侵犯其合法权益的，可以向教育行政部门提出申诉，教育行政部门应当予以受理。

本案中，教育部作为教育行政部门，其职责不仅限于国务院关于"教育部职能配置内设机构和人员编制规定"之范围，还应当履行法律、法规所设定的教育行政部门的法定职责。因此，教育部有受理教师及教育辅助人员申诉的法定职责。田某系农大的正式职工，从事科研技术研究工作，应当属于教育辅助人员，其有权向教育行政部门提出申诉，教育部应当予以受理。

---

〔1〕《行政诉讼法》(2017 年修正)第 70 条第 2 项、第 72 条。

四、主要法条链接

《教师法》(2009 年修正)

第 39 条　教师对学校或者其他教育机构侵犯其合法权益的,或者对学校或者其他教育机构作出的处理不服的,可以向教育行政部门提出申诉,教育行政部门应当在接到申诉的三十日内,作出处理。

教师认为当地人民政府有关行政部门侵犯其根据本法规定享有的权利的,可以向同级人民政府或者上一级人民政府有关部门提出申诉,同级人民政府或者上一级人民政府有关部门应当作出处理。

第 41 条第 1 款　学校和其他教育机构中的教育教学辅助人员,其他类型的学校的教师和教育教学辅助人员,可以根据实际情况参照本法的有关规定执行。

第八章　其他热点案例

案例三十八：教师开除处分的救济途径[1]

一、基本案情

蒙某原为上林县三里镇龙联小学教师。2012 年 3 月 6 日，蒙某在上林县龙联小学三年级 1 班上课时，因有两名学生违反课堂纪律，其在对该两名学生进行训斥的同时，随手拿起教室的木柄塑料扫把分别朝两个学生的背部和头部打去，造成一学生重伤的损害后果。对此，上林县人民法院于 2012 年 9 月 13 日以（2012）上刑初字第 99 号刑事附带民事判决书对蒙某作出刑事附带民事判决。与此同时，上林县教育局也于 2013 年 2 月 6 日以上教字〔2013〕23 号文相应地对蒙某作出了行政开除处分的处理决定。后因蒙某不服一审法院作出的刑事附带民事判决，向二审法院提出上诉。二审法院于 2013 年 1 月 22 日以原审法院认定事实不清为由，裁定发回重审。2013 年 6 月 13 日，上林县人民法院以（2012）上刑重字第 99 号刑事判决书对蒙某作出判处有期徒刑 3 年的刑事判决。

该刑事判决生效后，上林县教育局于 2016 年 1 月 8 日，分别对蒙某作出

---

〔1〕“蒙某与上林县教育局教育行政处分案”，广西壮族自治区南宁市中级人民法院（2018）桂 01 行终 19 号行政裁定书。

了上教字〔2016〕4 号关于撤销《关于给予蒙某行政开除处分的决定》的决定和上教字〔2016〕5 号《关于给予蒙某行政开除处分的决定》。蒙某对该重新作出的行政开除处分决定不服,后分别向上林县教育局提出复核申请,向上林县人力资源和社会保障局提出申诉申请,在得到两部门维持上林县教育局行政开除处分的复核、申诉决定后,向南宁市人力资源和社会保障局提出了再申诉申请。2016 年 11 月 28 日,南宁市人力资源和社会保障局对蒙某提出的再申诉申请作出维持上林县教育局作出的上教字〔2016〕5 号《关于给予蒙某行政开除处分的决定》的再申诉处理决定书。

2017 年 7 月 7 日,蒙某以《南宁市人力资源和社会保障局再申诉处理决定书》及上林县教育局上教字〔2016〕5 号《关于给予蒙某行政开除处分的决定》认定事实错误、违法适用法律、程序违法、实体处理有失公正为由,向一审法院提起行政诉讼,请求撤销《南宁市人力资源和社会保障局再申诉处理决定书》,同时撤销与《南宁市人力资源和社会保障局再申诉处理决定书》有关联的上林县教育局上教字〔2016〕5 号《关于给予蒙某行政开除处分的决定》。

二、法院判决

一审法院认为,对原告蒙某以《南宁市人力资源和社会保障局再申诉处理决定书》及上林县教育局上教字〔2016〕5 号《关于给予蒙某行政开除处分的决定》认定事实错误、违法适用法律、程序违法、实体处理有失公正为由,向法院提起的行政诉讼,法院本不应受理,对已经受理了的,最高人民法院《关于执行〈中华人民共和国行政诉讼法〉若干问题的解释》(已失效)亦明确规定,应裁定驳回起诉。为此,法院裁定驳回原告蒙某的起诉。

上诉人蒙某上诉称:(1)《南宁市人力资源和社会保障局再申诉处理决定书》和上林县教育局上教字〔2016〕5 号《关于给予蒙某行政开除处分的决

定》是错误的。(2)一审法院驳回上诉人的起诉也是错误的。①上诉人不是行政机关工作人员,一审把上诉人等同于行政机关工作人员而排除在行政诉讼的受案范围之外是错误的。②国家人力资源和社会保障部人社部发〔2014〕45号《事业单位工作人员申诉规定》(2014年公布)没有规定走完申请复核、申诉、再申诉的程序后不能提起行政诉讼。③《南宁市人力资源和社会保障局再申诉处理决定书》不是依据法律规定作出的最终决定。

被上诉人上林县教育局辩称:(1)本案不属于行政诉讼的受案范围。国家人力资源和社会保障部《事业单位工作人员申诉规定》(2014年公布)(人社部发〔2014〕45号)第2条第1款规定:"事业单位工作人员对涉及本人的人事处理不服的,可以依照本规定申请复核;对复核结果不服的,可以依照本规定提出申诉、再申诉。"即事业单位工作人员对涉及本人的人事处理不服的,可以依照本规定提出申诉、再申诉,但不能提起行政诉讼。(2)上教字〔2016〕5号《关于给予蒙某行政开除处分的决定》是正确的。(3)上诉人已经丧失教师资格。请二审法院驳回上诉,维持原裁定。

被上诉人南宁市人力资源和社会保障局辩称:(1)《南宁市人力资源和社会保障局再申诉处理决定书》不是可诉的"行政行为"。该行为不是被上诉人作出的,是南宁市事业单位工作人员申诉公正委员会作出的;该行为对上诉人的实体权利义务没有影响。(2)《南宁市人力资源和社会保障局再申诉处理决定书》于法有据。请二审法院驳回上诉。

二审法院认为,鉴于国家对事业单位工作人员人事处分行为已经设立了独立的救济程序,故上林县教育局上教字〔2016〕5号《关于给予蒙某行政开除处分的决定》不属于行政诉讼的受案范围。同理,《南宁市人力资源和社会保障局再申诉处理决定书》是被上诉人南宁市人力资源和社会保障局依据上述规定作出的驳回申诉的重复处理决定,亦不属于行政诉讼的受案范围。一审法院裁定驳回上诉人的起诉是正确的。据此,裁定驳回上诉,维持原裁定。

三、案例评析与理论延伸

本案系教育行政管理纠纷,主要涉及以下问题。

(一)教师行政开除处分是否可诉的问题

《行政诉讼法》(2017 年修正)第 13 条第 3 项规定,人民法院不受理公民、法人或者其他组织对下列事项提起的诉讼:行政机关对行政机关工作人员的奖惩、任免等决定。由此规定可以得出,行政机关工作人员对行政机关作出的奖惩、任免等决定不服的,排除在行政诉讼的受案范围之外。事业机关单位工作人员对行政机关作出的奖惩、任免等决定不服该如何处理,中共中央组织部、国家人力资源和社会保障部人社部发〔2014〕45 号《事业单位工作人员申诉规定》(2014 年公布)第 2 条第 1 款规定,事业单位工作人员对涉及本人的人事处理不服的,可以依照本规定申请复核;对复核结果不服的,可以依照本规定提出申诉、再申诉。由该规定可见,事业单位工作人员对涉及本人的人事处理不服的,只能申请复核,对复核结果不服的,仍可以依照本规定提出申诉、再申诉,但不能提起行政诉讼。该规定亦将事业单位工作人员对涉及本人的人事处理不服排除在行政诉讼的受案范围之外。《事业单位工作人员申诉规定》虽然在法律位阶上属部门规章,但《行政诉讼法》规定,人民法院审理行政案件适用法律、法规,参照规章。故部门规章仍为人民法院审理行政案件适用的法律渊源,部门规章仍应受到人民法院的尊重。据此可知,有关教师的行政开除处分不属于行政诉讼的受案范围。

(二)教师行政开除处分如何进行救济的问题

《事业单位人事管理条例》(2014 年公布)第 38 条规定:"事业单位工作人员对涉及本人的考核结果、处分决定等不服的,可以按照国家有关规定申请复核、提出申诉。"《事业单位工作人员申诉规定》(2014 年公布)第 2 条第

1 款规定:“事业单位工作人员对涉及本人的人事处理不服的,可以依照本规定申请复核;对复核结果不服的,可以依照本规定提出申诉、再申诉。”第 28 条第 2 款规定,再申诉处理决定是发生效力的最终决定。这表明,对有关教师的行政开除处分的救济方式是提出复核和申诉,但无法进行行政复议和提起行政诉讼。

我国法律明确规定,行政复议的对象是具体行政行为,学校作出的行为能否扩大解释为“具体行政行为”,在学理上存在一定争议。行政申诉和行政复议之间是相互并列的关系,对于学校教师和学生能否针对学校处分等行为提出复议,有观点认为教师和学生如果对学校作出的人事聘用、学位授予决定或者处分等不服的,可以提起申诉。如仍然不服处理意见则可以提出行政诉讼,而没必要再经过行政复议。[1] 因此,有学者指出,应当建立健全教育调解制度[2]和教育仲裁制度[3]等相互衔接、协调完善的多元化教育纠纷解决机制。

教育调解制度,是指学校或其他教育机构内设立的调解委员会对校内教育纠纷及相关民事纠纷进行的调解活动,由校内调解委员会主持。校内调解委员会既非国家司法机关,亦非国家行政机关,而是学校教职工自我教育、内部解决纠纷的群众组织。其人员组成来自教职工代表、学校行政代表、学校工会委员会代表三个方面。校内调解所达成的调解协议由当事人自觉履行,不具备法律效力。当事人不服的,均有权通过诉讼和仲裁再行解决纠纷。[4]

教育调解制度能够切合学校日常管理的特点,发挥其独特作用:首先,

---

〔1〕 参见芮振华:《我国高校内部纠纷解决机制的构成、局限及其克服》,载《东方法学》2020 年第 5 期。

〔2〕 参见郝淑华、赵世谦:《教育行政调解的功能优势与制度完善》,载《教学与管理》2016 年第 27 期。

〔3〕 参见王吉林:《我国高等教育仲裁制度的建构研究》,载《法学杂志》2011 年第 5 期。

〔4〕 参见刘鸣禹、王景斌:《教育纠纷的法律属性及解决机制》,载《长白学刊》2006 年第 5 期。

学校纠纷类型较为典型,适用调解制度可遵循一以贯之的先例。通常而言,校师纠纷主要包括人事聘用、职称评审、绩效考核等内容,校生纠纷则主要包括学位授予、纪律处分等内容。对这些纠纷的解决模式在高校内部已有一定成例。其次,学校内部纠纷主体较为固定和特殊,适用调解制度能够更好地解决冲突。无论是教师还是学生,其与学校之间的关系都比较特殊,如果运用较烦琐和强硬的手段解决纠纷,可能产生一定的社会影响,而作为柔性的纠纷解决机制,调解显然更为平和、柔性。最后,学校内部纠纷的专业性较强,在某些具体问题上,需要专业人士定分止争,在调解过程中邀请专家学者出具分析意见,不仅有助于缓解矛盾,还能提高纠纷解决说服力。[1]

教育调解的一般工作程序是:受理纠纷、调查分析纠纷情况、对当事人进行说服劝导工作、促成当事人和解并达成协议、调解协议的执行。校内调解是教职员工和学生自我管理、自我教育、自我约束的有效形式,具有救济成本低、效率高的特点,是调解校内纠纷、防止矛盾激化、减少违法犯罪、维护教育秩序的"第一道防线"。[2]

教育仲裁制度,是指学校、学生在教育和受教育活动的过程中发生了学校纠纷,并将这些纠纷提交给教育仲裁委员会裁决,教育仲裁委员会对其进行处理,并作出对双方具有法律效力的裁决,从而解决学校纠纷的制度。[3]教育仲裁制度是一般仲裁制度在教育领域的具体化,其既具有一定的民间性、常规性,同时也具有一定的行政色彩。相较申诉机制、调解机制,教育仲裁制度具有较强的专业性,能够增强纠纷处理结果的说服力。教育纠纷尤其是学术纠纷的专业性是不可置疑的,解决纠纷时,就必然要依托更为专业

---

〔1〕 参见芮振华:《我国高校内部纠纷解决机制的构成、局限及其克服》,载《东方法学》2020年第5期。

〔2〕 参见李红雁:《构建教育矛盾纠纷第三方调解机制的难点探析》,载《湖南师范大学教育科学学报》2013年第2期。

〔3〕 参见张夏薇:《我国高校教育法律纠纷的仲裁解决机制探究》,载《教育评论》2016年第10期。

的裁决制度。教育仲裁的仲裁员一般是由涉争议领域的专家学者构成，这些学者对涉争议事项的实体、程序内容具有较为专业的认知。[1] 因此，教育仲裁员可以结合自身行业经验和业务技能对涉争议问题进行权威性判定，从而保障纠纷解决的专业性。教育仲裁制度还在一定程度上具有准司法属性，能够避免纠纷解决成果缺乏强制力而不能获得执行。[2] 当然，教育仲裁制度必须以合法合规的程序运行，从而保障实体仲裁结果的公正性。[3] 具体而言，争议学校和当事人必须在自愿的基础上订立仲裁协议，选择仲裁机构，厘清仲裁的事项和内容，选定仲裁员，从而使仲裁制度确保独立性、中立性和专业性。

四、主要法条链接

(一)《行政诉讼法》(2017 年修正)

第 13 条　人民法院不受理公民、法人或者其他组织对下列事项提起的诉讼：

(一)国防、外交等国家行为；

(二)行政法规、规章或者行政机关制定、发布的具有普遍约束力的决定、命令；

(三)行政机关对行政机关工作人员的奖惩、任免等决定；

(四)法律规定由行政机关最终裁决的行政行为。

(二)《事业单位人事管理条例》(2014 年公布)

第 38 条　事业单位工作人员对涉及本人的考核结果、处分决定等不服

---

[1] 参见陆在春、高明诚：《论教育仲裁制度的完善——兼论大学生权利救济 ADR 模式引入》，载《法学杂志》2009 年第 3 期。

[2] 参见李婧：《我国高校教育纠纷的法律类型及其解决机制探究》，载《社会科学战线》2008 年第 11 期。

[3] 参见张黎娜：《试论解决学校纠纷的教育仲裁制度》，载《教学与管理》2012 年第 18 期。

的，可以按照国家有关规定申请复核、提出申诉。

（三）《事业单位工作人员申诉规定》（2014 年公布）（人社部发〔2014〕45 号）

第 2 条第 1 款　事业单位工作人员对涉及本人的人事处理不服的，可以依照本规定申请复核；对复核结果不服的，可以依照本规定提出申诉、再申诉。

第 28 条第 2 款第 4 项　下列处理决定是发生效力的最终决定：

……

（四）再申诉处理决定。

案例三十九：教育信息公开的义务范围[1]

一、基本案情

殷某于 2015 年 4 月 20 日向中国传媒大学提出公开 2005～2014 年中国传媒大学关于全国英语四、六级考试的考生违纪人员处分决定文件的复印件的申请。中国传媒大学于 2015 年 4 月 27 日对殷某作出《中国传媒大学信息公开申请告知书》（以下简称被诉告知书），主要内容为：考生违纪人员处分决定文件涉及他人隐私，根据《高等学校信息公开办法》（2010 年公布）第 10 条、《中国传媒大学信息公开工作实施办法》第 13 条的规定，不予公开。

殷某不服，诉至法院，请求撤销被诉告知书，责令中国传媒大学重新答复其提出的公开事项。

〔1〕“中国传媒大学与殷某行政管理纠纷案”，北京市第三中级人民法院（2015）三中行终字第 1056 号行政判决书。

二、法院判决

一审法院经审理认为，高等学校负有接受公民获取相关信息的申请并作出相应处理的法定义务，如公民认为高等学校未履行信息给付的义务，可以该高等学校作为被告向人民法院提起行政诉讼。故中国传媒大学认为，殷某不能提起本案诉讼的相关主张不能成立，法院不予采纳，中国传媒大学具有接受殷某的信息公开申请并作出相应处理的法定义务。

中国传媒大学不服一审判决，上诉至二审法院，其上诉理由为：(1)一审法院认定事实有误，殷某申请的信息无法区分隐私和非隐私部分，所以上诉人向被上诉人作出不予公开的决定。(2)一审法院认为，上诉人未提供证据证明其履行了征求第三方意见的程序，上诉人认为征求第三方意见的程序目前已经无实际履行的可能。2005～2014年的违纪人员联系方式，上诉人虽然能查询到当时违纪人员留有的联系方式，但已经无法实际联系上这些人，所以征求这10年间的违纪人员的程序已经无法实际操作。(3)上诉人认为，被上诉人申请公开的信息与上诉人因被上诉人考试作弊被处以开除学籍之间不具有关联性。因为每个违纪考生的违纪情况不同，适用的处分依据不同，处分结果会有不同，每个考生违纪后的悔过情节也不同，也会影响最终的处分结果。综上，一审法院认定事实有误，请求二审法院撤销一审判决，驳回被上诉人的全部诉讼请求。

殷某同意一审判决，请求法院予以维持。

二审法院认为，《政府信息公开条例》(2007年公布)第22条[1]规定，申请公开的政府信息中含有不应当公开的内容，但是能够作区分处理的，行政机关应当向申请人提供可以公开的信息内容；第14条第4款规定，[2]行

---

〔1〕《政府信息公开条例》(2019年修订)第37条。

〔2〕《政府信息公开条例》(2019年修订)第14条。

政机关不得公开涉及国家秘密、商业秘密、个人隐私的政府信息。但是,经权利人同意公开或者行政机关认为不公开可能对公共利益造成重大影响的涉及商业秘密、个人隐私的政府信息,可以予以公开;第23条[1]规定,行政机关认为申请公开的政府信息涉及商业秘密、个人隐私,公开后可能损害第三方合法权益的,应当书面征求第三方的意见;第三方不同意公开的,不得公开。但是,行政机关认为不公开可能对公共利益造成重大影响的,应当予以公开,并将决定公开的政府信息内容和理由书面通知第三方。《高等学校信息公开办法》(2010年公布)第10条第1款第3项规定,高等学校对涉及个人隐私的信息不予公开。该条第2款规定,其中第3项所列的信息,经权利人同意公开或者高校认为不公开可能对公共利益造成重大影响的,可以予以公开。本案中,殷某向中国传媒大学申请公开2005~2014年中国传媒大学关于全国英语四、六级考试的考生违纪人员处分决定文件的复印件,中国传媒大学在接到上述申请后,并未对上述信息是否能予以区分进行判断,亦未就其认定的涉及隐私的信息履行征求第三方意见的程序,故一审法院认定,中国传媒大学作出被诉告知书主要证据不足、违反法定程序正确。此外,关于被诉告知书适用法律问题,二审法院同意一审法院的相关认定。

综上,二审法院认为,一审法院判决撤销被诉告知书并责令中国传媒大学对殷某的信息公开申请重新答复正确,中国传媒大学的上诉主张不能成立,判决驳回上诉,维持一审判决。

三、案例评析与理论延伸

教育事业的信息公开制度建设,一直是法学界关注的问题。本案系因信息公开纠纷引发的行政诉讼,主要涉及以下两个问题。

---

[1] 《政府信息公开条例》(2019年修订)第32条。

（一）中国传媒大学应适用何种规范处理殷某的信息公开申请

《政府信息公开条例》（2019年修正）第2条规定，本条例所称政府信息，是指行政机关在履行职责过程中制作或者获取的，以一定形式记录、保存的信息。第54条规定，法律、法规授权的具有管理公共事务职能的组织公开政府信息的活动，适用本条例。《教育法》（2021年修正）第29条第1款第4项规定，学校及其他教育机构行使对受教育者进行学籍管理，实施奖励或者处分的权利。根据上述规定，高等学校在对受教育者进行处分的过程中，所制作或获取的信息属于《政府信息公开条例》中所称的“政府信息”，其公开活动应受该条例的规范。本案中，殷某向中国传媒大学申请公开2005～2014年中国传媒大学关于全国英语四、六级考试的考生违纪人员处分决定文件的复印件，该信息属于政府信息的性质，因此对该信息的公开活动，应该适用《政府信息公开条例》。

《政府信息公开条例》（2019年修订）第55条规定，教育、卫生健康、供水、供电、供气、供热、环境保护、公共交通等与人民群众利益密切相关的公共企事业单位，公开在提供社会公共服务过程中制作、获取的信息，依照相关法律、法规和国务院有关主管部门或者机构的规定执行。一审法院认为，上述条文所指向的信息在一般意义上并不属于政府信息，而是公共企事业单位在提供社会公共服务过程中制作和获取的信息，关于该类信息的公开办法行政法规已授权国务院有关主管部门或者机构制定。《高等学校信息公开办法》（2010年公布）第2条规定，高等学校在开展办学活动和提供社会公共服务过程中产生、制作、获取的以一定形式记录、保存的信息，应当按照有关法律法规和本办法的规定公开。在教育部公布的《高等学校信息公开事项清单》（教办函〔2014〕23号）中，规定了有关高等学校的基本信息、招生考试信息、财务、资产及收费信息、人事师资信息、教学质量信息、学生管理服务信息、学位、学科信息、对外交流与合作信息共10项信息应当予以公开。

综合上述规定，一审法院认为，高等学校在信息公开活动中所涉及的信息，应当包括政府信息和其他信息两种类型，前者应该受政府信息公开的法规约束，后者应该适用教育部经国务院行政法规授权制定的《高等学校信息公开办法》规范。故，中国传媒大学主张本案应适用《高等学校信息公开办法》而不应适用《政府信息公开条例》的意见是错误的，法院不予采纳。同时，因《高等学校信息公开办法》中含有处理政府信息公开申请的内容。因此，中国传媒大学在处理政府信息公开申请的过程中，可以适用与《政府信息公开条例》不相冲突的《高等学校信息公开办法》的有关规定。

由本案可知，“法律、法规授权的具有管理公共事务职能的组织”（“法定公共职能组织”）是中国特有的立法术语。法定公共职能组织与公共企事业单位、行政机关、一般法律授权组织之间呈现出紧密的互动关系。就组织功能和授权内容而言，法定公共职能组织作为一种独立的行政主体，担负完成剩余或新生公共任务的使命，虽然它们在行使行政处罚权、许可权、强制权等时是片面的行政主体，但是它们作为组织法上行政公开的实体意义值得重视。[1]

（二）中国传媒大学是否依法履行了信息公开的义务

《政府信息公开条例》的行政立法目的在于：一是针对相对人，要保障其知情权利；二是针对行政主体，要促其依法行政；三是针对当地政府，要提升法治政府建设水平；四是针对公开法治工作体系，要提高行政服务效率。[2]《政府信息公开条例》（2019 年修订）第 37 条规定，申请公开的信息中含有不应当公开或者不属于政府信息的内容，但是能够作区分处理的，行政机关应当向申请人提供可以公开的政府信息内容，并对不予公开的内容说明理

---

〔1〕 参见于立深：《法定公共职能组织的资格、权能及其改革》，载《华东政法大学学报》2016 年第 6 期。

〔2〕 参见莫于川、莫菲：《从条理法视角看政府信息公开和司法审查功能释放的更多可能》，载《人民司法（案例）》2022 年第 32 期。

由。第 14 条规定,依法确定为国家秘密的政府信息,法律、行政法规禁止公开的政府信息,以及公开后可能危及国家安全、公共安全、经济安全、社会稳定的政府信息,不予公开。第 15 条规定,涉及商业秘密、个人隐私等公开会对第三方合法权益造成损害的政府信息,行政机关不得公开。但是,第三方同意公开或者行政机关认为不公开会对公共利益造成重大影响的,予以公开。《高等学校信息公开办法》(2010 年公布)第 10 条第 1 款第 3 项规定,高等学校对涉及个人隐私的信息不予公开;第 2 款规定,该款第 3 项所列的信息,经权利人同意公开或者高校认为不公开可能对公共利益造成重大影响的,可以予以公开。根据上述法规并参照上述规章,行政主体接到申请人信息公开的申请后,在判断涉案信息是否应当向申请人公开的过程中,应当首先对涉案信息能否进行区分进行判断,如果该信息能够被区分,则行政主体应当提供可以公开的信息内容。本案中,根据殷某的当庭陈述,其所申请公开 2005 ~ 2014 年中国传媒大学关于全国英语四、六级考试的考生违纪人员处分决定文件的复印件,其只想获得中国传媒大学作出处分决定所认定的事实、依据的根据和处分结果的信息,并不想获得违纪考生的个人信息。但在本案中,中国传媒大学并未提供证据证明其对上述信息是否能予以区分进行了判断。同时,中国传媒大学也未提供证据证明其履行了征求第三方意见的程序。

综上,中国传媒大学作出被诉告知书的主要证据不足、违反法定程序,应予撤销。撤销后,中国传媒大学应对殷某提出的信息公开申请重新予以处理。

本案引发的个人隐私信息与信息公开申请的张力关系,值得深思。个人隐私信息的权利主体是所有自然人,个人隐私的范畴应当采取广义解释,将权利主体的身份、住址、家庭状况、生理特征、健康状况、财产构成、日常行迹等内容囊括其中。未成年人、公职人员等特殊场域主题的个人隐私应受到法律更有力的保护。与此同时，也应建立个人隐私保护例外制度，将当事人同意公开、经过特殊技术手段加工而减弱或丧失可识别性、已经过较长时限等情形作个人隐私保护除外处理。[1] 也应注意，作为行政机关，如不公开某项个人信息可能对社会公共福祉造成严重负面影响，则其可以依法公开信息，公开过程中应遵循比例原则，综合考虑个人隐私所涉及的社会法益、信息不公开对公序良俗与公众福祉的影响大小、个人信息的敏感程度。在程序方面，政府实行个人信息公开行为应通知利益相关当事人，充分尊重并听取其合理的意见和诉求。[2]

根据我国《宪法》(2018 年修正)第 51 条的规定，中华人民共和国公民在行使自由和权利的时候，不得损害国家的、社会的、集体的利益和其他公民的合法的自由和权利。根据《政府信息公开条例》(2019 年修正)第 15 条的规定，涉及个人隐私的政府信息，考虑一旦公开会对第三方合法权益造成损害，原则上行政机关不得公开，但是如果不公开又会对公共利益造成重大影响的，则予以公开。有观点认为，该条中的“个人隐私”存在不易识别、授权过于宽泛等方面的问题，但应将“个人隐私”聚焦“私密信息”以构建和完善私密信息的公开豁免制度。此外，私密信息也并非绝对的封闭，多数是在不同场景中的特定多数主体之间分享，只要该信息仍是在该特定群体之间传播，并符合该信息主体的预期，这种合理使用就应当被允许。[3]

在公布行政违法信息的法律属性诸说中，是否将其确认为声誉罚实施形式最具争议性。现实中存在将行政违法信息公布全然视为常态性政府信息公开行为及非常态性公共警告行为的两种倾向。有部分公布行政违法信息行为不仅吻合声誉罚之实质判断标准，而且呈现与常态性政府信息公开

---

〔1〕 参见刘永林:《教育行政信息公开制度的实践诉求与规范路径》，载《复旦教育论坛》2022 年第 4 期。

〔2〕 参见孔繁华:《政府信息公开中的个人隐私保护》，载《行政法学研究》2020 年第 1 期。

〔3〕 参见刘磊:《论私密个人信息的合理使用困境与出路》，载《财经法学》2023 年第 2 期。

及非常态性公共警告之间截然不同的制度逻辑，印证了公布行政违法信息作为一项处罚措施存在的独立价值。公布行政违法信息作为声誉罚须遵循一定的适用规则以确保处罚效果，为了赋予此种处罚形式更大的作用空间，可考虑修订《行政处罚法》，适当放宽对处罚设定权的限制。[1]

通说认为，行政机关可以依法行使自由裁量权，考虑行政处罚决定是否向社会公开、公开范围是部分或全部、公开内容是详细或简略等因素。立法机关通过赋予行政机关以自由裁量权，促使后者具体问题具体分析，审慎作出行政行为和行政决定。行政裁量不应仅注重个体案件之正义，还需以指导性案例和类案检索制度为依托，考虑其他类案，并充分考量对社会政治经济环境之影响，做到平衡"当前""过去""将来"之法益，力求进行统筹协调。[2]

从法经济学角度而言，行政处罚决定公开可以作为市场规制的重要手段。其行为法学功能，大抵包括对市场经济主体的"声誉机制作用下的公开"和对受处罚关联自然人的"羞辱（shaming）机制作用下的公开"。前者和后者将分别减损受处罚人的财产性利益和人格性利益。在法治环境下，企业、法人、自然人的商誉、声誉是其发展繁荣的重要先决条件，声誉污点如经曝光，则可能成为社会集体记忆，并将随着网络舆论的发酵而产生极强的公众认知强黏性（public awareness stickiness），难以通过时间久远而冲淡。[3]这对个人来说更加重要。行政处罚公开可能造成"羞辱机制困境"，将直接对受处罚自然人的隐私权、尊严权、名誉权、荣誉权产生极大影响。从犯罪心理学角度看，羞辱机制下的行政处罚公开很可能导致"网络暴力"和"人肉

---

〔1〕 参见贺译葶：《公布行政违法信息作为声誉罚：逻辑证成与制度构设》，载《行政法学研究》2020年第6期。

〔2〕 参见翁明杰：《行政处罚决定公开过程中的裁量权及其规范路径》，载《财经法学》2023年第2期。

〔3〕 参见翁明杰：《行政处罚决定公开过程中的裁量权及其规范路径》，载《财经法学》2023年第2期。

搜索”,致使信息传播失控,最终产生“群体极化效应”。因此,行政机关应对行政处罚决定公开秉持谦抑性和审慎态度,谨慎把握“具有一定社会影响”的判断尺度,规范自由裁量权的合理运用,充分考虑受处罚行为本身和处罚决定公开后可能产生的各类社会政治经济文化影响。

通说认为,应当从宽判断受处罚行为的公开是否“具有一定社会影响”。我国法律要求对个人隐私采取高强度的保护。《政府信息公开条例》(2019年修订)第15条规定了政府信息公开的豁免情形,“个人隐私”成为行政机关不予公开政府信息的理由。如果行政机关未经合法程序公开行政处罚决定,可能引起行政机关信息发布权、当事人隐私权与社会大众知情权的矛盾。尽管在《民法典》和《个人信息保护法》颁布实施后,有学者主张《政府信息公开条例》应当通过修订或修正的方式,将“个人隐私”改为“个人信息”或“个人私密信息”,但无论是“个人隐私”还是“个人信息”,我国法律法规对个人信息都采取高强度的保护方式,因此行政机关在决定公开个人行政处罚决定时应当慎之又慎。[1] 因此,应当在适度保护公民个人隐私的基础上,有序推动高校办学信息公开,充分利用社会监督,在学校官网、微信公众号、官方微博等平台上及时公布,并设立纪检监察信箱与热线电话,充分公开高校章程、议事规程、年度经费收支情况、资产使用情况,接受全社会和师生的监督,做到“公开透明办学兴校”。[2]

四、主要法条链接

(一)《教育法》(2021年修正)

第29条　学校及其他教育机构行使下列权利:

---

〔1〕 参见翁明杰:《行政处罚决定公开过程中的裁量权及其规范路径》,载《财经法学》2023年第2期。

〔2〕 参见李威:《中外合作办学机构的办学自主权及其法律规制》,载《法学教育研究》2021年第3期。

(一)按照章程自主管理;

(二)组织实施教育教学活动;

(三)招收学生或者其他受教育者;

(四)对受教育者进行学籍管理,实施奖励或者处分;

(五)对受教育者颁发相应的学业证书;

(六)聘任教师及其他职工,实施奖励或者处分;

(七)管理、使用本单位的设施和经费;

(八)拒绝任何组织和个人对教育教学活动的非法干涉;

(九)法律、法规规定的其他权利。

国家保护学校及其他教育机构的合法权益不受侵犯。

(二)《政府信息公开条例》(2019 年修订)

第 2 条　本条例所称政府信息,是指行政机关在履行职责过程中制作或者获取的,以一定形式记录、保存的信息。

第 14 条　依法确定为国家秘密的政府信息,法律、行政法规禁止公开的政府信息,以及公开后可能危及国家安全、公共安全、经济安全、社会稳定的政府信息,不予公开。

第 32 条　依申请公开的政府信息公开会损害第三方合法权益的,行政机关应当书面征求第三方的意见。第三方应当自收到征求意见书之日起 15 个工作日内提出意见。第三方逾期未提出意见的,由行政机关依照本条例的规定决定是否公开。第三方不同意公开且有合理理由的,行政机关不予公开。行政机关认为不公开可能对公共利益造成重大影响的,可以决定予以公开,并将决定公开的政府信息内容和理由书面告知第三方。

第 37 条　申请公开的政府信息中含有不应当公开或者不属于政府信息的内容,但是能够作区分处理的,行政机关应当向申请人提供可以公开的信息内容,并对不予公开的内容说明理由。

第54条　法律、法规授权的具有管理公共事务职能的组织公开政府信息的活动,适用本条例。

(三)《高等学校信息公开办法》(2010年公布)

第10条　高等学校对下列信息不予公开:

(一)涉及国家秘密的;

(二)涉及商业秘密的;

(三)涉及个人隐私的;

(四)法律、法规和规章以及学校规定的不予公开的其他信息。

其中第(二)项、第(三)项所列的信息,经权利人同意公开或者高校认为不公开可能对公共利益造成重大影响的,可以予以公开。

案例四十:保过协议纠纷的裁判规则[1]

一、基本案情

2017年4月2日,孙某(甲方)与汪某(乙方)签订保过协议,其中甲方的权利与义务部分约定:"甲方按照本协议的约定,甲方全面完成乙方提供的培训及学习课程,而且按照并服从乙方在艺考期间的生活安排和报名考试安排,在按照国家有关规定参加2017年全国艺术类院校招生考试后,仍未取得2017年教育部承认的二本(含)以上院校校考专业合格证(至少一个专业合格证),乙方按照本协议退还协议学费。"同时约定协议学费为14,000元,并注明协议学费为退费项目。孙某的父亲作为孙某的监护人在协议上签字。协议签订后,孙某一方向汪某交纳协议学费14,000元。2017年12月,孙某一方又向汪某交纳费用7000元,汪某称该7000元中的5000元是参加

[1] "汪某与孙某教育培训合同纠纷案",山东省聊城市中级人民法院(2019)鲁15民终480号民事判决书。

艺考的费用,2000 元是保底学校的联系费用。孙某称,参加艺考时报考了 6 所学校,报的播音主持专业,艺术分和文化分均没达到分数线,未取得协议约定的专业合格证。孙某向一审法院起诉,请求判令汪某退还培训费 21,000 元。

二、法院判决

一审法院认为,汪某不具有组织招收学员进行培训的资质,故孙某一方与汪某签订的保过协议无效,汪某共收取孙某培训费 21,000 元,考虑到孙某没有了解汪某是否具有相应资质而与汪某签订协议,孙某对协议的签订也存在过错,同时考虑孙某在考试过程中产生的食宿费用汪某确有支付,酌定汪某返还孙某培训费 14,000 元,其他费用不再返还。

汪某不服一审判决,提出上诉请求:请求撤销一审判决,改判其返还孙某培训费 5000 元。事实和理由:(1)一审认定双方签订的《2017 年全国艺术类院校招生考试本科院校专业合格证带考保过协议》(以下简称《保过协议》)无效,仅让汪某返还孙某 14,000 元培训费,却不让孙某补偿汪某的支出费用,违反了原《合同法》第 58 条[1]的规定。汪某在与济南市水木传媒培训学校签订《水木传媒艺术学校艺考委托代理协议书》后,积极租赁场地,购置相应的培训设施,共计投入 31,400 元。汪某共计招收了包括孙某在内的 5 名学生,其间有 2 名学生转到北京去学习。虽然学生较少,但汪某仍积极履行自己的义务,高价聘请大学教授及著名主持人进行辅导,聘请老师的费用共计 56,000 元。孙某全程参加了上述老师的辅导。为此,起诉前孙某仅要求汪某返还 3800 元的培训费用。另外,在培训期间的几个月,孙某吃住均在培训班,其间的有关费用完全是汪某支付的。一审既然认定《保过协议》无效,就应按照原《合同法》第 58 条的规定,在判决汪某返还孙某培训费

〔1〕《民法典》第 157 条。

的同时，判决孙某适当补偿汪某的损失。(2)一审将汪某与孙某之间达成的带考服务合同与《保过协议》混同为一个合同是错误的。带考服务合同的主要内容是汪某带领孙某到各地参加考试，安排孙某的交通食宿和考试报名，孙某交纳了相关费用并接受了汪某提供的相应服务，汪某履行了带考服务合同的应尽义务，故一审将孙某交纳的带考费用认定为培训费是错误的。

孙某辩称，2017 年，孙某当时未满 18 周岁且在临西县第二中学读高中，汪某到学校宣传，表示参加其开办的播音主持培训班可保上二本以上院校。孙某经与家人协商愿意参加培训，其父亲作为监护人于 2017 年 4 月 2 日与汪某签订《保过协议》，该协议约定了双方的权利义务，主要包括孙某交纳 14, 000 元学费，汪某保证孙某上二本以上院校。合同签订后，孙某按约定交费并参加培训，但最终未考上二本以上院校，按约定要求汪某退还所有费用 21, 000 元，但汪某拒不退还，后诉至一审法院，一审法院认定汪某个人不具备组织招收学员进行培训的资质，双方签订的合同为无效合同。从汪某的上诉状中可以看出，其亦认可一审查明的事实及适用的法律规定，孙某不应补偿汪某的经济损失。汪某称其个人损失为租赁场地、购置相应的培训设施设备投入的 31, 400 元、聘请老师的费用 56, 000 元，孙某应适当补偿其 9000 元。汪某认可其所有费用是为举办培训班而支出的，而一审已查明其个人举办培训班是违法的，故对自己过错所导致的损失应由其个人独自承担。汪某所主张的损失全部为其个人记录，无相关支出单据予以证实，无法认定具体数额。一审认定孙某与汪某在本案中均存在过错，对自己过错造成的损失应由其自行承担，同样孙某在培训期间除了交纳培训费 14, 000 元之外，还交纳了 7000 元其他费用，一审认定该 7000 元费用为孙某在培训期间的食宿费用，未支持返还孙某，应视为孙某对汪某的补偿。一审中，孙某并未见过汪某所主张的带考服务合同，故汪某的上诉主张不应得到支持。综上，请求维持一审判决。

二审期间，汪某提交其为举办涉案培训班所签订的租房合同一份和购买空调单据一份、购买床单据一份及支出电费的单据4份，拟证明其为举办涉案培训班支出费用近20,000元（不含外聘老师的费用）。

二审法院认为，一审酌定汪某返还孙某14,000元并无不当，孙某另外交纳的7000元应视对汪某的补偿，法院对于汪某关于返还孙某5000元的上诉请求，不予支持。

三、案例评析与理论延伸

本案系因签订《保过协议》而产生的纠纷，主要涉及以下问题。

（一）《保过协议》的效力问题

我国通过立法促进民办教育的发展，注重在发扬立法的规范、保护和奖励功能的同时，适度发挥其限制和否定功能。在规范不同主体的促进行为时，立法通过明确政府在保障民办教育方面的强制性义务，为民办教育事业的健康发展创设制度环境，通过弱化对举办者的诸多限制，鼓励社会组织和个人办学的积极性，通过更多的对民办学校授权，使其真正享有自主办学的权利。然而，针对民办教育举办者而言，其必须满足授权性规范。[1]《民办教育促进法》（2018年修正）第12条规定："举办实施学历教育、学前教育、自学考试助学及其他文化教育的民办学校，由县级以上人民政府教育行政部门按照国家规定的权限审批；举办实施以职业技能为主的职业资格培训、职业技能培训的民办学校，由县级以上人民政府人力资源社会保障行政部门按照国家规定的权限审批，并抄送同级教育行政部门备案。"据此，民办学校需要得到主管行政部门的审批和授权，才能获取招收学员进行培训的资质，这是强制性规定。若违反该规定，则根据《民法典》（2020年公布）第153

---

〔1〕参见胡劲松：《义务与授权：民办教育主体行为规范研究——基于修订〈民办教育促进法〉的思考》，载《教育发展研究》2014年第7期。

条第1款的规定,“违反法律、行政法规的强制性规定的民事法律行为无效”。本案中,汪某以其个人的名义与孙某签订协议,其不具有组织招收学员进行培训的资质,因此该协议违反了前述强制性规定,属于无效协议。

(二)合同双方责任承担的问题

《民法典》(2020年公布)第157条规定:“民事法律行为无效、被撤销或者确定不发生效力后,行为人因该行为取得的财产,应当予以返还;不能返还或者没有必要返还的,应当折价补偿。有过错的一方应当赔偿对方由此所受到的损失;各方都有过错的,应当各自承担相应的责任。法律另有规定,依据其规定。”本案中,汪某不具备组织招收学员进行培训的资质,且其未对孙某的学习水平进行详细了解就盲目签订《保过协议》,存在过错;而孙某在签订《保过协议》时未了解汪某的办学资质,也未对自己的学习水平有准确预估,亦存在一定的过错。因此,一审、二审法院根据双方实际支出费用的情况,酌定汪某返还孙某14,000元,孙某另外交纳的7000元应视为对汪某的补偿。

四、主要法条链接

(一)《民办教育促进法》(2018年修正)

第12条　举办实施学历教育、学前教育、自学考试助学及其他文化教育的民办学校,由县级以上人民政府教育行政部门按照国家规定的权限审批;举办实施以职业技能为主的职业资格培训、职业技能培训的民办学校,由县级以上人民政府劳动和社会保障行政部门按照国家规定的权限审批,并抄送同级教育行政部门备案。

(二)《民法典》

第153条第1款　违反法律、行政法规的强制性规定的民事法律行为无效。但是,该强制性规定不导致该民事法律行为无效的除外。

第 157 条　民事法律行为无效、被撤销或者确定不发生效力后，行为人因该行为取得的财产，应当予以返还；不能返还或者没有必要返还的，应当折价补偿。有过错的一方应当赔偿对方由此所受到的损失；各方都有过错的，应当各自承担相应的责任。法律另有规定的，依照其规定。

案例四十一：教育行政督导的落实方式〔1〕

一、基本案情

吴某的父亲吴某生与母亲王某梅于 2007 年 12 月 21 日登记结婚，婚后于 2012 年 7 月 12 日生育吴某。吴某出生后随父母落户在广州市天河区。

吴某生于 2018 年 5 月 10 日通过云信访平台提交《控告王某梅偷偷把已网上报名入读棠德南小学的小孩带到日本玩失踪，企图不让小孩接受中国义务教育》材料，反映其配偶王某梅不想让吴某在中国接受义务教育，把吴某带至日本并失去联系，因日方需要中国政府出具公函，吴某生请求天河区教育局向王某梅发出警示并敦促其守法。天河区教育局收到上述事项后，于 2018 年 5 月 22 日发出《关于吴先生希望我局出具督促小孩回国接受义务教育公函的答复意见》（穗天教信〔2018〕42 号），称现阶段正在受理报名及到校资料审核，如果由于各种原因未能及时完成相关手续，最后受理报名时间为 2018 年 8 月 28～29 日，对符合条件的地段生统筹安排公办学校学位。因目前未到正式入学阶段，王某梅未构成违反义务教育法的事实，建议吴某父亲通过其他方式与王某梅取得联系，或向警方求助。该答复意见通过短信方式送达吴某生。2018 年 7 月 31 日，吴某生再次通过云信访平台请求天河区教育局发出公函，提醒王某梅最后补充报名时间，并提醒其遵守《义务

---

〔1〕“吴某与广州市天河区教育局等教育行政复议案”，广州铁路运输中级人民法院（2020）粤 71 行终 570 号行政判决书。

教育法》，保障适龄儿童接受中国的义务教育。天河区教育局于 2018 年 8 月 7 日作出《关于吴某生请求事项的答复意见》（穗天教信〔2018〕75 号），建议吴某生报警寻求帮助。吴某生不服该答复，向广州市教育局申请复查。2018 年 8 月 20 日，广州市教育局作出《复查复核告知单》（穗教信复〔2018〕11 号），认为天河区教育局对吴某生反映的问题认定不清，并责令天河区教育局重新答复。天河区教育局于 2018 年 9 月 3 日作出天河区教育局《关于吴某生要求出具公函督促孩子回国接受义务教育的答复意见》（穗天教信〔2018〕98 号），认为吴某生与妻子王某梅均为孩子的法定监护人，有责任对孩子的教育问题进行协商和选择，要求吴某生提供吴某在日本未接受相关教育的有效证明材料以及王某梅的联系方式。2018 年 9 月 5 日，吴某生提交《再三恳请区教育局按实施细则第十三条规定，采取措施，使监护人送失学的子女就学》的申请。2018 年 10 月 26 日，天河区教育局作出《关于吴某生请求事项的答复意见》（穗天教信〔2018〕116 号）。2018 年 10 月 30 日，天河区教育局再次作出《关于落实吴某接受义务教育的函》，要求吴某生和王某梅协商、配合落实吴某接受义务教育事宜。如吴某已在其他地区接受义务教育，请提供相关入学证明。

天河区教育局调查期间，王某梅向天河区教育局提交《宣誓书》、王某梅的护照复印件、《指定书》、王某梅在留卡复印件、吴某的护照复印件、吴某在留卡复印件、《在职证明书》、工资清单复印件、王某梅工作时间的情况说明、《利用者负担金额、保育费决定通知书》、福冈市教育委员会关于小学新入学以及外国及儿童入学的相关资料、《与在留资格[高度专门职]相关的计算结果通知书》《高度专门人才可享受的优惠待遇》《被监护人发展计划》、照片、《证明书》、上海松竹梅翻译有限公司的《营业执照》等材料，证实其在日本就职及有稳定的收入，吴某在日本接受保育以及准备在当地入读小学。

2019 年 2 月 8 日和 2 月 10 日，吴某生通过云信访平台分别提交《请求党委及教育部门据职能切实保障已失学一个学期的适龄中国小孩新学期不再失学》和《请求党委及教育部门据职能切实保障已失学一个学期的适龄中国小孩新学期不再失学(补)》等材料,再次请求天河区教育局采取措施保障吴某的受教育权。天河区教育局于2019年3月1日作出本案被诉穗天教信〔2019〕22号《关于保障孩子吴某回国接受义务教育问题的答复意见》,认为:(1)该局分别于2018年9月3日、10月26日就吴某生反映的情况予以书面答复,并于10月30日向吴某生、王某梅及吴某户籍所在地棠下街道办事处发出《关于落实吴某接受义务教育的函》,敦促监护人落实吴某接受义务教育事宜。(2)2018年12月王某梅向该局提交护照、出入境记录、在日本就业和收入证明以及吴某在日本入学证明等材料。以上资料证明王某梅在日本有稳定工作和收入,作为监护人携带未成年子女出境并在当地接受教育,其出入境申请已被依法许可,在我国出境人员中此类情况普遍存在,并非个例,未有法律明文禁止。国务院教育督导委员会办公室印发的《关于做好疑似失学儿童情况核查和劝返复学工作的通知》(国教督办函〔2018〕97号)指出:“对核查中发现的因户籍管理、学籍管理、延缓入学、超龄离校、失踪失联、出国等原因造成的非真实失学数据,依据实际情况从疑似失学儿童总数中予以核减。”吴某随监护人出国,不属于失学儿童。该回复函于2019年3月5日依法向吴某生送达。吴某生不服,其以吴某的名义于2019年4月12日向天河区政府申请行政复议,天河区政府于2019年4月15日作出行政复议受理通知书,并同时向天河区教育局发出被申请人答复通知书,天河区教育局作出行政复议答复书并向天河区政府提交证据材料。2019年6月11日,天河区人民政府认为,本案需要进一步调查核实相关证据材料,决定对本案延长审查期限30天,并将延长行政复议审查期限通知书送达吴某生及天河区教育局。

经审查,天河区政府于2019年7月11日作出天河府行复〔2019〕44号行政复议决定书,维持天河区教育局作出的穗天教信〔2019〕22 号《关于保障孩子吴某回国接受义务教育问题的答复意见》,并于 2019 年 7 月 16 日邮寄送达吴某生。吴某生仍不服,遂以吴某的名义诉至原审法院。

此外,吴某生提起离婚诉讼,广东省广州市海珠区人民法院于 2019 年 11 月 11 日作出的《民事判决书》(〔2018〕粤 01 某某民初 7491 号)第 12 页判决结果:"(1)准予原告吴某生与被告王某梅离婚。(2)离婚后,婚生儿子吴某双年由原告吴某生携带抚养,单年由被告王某梅携带抚养,每年的 12 月月底由当年的抚养方将儿子交给对方抚养,并由原、被告各自负担其携带抚养期间的抚养费,至儿子年满 10 周岁时止……"但吴某生不服,提出上诉,该判决尚未生效。

二、法院判决

一审法院认为,吴某不属于失学儿童,天河区教育局在查明上述情况后,作出涉案的穗天教信〔2019〕22 号《关于保障孩子吴某回国接受义务教育问题的答复意见》告知吴某生相应情况,已经履行法定职责,认定事实清楚,适用法律正确,程序合法。天河区政府作出天河府行复〔2019〕44 号行政复议决定书,决定维持上述答复意见,符合法律规定,并且作出复议决定的程序合法。因此,对吴某生请求撤销天河区教育局作出的穗天教信〔2019〕22 号《关于保障孩子吴某回国接受义务教育问题的答复意见》及天河区政府作出的天河府行复〔2019〕44 号行政复议决定书,不予支持,依照《行政诉讼法》(2017 年修正)第 69 条、第 79 条的规定,判决驳回原告吴某生的诉讼请求。

上诉人吴某生不服一审判决,提起上诉称:(1)原审法院认定的被上诉人的事实是"出国,不属于失学儿童",该意见未能正确适用《义务教育法》(2018 年修正)第 4 条的规定并且违反了该法规定。(2)原审法院认定的被上诉人提交的王某梅护照、出入境记录、在日本就业和收入证明与本案无关，因为这些都无法改变吴某的中国国籍及其应享受国家保障其法定义务教育的权利。(3)原审法院认定的被上诉人提交的吴某在日本的入学证明，该所谓的证明仅是一个入学申请，被上诉人到被提起上诉之时为止均无法确认小孩已经入学，《日本义务教育法》不会保障他国小孩的日本义务教育。即使小孩在日本入学，其被灌输的日本教育也并非中国的义务教育，不符合《义务教育法》(2018 年修正)第 3 条“义务教育必须贯彻国家的教育方针”的规定，不符合中共中央、国务院《关于深化教育教学改革全面提高义务教育质量的意见》中“义务教育不得使用国外教材”的规定。(4)原审判决认定“被上诉人已经履行法定职责”属于混淆“全部”与“部分”的概念。“国家保障中国适龄儿童的法定义务教育”，该“保障”未必是职能部门仅履行其某项职能即可奏效。确实，被上诉人可能已经履行某项法定职责，但其远未全面履行其全部的法定职责，特别是未履行其核心部分的职责。

二审法院对一审法院查明的事实予以确认，认为天河区教育局的答复具有相应的事实和法律依据。因此，天河区教育局已履行其法定职责，原审法院认定并无不当。天河区政府对被诉答复意见通过复议予以维持，亦无不当。原审判决认定事实清楚，适用法律正确，程序合法。上诉人的上诉请求理据不足，不予支持。据此，判决驳回上诉，维持原判。

三、案例评析与理论延伸

党的二十大报告指出：“我们不断厚植现代化的物质基础，不断夯实人民幸福生活的物质条件，同时大力发展社会主义先进文化，加强理想信念教育，传承中华文明，促进物的全面丰富和人的全面发展。”[1]这就要求法律保

---

〔1〕 习近平：《高举中国特色社会主义伟大旗帜　为全面建设社会主义现代化国家而团结奋斗——在中国共产党第二十次全国代表大会上的报告》，人民出版社 2002 年版，第 23 页。

障适龄儿童接受义务教育的权利。本案系因监护人就接受义务教育的适龄儿童在何地接受教育意见不一致引发的纠纷，主要涉及以下几个问题。

（一）原告是否适格的问题

关于本案吴某生是否有权作为吴某的法定代理人提起本次诉讼问题。经查，有吴某的户口本、出生医学证明等证据证实，吴某生系其亲生父亲，现并无生效法律文书确认剥夺其对吴某的监护权。因此，吴某生仍然系吴某的监护人，其对吴某是否接受义务教育有权履行保证职责，且天河区教育局作出的涉案答复意见的行政相对人确定为吴某生，则吴某生作为涉案答复函的行政相对人及吴某的法定代理人有权提起本次诉讼。因此，天河区教育局主张，吴某生无权作为吴某的法定代理人提起本次诉讼理由不充分，原审法院不予采纳。

（二）被告是否适格的问题

《义务教育法》（2018 年修正）第 7 条规定："义务教育实行国务院领导，省、自治区、直辖市人民政府统筹规划实施，县级人民政府为主管理的体制。县级以上人民政府教育行政部门具体负责义务教育实施工作；县级以上人民政府其他有关部门在各自的职责范围内负责义务教育实施工作。"本案中，吴某的户籍在广州市天河区，天河区教育局作为县级以上教育行政部门，依法有权对该辖区内的义务教育实施工作进行监督管理，并作出相应处理，系本案适格的被告。

（三）答复意见的合法性问题

《义务教育法》（2018 年修正）第 5 条第 1 款、第 2 款规定："各级人民政府及其有关部门应当履行本法规定的各项职责，保障适龄儿童、少年接受义务教育的权利。适龄儿童、少年的父母或者其他法定监护人应当依法保证其按时入学接受并完成义务教育。"理论界认为，家庭承担不可或缺的社会功能，因此家庭秩序也无可避免会受到公权力的保护与干预。但家庭本身所特有的私密性与伦理性，亦使我们必须深入反思公权力干预家庭秩序的正当性与限度。出于对弱势家庭与家庭中弱者权益的保护，国家应尽可能提供善的公共品；但在提供保护时国家与法律应推定人们的道德自主性以及父母对子女的教育优先权。[1] 然而，无论如何，父母应当履行该条规定的积极作为义务。

本案中，天河区教育局作为教育行政部门，已经按照法律规定保障辖区内的适龄儿童、少年接受义务教育的权利，并多次函告吴某的父亲吴某生教育行政部门依法可以按照适龄儿童入学程序保障吴某入读辖区内学校接受义务教育。经过天河区教育局的调查，吴某未在规定期间接受中国义务教育，系因其已经随母在日本接受当地保育并入读小学，按照国教督办函〔2018〕97 号国务院教育督导委员会办公室《关于做好疑似失学儿童情况核查和劝返复学工作》的通知，对核查中发现的因户籍管理、学籍管理、延缓入学、超龄离校、失踪失联、出国等原因造成的非真实失学数据，依据实际情况从疑似失学儿童总数中予以核减，天河区教育局认定吴某已出国，并非属于失学儿童。天河区教育局在查明上述情况后，作出涉案的穗天教信〔2019〕22 号《关于保障孩子吴某回国接受义务教育问题的答复意见》告知吴某生相应情况，已经履行了法定职责，认定事实清楚，适用法律正确，程序合法。

（四）复议决定的合法性问题

本案中，吴某生不服天河区教育局作出的穗天教信〔2019〕22 号《关于保障孩子吴某回国接受义务教育问题的答复意见》，向天河区政府申请行政复议，天河区政府依法有权作出行政复议决定。

《行政复议法》（2017 年修正）第 28 条规定："行政复议机关负责法制工作的机构应当对被申请人作出的具体行政行为进行审查，提出意见，经行政复议机关的负责人同意或者集体讨论通过后，按照下列规定作出行政复议

---

〔1〕 参见蔡琳：《家庭秩序：国家法的构造与限度》，载《浙江学刊》2020 年第 5 期。

决定:(一)具体行政行为认定事实清楚,证据确凿,适用依据正确,程序合法,内容适当的,决定维持……”天河区教育局作出穗天教信〔2019〕22 号《关于保障孩子吴某回国接受义务教育问题的答复意见》合法,天河区政府作出天河府行复〔2019〕44 号行政复议决定书,决定维持上述决定书,符合法律规定。并且,天河区政府在法定审理期限内作出复议决定并予以送达,程序合法。

本案发人深思,尤其对于行政复议制度,有必要梳理其立法本意和运行机制。行政复议制度是对侵害法人、公民和其他组织合法权益的行政行为作出纠偏纠错的制度设计,旨在督促行政机关合法依规行使职权。行政复议制度的意义可概括为:“解决行政争议,维护当事人合法权益;监督行政行为,促进依法行政;强化法治观念,助推法治政府建设;规范复议行为,推动复议制度完善。”〔1〕

在行政纠纷解决机制中,行政复议制度被认为起到首要作用。与行政诉讼制度相比,虽然两者均属于政府机关与私人主体的两造博弈,但行政复议制度是前置性的内部自我纠偏机制,有利于行政机关内部及时、高效、合理、妥善地解决纠纷。从实证法学角度看,行政复议的案件数量和化解矛盾成功率均远高于行政诉讼。因此,有观点指出,应当辩证认识行政复议与行政诉讼的互动关系,将两者做适度区隔,不能盲目对行政复议制度进行“司法化改造”,应坚持其制度特性。应当充分发扬行政复议制度高效及时定纷止争的内在优势,强调行政复议的专业化、便捷化与亲民化,防微杜渐,减少相关争议产生。〔2〕

对于教育领域的行政复议来说,当事人面临行政复议前置主义的困惑,

〔1〕 梁凤云、朱晓宇:《关于行政复议法修改若干重大问题的思考》,载《浙江工商大学学报》2021 年第6 期。

〔2〕 参见王春业:《论行政复议审理程序的再优化》,载《法学杂志》2023 年第4 期。

引发了理论界关于行政复议制度“去司法化”的论争。本案所揭示的行政复议与行政诉讼的互动关系，有助于厘清行政复议的制度设定、法律性质、功能运行和法益目标。理论上，行政复议制度存在内部监督说、权利救济说、争议化解说、行政说、司法说，准司法说等诸多争论。[1] 对行政复议性质界定和功能定位上的摇摆，影响了行政复议制度设计和实务操作的清晰方向。无论如何，对于教育领域行政纠纷的当事人来说，仍应当将行政复议作为争议解决的首选渠道，通过合法适当的程序表达诉求、反映意见、监督政府。对于教育领域的立法者来说，也应当完善行政复议制度中有关教育纠纷的特殊规定与制度设计，应当扩大教育领域行政复议的受案范围、细化教育领域行政复议的程序规则、加大教育领域行政复议的纠错力度，充分发挥教育领域行政复议作为解决教育领域行政争议的主渠道作用，充分发挥行政复议的前置性、专业性、便捷性、高效性。此外，人民法院应当秉持司法裁判对行政复议决定的谦抑性。有观点认为，教育领域行政复议的改进内容包括：拓宽教育领域行政复议的受案范围；完善复议审查重点，一次性回应申请人全部各项实质诉求；赋予复议机关更大的暂缓执行原行政行为的决定权；扩大教育领域行政复议调解的范围；坚持教育领域行政复议机关作被告的监督机制；坚持司法审查行政复议决定的“卷宗审查主义”；赋予复议机关更大的复议变更权，着眼于一次性、长远性解决教育领域行政争议。[2]

四、主要法条链接

（一）《义务教育法》（2018 年修正）

第 5 条第 1 款、第 2 款　各级人民政府及其有关部门应当履行本法规定

---

〔1〕 参见姜明安：《建构和完善兼具解纷、救济和监督优势的行政复议制度》，载《法学杂志》2023 年第 4 期。

〔2〕 参见王万华：《行政复议制度属性与行政复议法完善》，载《法学杂志》2023 年第 4 期。

的各项职责，保障适龄儿童、少年接受义务教育的权利。

适龄儿童、少年的父母或者其他法定监护人应当依法保证其按时入学接受并完成义务教育。

（二）《教育法》（2021 年修正）

第 7 条第 2 款　县级以上人民政府教育行政部门具体负责义务教育实施工作；县级以上人民政府其他有关部门在各自的职责范围内负责义务教育实施工作。

（三）《行政复议法》（2023 年修订）

第 24 条　县级以上地方各级人民政府管辖下列行政复议案件：

（一）对本级人民政府工作部门作出的行政行为不服的；

（二）对下一级人民政府作出的行政行为不服的；

（三）对本级人民政府依法设立的派出机关作出的行政行为不服的；

（四）对本级人民政府或者其工作部门管理的法律、法规、规章授权的组织作出的行政行为不服的。

除前款规定外，省、自治区、直辖市人民政府同时管辖对本机关作出的行政行为不服的行政复议案件。

省、自治区人民政府依法设立的派出机关参照设区的市级人民政府的职责权限，管辖相关行政复议案件。

对县级以上地方各级人民政府工作部门依法设立的派出机构依照法律、法规、规章规定，以派出机构的名义作出的行政行为不服的行政复议案件，由本级人民政府管辖；其中，对直辖市、设区的市人民政府工作部门按照行政区划设立的派出机构作出的行政行为不服的，也可以由其所在地的人民政府管辖。

第 68 条　行政行为认定事实清楚，证据确凿，适用依据正确，程序合法，内容适当的，行政复议机关决定维持该行政行为。

案例四十二：校园人身损害事故的责任认定[1]

一、基本案情

李某青、宋某宁之子李某系湟川中学高二(6)班学生。2005年11月8日下午，在参加学校组织的政治课考试中，李某因夹带纸条在考试结束前20分钟被监考老师发现，监考老师没收了纸条并责令其交卷。后监考老师将纸条及其试卷交到校教务处，校教务处与政教处的领导于当天下午经研究认定，李某作弊的事实成立，决定给予处理。次日上午9时，校政教处依青海湟川中学关于考试纪律的规定给予李某记过处分，并将处分决定张贴于校园的公示栏内。李某于10时多考完试后看到了张贴的处分决定，当时其班主任在场，而后李某找监考老师及政教处主任要求取消处分决定，学校未同意其取消处分的请求。中午12时许，李某回到家中，没有再去学校参加下午2时开始的英语考试，李某的母亲于下午5时50分赶到家，因门被反锁，撬门进去时已近晚上7时，进门后发现李某用皮带系在脖子上，吊在卧室门的把手上，家人即送医院抢救，因到医院时李某已无呼吸、一切反射消失，医院确定其已死亡。青海省科技司法鉴定中心所作的法医司法鉴定书确定李某的死亡时间为11月9日中午12时30分至下午3时30分之间。李某青、宋某宁以湟川中学错误的处分决定导致李某的死亡为由，要求学校承担损害赔偿责任，遂双方发生纠纷，诉至青海省西宁市城西区人民法院。

二、法院判决

一审法院经审理认为，湟川中学按照学校有关规定给学生李某作出作

[1] “李某青、宋某宁诉青海湟川中学人身损害赔偿纠纷案”，载《最高人民法院公报》2009年第4期。

弊处理决定是适当的,该处理决定虽有瑕疵,但其处理决定与李某自缢身亡之间并无直接民事侵权因果关系。由此,对李某青、宋某宁的诉讼请求不予支持,判决驳回原告李某青、宋某宁的诉讼请求。

宣判后,李某青、宋某宁不服一审判决,向西宁市中级人民法院提起上诉。其上诉理由为:李某的死亡与湟川中学错误的处分决定之间存在必然的因果关系,学校应当对其过错行为承担责任;原判认定事实不清,判决结果错误。主要表现在:(1)李某夹带的纸条与考试内容无直接关系,因此不会存在边写边看的抄袭行为,故原判认定李某作弊无任何事实依据。(2)湟川中学给予李某的作弊处理决定程序违法且带有随意性,原审法院对此未予认定。(3)原判认定李某的死亡时间为当晚7时许,而青海省科技司法鉴定中心所作的法医司法鉴定书确定李某的死亡时间为当日中午12时30分至下午3时30分,故原判认定的死亡时间错误。

二审法院经审理认为,李某作为湟川中学的一名学生,其明知夹带纸条违反考场纪律,仍夹带与考试科目相关内容的纸条进入考场,其行为违反了学校制定的考试纪律规定,针对其违纪行为,湟川中学对其给予作弊处理,并根据学校规定通过张贴处分决定的方式定期公布作弊者名单,并无不当。李某见到处分决定后,向班主任老师、监考老师、政教处领导作了解释,行使了申辩权,上诉人主张学校剥夺了李某申辩权的理由不能成立。李某上午考完试于中午12时左右回到家中,不属于擅自离校,其回到家中,监护、督促孩子上学的责任在于家长,对于正常离校回家的学生,学校无法预见到会发生什么样的危险结果,故上诉人主张李某下午未到校考试、学校应对自己未尽到注意义务、未及时通知家长的行为承担赔偿责任的理由不能成立。湟川中学关于考试纪律的规定中确定初次作弊者应当给予警告处分,但李某作为初次作弊者学校给予的是记过处分,湟川中学的行为虽然违反了其自行制定的规则,但学校给予处分名称的不一与李某死亡之间不存在因果关系。因此,上诉人以湟川中学给予处分的名称不符合规定为由要求学校承担损害赔偿责任的理由不能成立。

此外,根据湟川中学自行制定的解除学生处分办法的规定,对违纪学生的处分决定校政教处调查落实后,需报请校务会批准,而湟川中学在对李某作出处分决定前,既未对当事人本人进行调查核实,也未将处分决定报校务会批准,校政教处和教务处的领导只根据夹带的纸条及监考老师填写的考生违纪情况记录单作出了李某作弊的认定,也未报校务会研究,虽然学校认定李某作弊的事实清楚,但其工作方法存在草率、简单的问题,也违反了其自行制定的工作要求。根据原《中小学德育工作规程》第 27 条的规定,学校对学生作出的处分决定应当通知学生家长,湟川中学也认可该校正式的处分决定是一式 3 份,学校、班主任、家长各持一份,但对李某的处分决定是在既未征求班主任意见,也未告知家长的情况下于当天下午讨论、次日上午即予以了张贴。学校应当以教育为主、惩罚为辅,不应单纯地为强调时效性而忽视学生的承受能力,学校这种追求时效、简单的做法,使家长与班主任没有机会针对孩子性格的个体差异进行引导和教育,也不利于防范可能发生的危险,故学校这种违反工作要求的行为与李某的死亡有些许因果关系。根据《学生伤害事故处理办法》(2010 年修订)第 9 条第 9 项之规定,学校教师或者其他工作人员在履行职责过程中违反工作要求、操作规程、职业道德或者其他有关规定的,学校应当依法承担相应的赔偿责任,但本案发生的主要原因是李某不能正确对待问题,对挫折的承受力有限,导致了损害结果的发生,故上诉人要求学校承担全部赔偿责任的理由不能成立。基于学校在工作方法上存在的瑕疵,应判令其承担 20% 的赔偿责任。

据此,判决:(1)撤销一审判决;(2)被告湟川中学于本判决送达后 10 日内赔偿原告李某青、宋某宁死亡补偿金 146,393.40 元、丧葬费 8614.5 元、交通费 500 元,合计 155,507.9 元的 20% 计 31,101.6 元。

三、案例评析与理论延伸

本案系较典型的未成年人人身损害赔偿纠纷案，该案审理的焦点在于因果关系的确定。按照通常理解，李某确实存在作弊行为，学校作出的处分决定事实依据充足，未将处分决定报校务会批准、未通知学生家长的行为与损害结果之间不具有必然的因果关系，但若以相当因果关系说来看，本案损害结果的发生是一果多因，有学生承受力差的原因，有家长要求过高的原因，也有学习压力过重的原因，而学校在作出处分前未及时与班主任及家长沟通，使家长疏于防范也是损害结果发生的原因之一，故本案确定学校违反操作规程及工作要求的行为与李某的死亡之间有因果关系。

本案在审理中确认了以下问题。

第一，学校和学生是一种教育合同关系，学校主要负有对学生教育的责任，它所应该履行的义务也是基于保证教育责任的实施，学校并不是学生的监护人。学校只有在没有尽到相当注意义务，即根据通常的预见水平和能力，应该预见到潜在危险或认识到危险结果而没有注意，或没有采取避免危害结果的措施的情况下才应承担相应责任。李某上午考完试于中午12时左右回到家中，不属于擅自离校，其回到家中，监护、督促孩子上学的责任就在于家长，作为一个17岁即将成年的学生，学校无法把一个下午未到学校与可能发生的危险行为必然地联系到一起而作出反应。因此，对于正常离校回家的学生，学校无法预见到会发生什么样的危险结果，故李某青、宋某宁主张学校未尽到注意义务应承担赔偿责任的理由未能成立。

第二，作弊的成立不能以夹带的纸条与试题有无关联作为判定的依据。因为作弊是一种行为、一种表象，在考试中只要考生有夹带纸条的行为就是违纪行为，不能以作弊是否得逞、以纸条内容与试题有关联作为违纪行为成立的要件，故李某青、宋某宁认为李某当日所带纸条上的内容与试题无关，因此不应认定为作弊的理由未能成立，法院确认湟川中学认定李某作弊的事实依据是充足的。

第三，学校张贴、公布处分决定的行为并不违反法律规定。本案中李某作弊的事实清楚，学校并非随意处分，在校园范围内张贴处分决定，一方面对违纪者是一种惩戒，另一方面对未违纪者是一种警示，学校对学生的处分决定张贴范围仅限于校园之内，并未扩大范围，而且在学校制定的考试纪律中也规定了政教处会定期公布作弊者名单，让学生知道作弊违纪是要被学校张榜公示的，因此不能认定学校张贴处分决定的行为具有违法性。

第四，学校违反操作规程、工作要求的行为与损害结果之间有关联，学校依据其过错程度应承担相应的赔偿责任。根据湟川中学自行制定的解除学生处分办法的规定，对违纪学生的处分决定校政教处调查落实后，需报请校务会批准，而本案中湟川中学在对李某作出处分决定前既未进行调查核实，也未报校务会批准，虽然学校认定李某作弊的事实清楚，但是其工作方法存在草率、简单的问题，也违反了其自行制定的工作要求。根据教育部原《中小学德育工作规程》第 27 条的规定，学校对学生作出的处分决定应当通知学生家长，湟川中学也认可该校正式的处分决定是一式 3 份，学校、班主任、家长各持一份，但对李某的处分决定是在既未征求班主任意见，也未告知家长的情况下当天下午讨论、次日上午即予以了张贴。学校应当以教育为主、惩罚为辅，不应单纯地为强调时效性而忽视学生的承受能力，学校这种追求时效、简单的做法，使得家长与班主任没有机会针对孩子性格的个体差异进行引导和教育，也不利于防范可能发生的危险，故学校这种违反工作要求的行为与李某的死亡有一定的因果关系。根据教育部制定的《学生伤害事故处理办法》(2010 年修订)第 9 条第 9 项之规定，学校教师或者其他工作人员体罚或者变相体罚学生，或者在履行职责过程中违反工作要求、操作规程、职业道德或者其他有关规定的，学校应当依法承担相应的责任。湟川中学对李某作出的处分决定事实虽然清楚,但存在未报校务会批准、未告知学生家长等违反工作要求和操作规程的行为,故判决学校承担相应的赔偿责任。

第五,在审理本案时,二审法院十分注重法律效果和社会效果的统一,因为作弊作为一种违纪行为在学校比较普遍,如果加重学校的赔偿责任,可能会引起负面影响,导致学校在管理上放任,使学生丧失公平竞争的理念。但对学校在管理行为上存在的疏漏若不判定,就不能避免此类悲剧再次发生。因此,在认定事实和判定责任上,严格按照法律规定,对学校认定李某携带纸条的行为构成作弊予以确认,对学校张贴处分决定的行为并未认定为违法,以判决书的形式认可和保护了学校合理的管理行为。对学校存在的违反操作规程和工作要求的行为亦予以认定,并基于存在的过错行为判令学校承担适当的赔偿责任,这有利于其在今后的教育管理工作中对存在的问题进一步改进和完善,使学校真正实现教书育人的目的。本案的判决书送达后,双方当事人都服判息诉,取得了良好的社会效果。

本案启示如下。

我国公立学校兼具事业单位和民事法人的双重法律身份地位属性,容易使公立学校与教师、学生、社会各界的权利义务关系造成混乱。一方面,公立学校发挥教书育人、立德树人的公共社会职能,其公共性涉及社会公众入学、财政经费划拨、社会资源使用等,可构成影响社会利益与公共福祉的重要影响因素。公立学校向全体社会成员提供教育消费产品,为全体社会成员共享。正是基于这种公共属性,我国法律将类似于行政权力的部分公权力让渡给公立学校,将其拟制为行政权力(公权力)之法律主体。显而易见,从行使"准公权力"的角度看,公立学校与教师、学生、社会各界相比处于自上而下的优势法律地位,能够单方面作出"准行政决定"。

另一方面,应当注意,国家地方政府的财政拨款仅占公立学校经费收入的一部分,另一部分则源于学生或学生家长向学校缴纳的学费。从这个意义上说,公立学校向学生提供有偿教育服务,公立学校与在校学生之间存在教育服务法律合同关系,双方的权利义务关系受民事法律原则的调整。

正是基于这种主体资格的双重性,公立学校既是广大学生的引导者、教育者和管理者,又是广大学生的服务提供者、合同相对方。因此,通说认为,公立学校对在校学生的安全保障义务范围,应大于一般民法(侵权法)意义上的安全保障义务范围:〔1〕

一方面,学校对学生的安全保障义务不仅限于作为义务,还应包括不作为义务。目前,我国关于学生安全保障义务的主要法律依据为《民法典》(2020年公布)第1198条第1款,该条规定:"宾馆、商场、银行、车站、机场、体育场馆、娱乐场所等经营场所、公共场所的经营者、管理者或者群众性活动的组织者,未尽到安全保障义务,造成他人损害的,应当承担侵权责任。"与民法(侵权法)语境下的通常安全保障义务主体相比,公立学校对相对人(在校学生)的管理权力更大,在校学生对公立学校的人身依附性更强,公立学校对在校学生的法益侵害可能性也更大。因此,应重视公立学校对在校学生的不作为安全保障义务,公立学校不应在经费补助、食品安全、校园条件、校规校纪、宿舍条例中作出任何可能侵害在校学生人身安全、财产权益和教育权利的规定,更不能将任何可能危害学生利益的不当条件作为学位授予的附加要求。〔2〕

另一方面,公立学校对在校学生的安全保障义务应做到物质性人格权保障和精神性人格权保障的有机统一。民法理论中的传统安全保障义务制度起源于特定行为主体对其占有、使用、处分等控制状态下的自然人、财产

---

〔1〕 参见渠滢:《高校对学生的安全保障义务范围探析》,载《青少年犯罪问题》2017年第5期。

〔2〕 参见劳凯声:《学校安全与学校对未成年学生安全保障义务》,载《中国教育学刊》2013年第6期。

和营业场所的保护义务，以“物质损失或损害型”（physical loss or damage，PLOD）经济利益为主。然而，教育领域的公立学校安全保障义务具有其特殊性：公立学校与在校学生之间存在教育与被教育的关系，公立学校有义务、有职责对在校学生进行行为规范训练、思想政治教育，必须充分尊重在校学生人格权益，平等宽仁对待学生。如果公立学校在日常教学与管理过程中，对违反校规校纪的学生信息予以披露，则可能对案涉学生的姓名权、隐私权、名誉权、肖像权产生影响，容易滋生“网络暴力”“人肉搜索”“社死”乱象，信息披露不当、公开批判失实的后果无法挽回。鉴于在校学生包括大量未成年人，即便是成年人也涉世不深，对在校学生的人格权侵害可能对其身心健康产生严重影响。因此，姓名权、隐私权、名誉权、肖像权等精神性人格权也应当被纳入学校的安全保障范围。[1]

由上可知，公立学校对在校学生的安全保障义务具有双重性与特殊性，不仅限于作为义务，还包括不作为义务，不仅限于对物质性人格权的保障，还包括对精神性人格权和财产权的保障。作为公立学校而言，应当在保证学校教学管理职能顺畅履行的基础上，充分及时有效兼顾在校学生的合法权益。学校安全保障制度应当做到“全过程、全领域、全维度”覆盖，在校内食品安全、医疗设备、住宿设施、心理疏导团队等方面加强管理，建立健全校园突发事件应急机制，强化校园安全巡逻巡查，推动学生隐私权保护与被遗忘机制建设。[2] 具体而言，可从以下方面加以推进。

其一，公立学校应当在供水供电、食堂菜品、安保消防、环卫保洁、消除噪声等方面查缺补漏，防微杜渐，消除校园安全隐患。应当建立校党委、学工部（处）、各二级单位党委、各二级单位团组织、学生组织、学生宿舍的多层

---

〔1〕 参见姜忠：《论学校在学生伤害事故中的安全保障义务》，载《当代教育科学》2008 年第11 期。

〔2〕 参见张静：《学校安全保障之补充责任》，载《甘肃社会科学》2007 年第5 期。

级联动协调机制，加强日常演练，拟定重大突发事件预案，明确相关责任人，落实“网格化”建设。还应建立健全公立学校与当地公安机关、食品安全部门、消防部门、司法机关的互动机制，一旦发生重大事故，充分运用校内外一切力量将险情扼杀在萌芽阶段，迅速跟进事态发展，对受到物质损失或损害的学生采取及时救助措施，做好舆论引导与学生心理健康辅导，尽量将损失最小化（minimise the loss）。如果公立学校未履行此义务，则对扩大部分的损失，应当承担民法上的赔偿责任。

其二，公立学校在组织各项学术活动、文艺演出、体育竞赛、外出交流等校内外互动活动时，应采取充分、合理、必要、有效的安全措施。应当在活动开始前落实场馆场所的安全设施并运行排查，提前设立学生临时疏散的紧急通道，对危险区域和危险设备做好醒目有效的安全警示。在活动进行过程中，应当充分与当地公安部门、校内保卫部门和学生志愿服务团体取得联系，确保活动有序进行。如公立学校已充分履行前置安全保障义务，若在校学生在活动中由于自甘风险、第三人侵权等原因受到物质损失或损害，则公立学校无须承担责任。[1]

其三，公立学校应当健全和完善在校学生隐私权保护机制。公立学校的管理者通常基于其管理职能可以全面充分掌握在校学生的个人、家庭信息，公立学校应当珍视在校学生对其信息管理者权威性的信任。公立学校应当加强数据维护和网络安全建设，避免信息泄露，避免第三人篡改学校的信息数据库。在实践中，曾发生某高校学生“黑入”本校教务处系统并篡改数据，将自己的成绩调高，将“保研”竞争者同学的成绩调低的恶性案件，学校应当着力避免此类事件的发生。此外，学校还应主动维护在校学生的声誉、隐私和人格尊严，不得违法公开在校学生的经济状况、残障情况、家庭背

〔1〕 参见曹巧峤、赵韶峰：《民法典自甘风险规则的解释论研究》，载《河北法学》2023 年第 1 期。

景等事项。在实践中,曾发生过一起案例,某高校女寝室发现有男学生留宿,遂对6名有关学生给予开除学籍等处分,并在全校大会上点名批评。涉事学生以学校侵害其人格权、隐私权、名誉权为由将高校管理者诉至法院,并最终胜诉。[1] 因此,如果公立学校没有充分履行个人信息保密义务,则可能承担相应法律后果并赔偿损失。

其四,应当推广公立学校购买教育侵权责任保险(education tort liability insurance)的覆盖面与渗透率。公立学校管理部门应充分理解并研究教育侵权责任保险的必要性和可行性,因地制宜地选择具有合适承保范围、投保方式、保费设定、责任限额的教育侵权责任保险产品,从而有效地分散风险、补偿损失、保护学生合法权益、维护学校教育教学秩序。[2]

四、主要法条链接

(一)《民法典》

第1198条第1款　宾馆、商场、银行、车站、机场、体育场馆、娱乐场所等经营场所、公共场所的经营者、管理者或者群众性活动的组织者,未尽到安全保障义务,造成他人损害的,应当承担侵权责任。

(二)《学生伤害事故处理办法》(2010年修订)

第9条　因下列情形之一造成的学生伤害事故,学校应当依法承担相应的责任:

(一)学校的校舍、场地、其他公共设施,以及学校提供给学生使用的学具、教育教学和生活设施、设备不符合国家规定的标准,或者有明显不安全因素的;

---

〔1〕 参见尹晓敏:《论高校学生伤害事故中校方的注意义务——为过错认定寻找有效路径》,载《高等教育研究》2007年第4期。

〔2〕 参见方益权:《关于构建我国学校侵权责任保险制度的若干思考》,载《法学家》2004年第4期。

（二）学校的安全保卫、消防、设施设备管理等安全管理制度有明显疏漏，或者管理混乱，存在重大安全隐患，而未及时采取措施的；

（三）学校向学生提供的药品、食品、饮用水等不符合国家或者行业的有关标准、要求的；

（四）学校组织学生参加教育教学活动或者校外活动，未对学生进行相应的安全教育，并未在可预见的范围内采取必要的安全措施的；

（五）学校知道教师或者其他工作人员患有不适宜担任教育教学工作的疾病，但未采取必要措施的；

（六）学校违反有关规定，组织或者安排未成年学生从事不宜未成年人参加的劳动、体育运动或者其他活动的；

（七）学生有特异体质或者特定疾病，不宜参加某种教育教学活动，学校知道或者应当知道，但未予以必要的注意的；

（八）学生在校期间突发疾病或者受到伤害，学校发现，但未根据实际情况及时采取相应措施，导致不良后果加重的；

（九）学校教师或者其他工作人员体罚或者变相体罚学生，或者在履行职责过程中违反工作要求、操作规程、职业道德或者其他有关规定的；

（十）学校教师或者其他工作人员在负有组织、管理未成年学生的职责期间，发现学生行为具有危险性，但未进行必要的管理、告诫或者制止的；

（十一）对未成年学生擅自离校等与学生人身安全直接相关的信息，学校发现或者知道，但未及时告知未成年学生的监护人，导致未成年学生因脱离监护人的保护而发生伤害的；

（十二）学校有未依法履行职责的其他情形的。